积极应对人口老龄化战略研究报告◆2021

积极应对人口老龄化
内涵、举措和建议

林 宝 主编

中国社会科学院应对人口老龄化研究中心
中国社会科学院大学黄埔高等研究院

中国社会科学出版社

图书在版编目（CIP）数据

积极应对人口老龄化：内涵、举措和建议 / 林宝主编 . —北京：中国社会科学出版社，2021.12
　ISBN 978 – 7 – 5203 – 9415 – 4

　Ⅰ. ①积… Ⅱ. ①林… Ⅲ. ①人口老龄化—对策—研究—中国 Ⅳ. ①C924.24

中国版本图书馆 CIP 数据核字（2021）第 253305 号

出 版 人	赵剑英
责任编辑	王　衡
责任校对	李斯佳
责任印制	王　超

出　　版	中国社会科学出版社
社　　址	北京鼓楼西大街甲 158 号
邮　　编	100720
网　　址	http://www.csspw.cn
发 行 部	010 – 84083685
门 市 部	010 – 84029450
经　　销	新华书店及其他书店
印　　刷	北京明恒达印务有限公司
装　　订	廊坊市广阳区广增装订厂
版　　次	2021 年 12 月第 1 版
印　　次	2021 年 12 月第 1 次印刷
开　　本	710×1000　1/16
印　　张	18
插　　页	2
字　　数	268 千字
定　　价	96.00 元

凡购买中国社会科学出版社图书，如有质量问题请与本社营销中心联系调换
电话：010 – 84083683
版权所有　侵权必究

序　言

中国日益进入一个深度老龄化阶段，由此带来的挑战是长时期、多方面和全方位的。一方面，全面建设社会主义现代化与积极应对人口老龄化，无论从时间节点还是目标要求来看都是交织重合的，应对挑战的时期将持续数十年；另一方面，积极应对老龄化涉及的领域既包括保持经济可持续增长的供给和需求两侧，也包括保障和改善民生的社会政策要求。由林宝研究员主编的这部报告，把应对老龄化的综合性任务转化为一项系统研究工程，从广泛的理论和政策角度，全面介绍和阐释了中国积极应对人口老龄化的战略、政策和试点情况。

我借为本书撰写序言之际，也阐述一下我本人对于在具有上述特点的人口老龄化形势下，得出的一个结论，即实现现代化的题中应有之义，是建立具有中国特色的福利国家；进入深度老龄化时期，"老有所养"的挑战也逐渐增大，日益成为以实现七个"有所"为内涵的社会福利政策体系重中之重。因此，希望读者在阅读本书之后，能够更加接受我的以下建议：从完善老年人基本公共服务体系入手加快中国特色福利国家建设，遵循尽力而为和量力而行的原则，兼顾公平与效率，毕其功于一役。

首先，从现代化一般规律看。国际经验表明，人均国内生产总值（GDP）从10000美元到25000美元的发展阶段，是福利国家建设任务的完成期，其间政府公共开支占GDP比重提高10个百分点，即从26%达到36%。这个发展阶段恰好对应着中国完成"十四五"和2035年远景规划增长目标期，按不变价计算的人均GDP在2025年达到14000美元，2035年达到23000美元。同一时期，我国65岁以上

序 言

人口比重也提高约 10 个百分点。可见,福利国家建设既不容延误,更要与积极应对老龄化相结合。

其次,从养老保险体系可持续性看。从现在到 2035 年,即便考虑到退休年龄的提高,中国人口抚养比(65 岁以上人口与 15—64 岁人口比率)的提高幅度也将超过 90%,现收现付式养老保险体系的可持续性降低,家庭养老模式也难以为继。因此,在现行养老保障、医养和护理制度的基础上,增加一个完全依靠公共支出形成的、更具有普惠性的保障支柱,确保对老年人群的全覆盖和兜底保障势在必行。

再次,从保持经济增长合理区间看。随着 2025 年后人口进入负增长,中国经济增长的制约因素越来越转向需求侧。未富先老的特点,决定了中国老年人消费力和消费倾向都很低。调查显示,年龄在 65—85 岁之间的城镇居民,年龄每增长 1 岁,平均消费支出就下降 2.9%。此外,由于承担着社保缴费和预防性储蓄的负担,随着老龄化的加深,就业人口的消费力和消费倾向也趋于减弱。基本公共服务水平和均等化的提高,对于解除居民消费后顾之忧从而扩大内需至关重要。

最后,从实现共同富裕的目标看。事实表明,初次分配手段改善收入分配的效果终将面临天花板,对于完成实质性降低收入差距的任务力有不逮。经济合作与发展组织国家的经验表明,把基尼系数降低到 0.4 以下,最终只能靠再分配手段。例如,这些国家较低的收入差距,是运用税收和转移支付等手段把基尼系数降低 35% 后的结果。近年来中国收入差距的下降已出现徘徊趋势,人口老龄化也增加了一个新的致贫风险。因此,亟待加大再分配力度,更多利用福利政策为重点人群兜底,才能把规模日益扩大的老年人培育为中等收入群体。

是为序。

中国社会科学院国家高端智库首席专家、学部委员
2021 年 10 月 18 日

前　　言

中国正处于快速人口老龄化进程之中，有效应对人口老龄化，事关国家发展全局，事关亿万百姓福祉，事关社会和谐稳定。党的十九届五中全会提出"实施积极应对人口老龄化国家战略"，这是基于中国人口和经济社会形势变化做出的重大战略决策，把应对人口老龄化提升到了新的战略高度，必将对建设社会主义现代化强国和实现中华民族伟大复兴产生深远影响。

为了推动积极应对人口老龄化国家战略的实施，中国社会科学院应对人口老龄化研究中心和中国社会科学院大学黄埔高等研究院计划自 2021 年开始联合编写《积极应对人口老龄化战略研究报告》系列丛书，围绕积极应对人口老龄化国家战略实施过程中的重大战略问题、重点政策措施、重要经验教训等，开展持续深入研究，及时发布最新研究成果，为实施国家战略贡献智库力量。

中国在世纪之交就已经进入了老龄社会，应对人口老龄化的行动也早已开始。特别是自党的十八大以来，全社会日益认识到积极应对人口老龄化的重要性，顶层设计日渐明晰，政策密度和力度明显加大，涉及领域更加广泛，已经形成了一个庞大的政策体系。在实施积极应对人口老龄化国家战略的大背景下，迫切需要根据战略目标和战略任务，系统梳理当前应对人口老龄化的政策措施，并为下一阶段实施国家战略提出政策建议。为此，本报告在阐释国家战略深刻内涵的基础上，聚焦党的十八大以来应对人口老龄化的新举措及下一步的政策建议，以期为相关决策、研究和产业人员深入理解积极应对人口老龄化国家战略及其政策框架提供帮助，同时也期望为实施积极应对人

前　言

口老龄化国家战略提供一些政策思路。

积极应对人口老龄化是一项系统工程，涉及政策十分广泛，本报告主要围绕其中最核心的内容，分为战略研究、举措分析和试点总结三个部分展开，邀请多位长期专注相关领域的学者进行研究和撰稿。具体分工如下：第一章由杜鹏、陈民强撰稿；第二章、第四章、第五章由林宝撰稿；第三章由李志宏撰稿；第六章由王莉莉撰稿；第七章由王磊撰稿；第八章由杨舸撰稿；第九章由陆旸、冯扬撰稿；第十章由张立龙撰稿；第十一章由贾云竹、喻声援撰稿；第十二章由王桥撰稿。全书由林宝统稿。非常感谢中国人民大学杜鹏教授、中国老龄协会李志宏主任、中国老龄科学研究中心王莉莉研究员、北京协力人口与社会发展研究所贾云竹研究员、首都经贸大学张立龙副教授等的大力支持，以及我的同事王桥研究员、陆旸研究员、王磊副研究员、杨舸副研究员等的积极参与和青年学者陈民强、冯扬、喻声援等的辛勤工作。各位学者高效而专业的工作，是本报告能够如期出版的重要基础。需要说明的是，由于积极应对人口老龄化各项内容之间相关性较高，部分内容会在不同章节出现，不同作者观点可能有所差异，本报告本着尊重作者学术观点的原则，没有强求观点完全一致。

除了各位作者的辛勤工作，本报告的出版还得到了多方帮助。中国社会科学院国家高端智库首席专家蔡昉研究员亲自审定了报告框架，并撰写了序言；中国社会科学院应对人口老龄化中心主任钱伟、副主任兼秘书长张彦海，中国社会科学院大学黄埔高等研究院积极推动了项目立项和实施；中国社会科学出版社在较短时间内完成了报告的编辑、出版等工作，提出了许多宝贵的意见。这些支持和帮助是本报告得以如期出版的重要保证，特致以诚挚的谢意。

林　宝

2021 年 10 月 18 日

目 录

第一部分 战略研究篇

第一章 积极应对人口老龄化：政策演进与战略实施 …………（3）
 一 积极应对人口老龄化：理念与政策 ……………………（4）
 二 积极应对人口老龄化政策的成效 ………………………（9）
 三 应对人口老龄化政策尚待改进的问题 …………………（12）
 四 积极应对人口老龄化国家战略的实施重点 ……………（15）

第二章 积极应对人口老龄化国家战略：目标和任务 …………（21）
 一 实施积极应对人口老龄化国家战略的现实意义 ………（22）
 二 实施积极应对人口老龄化国家战略的时机选择 ………（29）
 三 积极应对人口老龄化国家战略的基本内涵 ……………（31）
 四 积极应对人口老龄化国家战略的主要目标 ……………（35）
 五 积极应对人口老龄化国家战略的根本任务 ……………（38）
 六 "十四五"时期积极应对人口老龄化的重点领域 ……（41）

第二部分 举措分析篇

第三章 老龄工作思路转变及展望 …………………………………（49）
 一 党的十八大以来老龄工作思路转变的宏观背景 ………（49）
 二 党的十八大以来老龄工作思路的转变 …………………（53）
 三 新发展阶段老龄工作思路转变和政策创新方向 ………（66）

目 录

第四章　养老金制度改革的新举措及建议 …………………（76）
　　一　党的十八大以来养老金改革的主要目标 ……………（76）
　　二　党的十八大以来养老金改革的主要举措 ……………（78）
　　三　养老金改革尚需解决的主要问题 ……………………（87）
　　四　对下一步养老金改革的建议 …………………………（92）

第五章　促进养老服务发展的新举措及建议 ………………（98）
　　一　党的十八大以来养老服务政策变化的背景 …………（98）
　　二　党的十八大以来促进养老服务发展的主要举措……（101）
　　三　党的十八大以来养老服务政策变化的主要特点……（113）
　　四　对进一步优化养老服务政策的建议…………………（116）

第六章　推进医养结合的新举措及建议 ……………………（121）
　　一　医养结合政策密集出台的现实背景…………………（121）
　　二　医养结合政策的发展脉络……………………………（123）
　　三　党的十八大以来推进医养结合的主要举措…………（127）
　　四　目前政策制订和实施中存在的主要问题……………（134）
　　五　对进一步推进医养结合的几点建议…………………（137）

第七章　构建养老孝老敬老社会环境的新举措及建议………（141）
　　一　党的十八大以来构建养老孝老敬老社会环境的进展……（141）
　　二　党的十八大以来构建养老孝老敬老社会环境的特点……（155）
　　三　进一步优化养老孝老敬老社会环境的建议…………（159）

第八章　促进人口均衡发展的新举措及建议 ………………（162）
　　一　人口均衡发展政策的内涵……………………………（162）
　　二　党的十八大以来促进人口均衡发展的主要举措……（165）
　　三　人口均衡发展面临的问题……………………………（180）
　　四　促进人口均衡发展的政策建议………………………（183）

第九章 促进就业和劳动参与的新举措及建议 …………（188）
    一 党的十八大以来促进就业和劳动参与的主要举措……（188）
    二 促进就业和劳动参与政策变化的特点和逻辑………（199）
    三 促进就业和劳动参与相关政策建议…………………（204）

第十章 促进教育和职业培训发展的新举措及建议 …………（207）
    一 党的十八大以来促进教育发展的主要举措…………（207）
    二 党的十八大以来促进职业培训发展的主要举措……（213）
    三 党的十八大以来教育和培训领域政策的特点…………（218）
    四 现阶段在教育和培训领域面临的主要问题……………（221）
    五 促进教育和职业培训发展的政策建议………………（224）

第三部分 试点总结篇

第十一章 居家和社区养老服务试点：进展、经验与展望……（231）
    一 居家和社区养老服务发展概况………………………（231）
    二 居家和社区养老服务试点实施基本情况……………（236）
    三 居家和社区养老服务试点的主要经验………………（242）
    四 对居家和社区养老服务试点的思考与展望…………（253）

第十二章 长期护理保险制度试点：进展、问题与建议………（256）
    一 长期护理保险第一轮试点情况分析…………………（257）
    二 长期护理保险第二轮试点情况分析…………………（269）
    三 对长期护理保险制度试点的总结、思考与建议……（274）

第一部分　·战略研究篇·

第一章 积极应对人口老龄化：政策演进与战略实施[*]

《中共中央关于制定国民经济和社会发展第十四个五年规划和二〇三五年远景目标的建议》（以下简称《建议》）中提出，实施积极应对人口老龄化国家战略。基于新时代中国人口老龄化发展态势和老年人需求特点，首次将积极应对人口老龄化上升到国家战略层面的新高度，对于指导全社会积极主动应对人口老龄化带来的危机和挑战，挖掘老龄社会机遇、激发社会活力具有重要指导意义。自2000年中国进入老龄化社会的20年以来，积极应对人口老龄化的理念和政策经历了哪些转变和优化，取得了哪些成效和经验，依旧存在哪些方面的不足？积极应对人口老龄化国家战略实施重点包括哪些政策领域？本章主要回答以上几个问题，为构建新时代老龄社会治理体系和治理能力的提升提供借鉴。

---

[*] 本章作者为杜鹏、陈民强。作者简介：杜鹏，中国人民大学人口与发展研究中心、老年学研究所教授，博士生导师。现任中国人民大学党委常委、副校长，兼任中国人口学会副会长、中国老年学和老年医学学会副会长、北京市高等教育学会副会长、民政部专家委员会委员、中欧人文艺术教育联盟理事长。主要研究领域为人口老龄化、老龄政策、人口与发展。曾获中华人口奖、北京市社会科学理论人才"百人工程"人选、教育部"新世纪优秀人才支持计划"人选、人事部等六部委"新世纪百千万人才工程"国家级人选、国务院有突出贡献专家特殊津贴享受者等荣誉。陈民强，中国人民大学社会与人口学院硕士研究生。本章主要内容拟发表在《新疆师范大学学报》（哲学社会科学版）2022年第2期。中国知网2021年8月5日已网络首发，收入本书时略有修改。

一　积极应对人口老龄化：理念与政策

从社会老年学的角度看，国内外学术界对于人口老龄化和老龄问题的认识经历了三个阶段：第一个阶段是"社会负担论"。在20世纪五六十年代人口老龄化在西方国家发展之初，主流理论将老年人视为经济社会发展的负担。如脱离理论认为，由于老年人身体衰弱而形成了脱离社会的基础，同时造成了养老金压力、代际冲突加剧、社会抚养压力增大等问题，因此把老年群体当成社会发展的负担。第二个阶段是"社会财富论"。随着人口老龄化的不断演进和老龄问题的研究深入，20世纪八九十年代丰富了"老年人也是社会的财富和资源"的理论观点，国外学者提出了一系列和"更好地变老"（Aging Well）有关的理论，如积极老龄化（Active Aging）、健康老龄化（Healthy Aging）、成功老龄化（Successful Aging）、老有所为（Productive Aging）等。第三个阶段是"发展机遇论"。围绕着国际上的老龄理论，越来越多的学者认为人口结构的改变往往也伴随着社会发展机遇。国内学者丰富了诸如"积极应对老龄化"的概念，强调老年人个人、家庭、社区、企业、社会组织、政府各个主体的共同参与[①]。2000年以来，随着中国积极应对人口老龄化政策的演进，越来越多的研究者认为人口老龄化是社会经济发展的成果和趋势，带给社会的是政策调整和社会发展的机遇，使得社会政策与发展阶段更加的匹配，从而可更好地推进中国经济高质量发展。

中国自2000年底正式进入老龄化社会，积极应对人口老龄化政策从理论到法律法规、战略行动，再到提出积极应对人口老龄化国家战略，大致可分为三个阶段。

（一）积极应对人口老龄化概念提出阶段（2000—2011年）

从中国人口年龄结构转变进程来看，2000年底中国65岁及以上

[①] 邬沧萍、谢楠：《关于中国人口老龄化的理论思考》，《北京社会科学》2011年第1期。

老年人口比重达到7%，标志着中国正式进入老龄化社会。由于中国经济水平的提升和人口变动的影响，21世纪初"未富先老""未备先老"问题凸显，该阶段的政策探索为中国应对人口老龄化进程做了扎实有效的准备工作。

2000年8月，《中共中央、国务院关于加强老龄工作的决定》（中发〔2000〕13号）（以下简称《决定》）从老年权益保障、老年服务业、老龄事业、老年思想政治工作等方面对应对人口老龄化作出了总体部署。《决定》的颁布体现了新时期中国对于老龄工作的重视，并且把老龄问题当作关系国计民生和国家长治久安的重大社会问题看待，主动采取措施应对老年人相关问题。该阶段对于中国应对人口老龄化的政策主要关注老年群体。2006年，《中华人民共和国国民经济和社会发展第十一个五年规划纲要》第38章第三节提出"积极应对人口老龄化"，从积极老龄社会氛围的营造、老年人权益的保障和老年服务设施的建设三个层面提出中国老龄社会建设的总体发展要求，这是中国政府政策文件中首次提及积极应对人口老龄化，标志着积极应对人口老龄化从理论逐步应用于实践，并且将老龄问题与经济社会发展问题相衔接，开始将老龄问题纳入老龄化社会的建设进程当中。2008年1月，全国老龄委办公室等10部委下发《关于全面推进居家养老服务工作的意见》，提出全面推进居家养老服务，提高老年人生命生活质量，强调了家庭养老的主体地位。该阶段有关老年人权益保障和服务的政策法规框架为以后政策的完善与细化夯实了基础。

（二）积极应对人口老龄化政策体系形成阶段（2012—2019年）

党的十八大以来，以习近平总书记为核心的党中央高度重视人口老龄化与老龄问题，中共中央、国务院先后颁布发展规划、出台制度政策，并启动多项行动计划，为实施积极应对人口老龄化国家战略提供了根本遵循[1]。

2012年11月，党的十八大报告提出要积极应对人口老龄化，大力

---

[1] 李纪恒：《实施积极应对人口老龄化国家战略》，《中国民政》2020年第24期。

发展老龄服务事业和产业。同年12月,"积极应对人口老龄化是国家的一项长期战略任务"写入最新修订的《中华人民共和国老年人权益保障法》,从家庭赡养与扶养、社会保障、社会服务、社会优待、宜居环境和社会参与等七个方面提出了老年人权益保护的框架结构,中国老龄政策体系不断完善并快速发展。2013年11月,党的十八届三中全会提出积极应对人口老龄化,加快建立社会养老服务体系和发展老年服务产业。养老服务体系和为老服务产业市场的开拓受到国家层面的重视。2015年10月,党的十八届五中全会提出积极开展应对人口老龄化行动,积极应对人口老龄化转化为战略行动。2016年2月,习近平总书记对老龄工作作出重要指示,加强顶层设计完善重大政策制度,及时科学综合应对人口老龄化。2016年,《中华人民共和国国民经济和社会发展第十三个五年规划纲要》再次提出积极应对人口老龄化,开展应对人口老龄化行动,加强顶层设计,构建以人口战略、生育政策、就业制度、养老服务、社保体系、健康保障、人才培养、环境支持、社会参与等为支撑的人口老龄化应对体系。2017年1月,国务院印发的《国家人口发展规划(2016—2030年)》指出,积极应对人口老龄化要加快构建以社会保障、养老服务、健康支持、宜居环境为核心的应对老龄化制度框架。同年3月,国务院印发的《"十三五"国家老龄事业发展和养老体系建设规划》中将积极应对人口老龄化划分为社会保障、养老服务、健康支持、消费市场、宜居环境、精神关爱、社会参与和法律保障八个部分。党的十八大以来,具有四梁八柱性质的积极应对人口老龄化政策主体框架基本搭建起来,也为中国积极应对人口老龄化国家战略的出台做了充足的准备工作。

党的十九大以来,中国新时代积极应对人口老龄化的政策推向前所未有的新高度。习近平总书记提出:"积极应对人口老龄化,构建养老、孝老、敬老政策体系和社会环境,推进医养结合,加快老龄事业和产业发展。"[①] 为新时代中国人口老龄化的应对指明了方向。

---

① 习近平:《决胜全面建成小康社会 夺取新时代中国特色社会主义伟大胜利——在中国共产党第十九次全国代表大会上的报告》,人民出版社2017年版,第48页。

2019年11月，党的十九届四中全会提出，积极应对人口老龄化，加快建设居家社区机构相协调、医养康养相结合的养老服务体系。同年11月，中共中央、国务院印发的《国家积极应对人口老龄化中长期规划》明确了未来积极应对人口老龄化的三个时间节点，从财富储备、劳动力供给、为老服务和产品供给体系、科技创新能力和社会环境构建五方面提出具体要求，战略目标更加清晰，发展方向更加明确。

为积极应对人口老龄化，中国涉老机构及其职能也进行了一系列调整，尤其是2018年结合党和国家机构改革方案，各部门职能领域进行了一系列优化。1999年10月，经党中央、国务院批准全国老龄工作委员会在北京成立，办公室设在民政部，日常工作由中国老龄协会承担。2005年，全国老龄工作委员会办公室与中国老龄协会实行合署办公。2018年3月，根据中共中央印发的《深化党和国家机构改革方案》，关于老龄工作的机构设置与职能划分问题进一步厘清，保留全国老龄工作委员会。国家卫健委下设老龄健康司，设综合协调处、健康服务处、医养结合处，承担全国老龄工作委员会的具体工作。中国老龄协会由国家卫生健康委员会代管。民政部下设养老服务司。具体职能做了以下区分：国家卫健委主要负责老龄政策的拟定、协调与推进，老龄健康服务以及拟定医养结合的政策、标准和规范。民政部负责老年福利工作，如福利补贴、老年关爱服务、特困供养救助等。老龄协会主要对于中国老龄事业和老龄工作进行调研，并提出建议；开展与老龄问题有关的信息交流和咨询服务等。涉老机构职能的调整也表明国家对于积极应对人口老龄化工作的重视，并且突出各部委的职能重点和工作领域，有力避免了职能不清、推诿塞责、政出多头等问题。

2012—2019年有关积极应对人口老龄化的顶层设计更具前瞻性和引领性。老年人社会保障、身体健康、社会参与，以及个人能力提升的政策更加细化和全面，政策效能增强。

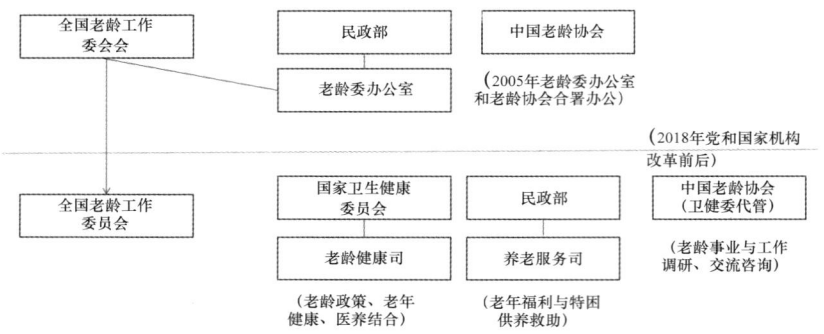

图 1-1 中国老龄工作体系与职能

（三）积极应对人口老龄化国家战略实施阶段（2020 年至今）

2020 年新冠肺炎疫情的暴发凸显老年群体在出行、就医等方面遭遇的"数字鸿沟"问题，人口老龄化相关问题日渐升温。综合考虑中国新经济发展格局和人口老龄化背景，为促进经济高质量发展和老年人生活水平提升，党的十九届五中全会《建议》顺势提出实施积极应对人口老龄化国家战略，从人口发展、开发老龄人力资源、养老服务等方面作出战略部署。《关于切实解决老年人运用智能技术困难实施方案》以及《关于建立积极应对人口老龄化重点联系城市机制的通知》（发改办社会〔2021〕37 号）等政策文件从统筹社会多方力量、各地区各部门综合施策的思路和角度，确保积极应对人口老龄化国家战略顺利实施。

中国人口老龄化的快速发展正与社会转型交织并行，成为中国社会的新常态，中国老年人口规模在 21 世纪前半叶持续增长。第七次全国人口普查数据显示，截至 2020 年 11 月 1 日，60 岁及以上人口为 2.64 亿，占 18.70%（其中，65 岁及以上人口超过 1.9 亿，占 13.50%）。60 岁及以上人口十年间增加了 8600 万，占总人口的比重也从 13.26% 上升到 18.70%。除西藏外，其他 30 个省份 65 岁及以上老年人口比重均超过 7%。其中，12 个省份 65 岁及以上老年人口比重超过 14%。据预测，2035 年、2050 年时中国老年人口将分别达到4.12亿、4.80亿①。2021年5月，中共中央政治局召开会议听取"十四五"时期积极应对人口老龄化重大政策举措汇报审议《关于优化生育政策促进人口长期均衡发展的决定》。从实施渐进式延迟法定退休年龄、完善多层次养老保障体系、发展老龄产业、弘扬中华民族孝亲敬老传统美德等方面提出要求，为积极应对人口老龄化提供必要保障。并提出进一步优化生育政策，实施一对夫妻可以生育三个子女政策及配套支持措施。积极应对人口老龄化战略实施政策网络和体系更加完备。

二 积极应对人口老龄化政策的成效

在中国进入人口老龄化社会二十年之际，中国经济进入高质量发展新阶段，新发展阶段社会人群生育意愿、家庭结构、"新老年群体"消费能力、储备意识等发生重要变化，以习近平总书记为核心的党中央高瞻远瞩、谋篇布局，提出实施积极应对人口老龄化国家战略，不仅是对于中国人口国情和老年人需求特点的深刻把握，更凸显了中国共产党以人民为中心的服务宗旨和理念。中国近年来积极应对人口老龄化政策呈现出以下四个方面的特征。

（一）老年社会保障类政策成效显著

现有的积极老龄化政策取得了系列成效，2019年中国人口预期寿命由2010年的74.8岁延长至77.3岁，每千名老年人拥有养老床位30.5张，全国共有3579.1万老年人享受补贴②。截至2020年底，全国共有养老机构3.8万个，同比增长10.4%，比2015年底增长37.2%；各类机构和社区养老床位823.8万张，同比增长7.3%，比

---

① 杜鹏、李龙：《新时代中国人口老龄化长期趋势预测》，《中国人民大学学报》2021年第1期。
② 民政部：《2019年民政事业发展统计公报》，http://images3.mca.gov.cn/www2017/file/202009/1601261242921.pdf。

第一部分 战略研究篇

2015年底增长22.5%①。老旧小区和老年家庭适老化改造积极开展，2020年7月，国务院办公厅印发的《关于全面推进城镇老旧小区改造工作的指导意见》明确五年内完成2000年底前建成的老旧小区改造任务。基本养老保险覆盖近10亿人，基本医疗保险覆盖超13亿人，覆盖城乡居民的多层次社会保障体系基本建立②。但从整体上来看，中国积极老龄化政策依旧滞后于人口老龄化的发展速度，呈现出总量有限、质量有待提高、结构有待优化的特点，许多地区的养老服务设施的建设及政策的筹划依旧处于起步阶段。积极老龄化政策依旧以保障类政策为主，如贫困老年人的救助、老年产业的完善以及养老金的调整等，而涉及老年健康、参与和能力提升的政策较少。

（二）中国积极老龄化政策处于动态变化的过程，突出特点是保障的层次和标准逐步提升

从兜底保障、基本生活保障到如今高水平、多样化的保障，社会保障政策措施日益多元，水平不断提高。中国养老服务供给体系逐步优化，养老金水平自2005年开始，人社部、财政部每年会根据社会平均工资和物价的增长，对养老金进行适时调整，已经实现17连涨，退休人员的社会平均养老金水平也由2005年的714元，上调至2020年的3072元③。养老服务供给体系的完善为老年人老年期的生活提供了物质保障基础。并且，中国各类社会优待服务日臻完善，城市公共交通为老年人提供了优惠和便利，方便了老年人的出行和社会参与，大部分公共文化设施免费或者优惠向老年人开放，同时对于高龄、低收入、贫困老年人等弱势老龄群体提供各类老龄津贴制度，保障其基本生活需求与社会活动参与需求。

---

① 李纪恒：《截至2020年底全国共有养老机构3.8万个》，《北京日报》2021年2月24日。

② 李培林等：《社会蓝皮书：2021年中国社会形势分析与预测》，社会科学文献出版社2020年版。

③ 2021年4月发布的《人力资源社会保障部 财政部关于2021年调整退休人员基本养老金的通知》指出：退休人员基本养老金水平全国总体调整比例按照2020年退休人员月人均基本养老金的4.5%确定，也意味着中国养老金水平实现"17连增"。

（三）从社会保障政策向社会环境、个人能力以及个人健康类政策拓展，多层次的积极老龄化政策体系日益成熟

美国心理学家马斯洛的需求层次理论表明，个体的需求从低到高可分为五类，即生理需求、安全需求、社交需求、尊重需求和自我实现需求。而老年人的社会保障、个人健康、社会环境和个人能力四个维度指标可分为对应老年人的物质、健康、社会和精神四方面的需求。中国的老龄政策"从面到点、从粗到细"，逐渐地形成较为完整的老龄政策体系，有关老年教育、老年宜居环境建设、养老服务供给、养老产业发展、老年优待以及长期护理保险等具体项目层面的老龄政策逐渐落地。例如，长期护理保险在2016年原有15个试点城市及吉林、山东两个重点联系省份的基础上，2020年扩大并新增14个试点城市。中国的积极老龄化政策符合老年人身心健康以及需求特点的政策越来越多。

（四）中国积极老龄化政策随着社会经济发展水平及老年人需求特点的变化不断调整，积极老龄化政策体系逐步系统化

随着中国社会经济的迅速发展，社会治理能力不断提升，经济社会的迅速发展为中国积极老龄化政策的实行奠定了良好的社会基础，对于积极老龄化政策的认识也不断深入。以养老服务体系为例，不同阶段养老服务体系内涵的变化反映了中国老龄工作不同时期的侧重点，党的十九届四中全会决定养老服务体系不再区分居家、社区和机构在养老体系中"孰轻孰重"的问题，而是协调三者的作用，做好三者的融合发展。同时结合"健康老龄化"的概念，提出从医养结合到医养康养的转变以及完善老年人关爱服务体系的建立，将老年人的医疗和健康加入居家、社区和机构医疗体系的搭建过程。养老服务体系逐渐地从传统供养制度向社会化、市场化服务体系转型，家庭养老床位制度惠及更多老龄群体，更多的专业化、信息化、符合老年人需求特点的积极老龄化政策体系逐步形成。2019年中国已经建立起完善的老年学专业本科、硕士、博士教育教学，老年学和老年医学、护理学等专业人才培养力度不断加大。

三 应对人口老龄化政策尚待改进的问题

人口老龄化已成为中国经济社会发展的重要社会因素，作用于不同的政策领域。虽然中国近年来宏观和微观层面的积极老龄化政策项目不断增多，成效明显。但中国积极老龄化政策仍然存在以下四方面可以改进之处。

（一）积极老龄化政策领域有待进一步拓宽

由于中国长期以来的政策环境对老年人存在制度性歧视和观念性偏见[①]，中国当前积极老龄化政策重点依旧集中于养老服务建设等社会保障政策领域，养老的刚性需求与政策的低度供给之间矛盾突出，具体表现为对老龄产业、科技、教育、健康等方面的政策支持不足，因此涉及发挥老龄群体主观能动性、满足其多元需求的老龄政策领域尚待完善与开发。并且，由于地方政府对于人口老龄化的理解各异，地方老龄政策之间尚缺乏整体性与延续性，以各地的老年宜居社区为例，各地的建设标准不一且处于较低的标准，与"具有包容性和可及性的城市环境，促进积极老龄化"的老年友好型城市的理念存在较大差距。同时，中国还未将老龄问题纳入社会主流治理主题或将老龄问题纳入不同政策领域以确保满足所有年龄组的需求，如养老金、医疗保险、农村低保以及长期护理保险等方面的政策与实践还需要加强全国性的统筹，城乡、地区保障标准和老年人需求满足程度差距仍然较大。

（二）从全生命周期角度考虑中国老年健康的政策不足

根据生命历程理论，人年轻时经历的一些重大人生事件均会影响

---

① 胡雯、陆杰华：《机构改革应对老龄化新国情的战略安排》，《南开学报》（哲学社会科学版）2018 年第 6 期。

其老年阶段的健康水平和幸福感。长寿不等于健康。虽然中国老年人的预期寿命有了很大的提升，但是健康预期寿命却没有很大的增加。国家卫健委老龄健康司负责人曾指出，2018年中国人均预期寿命为77.0岁，人均健康预期寿命仅为68.7岁①。研究发现已提升的预期寿命中只有1/3左右是健康生存期的延长②。老年人群多重慢性病的患病风险普遍较高，患有一种以上慢性病的老年人比例高达75%，失能和部分失能老年人超过4000万。因此中国老年人群慢性病的防治工作依旧严峻，"重医疗、轻预防"的医疗理念与就医习惯未得到根本性转变，增加了老年人的健康风险和社会医疗保障系统的负担。同时，老年群体精神健康压力较大，抑郁疾病负担在上升且呈现加速趋势③。《"健康中国2030"规划纲要》提出"共建共享，全民健康"的目标，但社会还未形成疾病"早期预防"的理念，从全生命周期角度对老年群体与其他群体的身体、心理等常见疾病进行预防与干预的政策较少，因此健康危险因素在生命历程中逐渐积累，加大了老年的健康和贫困风险。

（三）"年龄友好型"社会环境有待优化

积极应对人口老龄化是中国未来长时间内需要坚持的重要战略任务。最近一份关于欧盟老年人贫困和社会排斥的报告指出，"对许多老年人来说，孤立、隐身和孤独是阻碍他们融入社会及损害积极健康老龄化目标的重要问题"④。长期以来，由于全社会对于人口老龄化的认识不足，社会依旧存在着如"老年人是社会的负担""老龄化社会很恐怖"等对于老龄化社会的错误提法。同时，随着老年人数量的

---

① 卫健委：《中国人均预期寿命77岁 健康预期寿命仅68.7岁》，中国新闻网，http://www.chinanews.com/gn/2019/07-29/8910350.shtml.
② 谭远发、朱明姣、周葵：《平均预期寿命、健康工作寿命与延迟退休年龄》，《人口学刊》2016年第1期。
③ 葛延风等：《我国健康老龄化的挑战与策略选择》，《管理世界》2020年第4期。
④ AGE Platform Europe, "Poverty Watch 2018: Older Persons' Poverty and Social Exclusion—A Reality", 2018, https://www.age-platform.eu/sites/default/files/AGE_Poverty_Watch_2018.pdf.

增加，对于社区文化活动参与和老年无障碍出行等设施提出了迫切需求，但中国社区"适老化"改造尚未完成，基于年轻型或者成年型社会建立的交通、教育和医疗等系统难以满足社会中老年人口特别是高龄人口养老及生活的迫切需求①，中国"年龄友好型"社会政策环境有待进一步优化，中国老年人使用互联网的比例在迅速提升，但仍存在"数字融入"困难，老年人适应数字生活的能力与互联网应用深入老年人日常生活的速度存在差距②。

（四）增权赋能型政策仍需进一步完善

老龄群体的差异具有动态性，新一代老龄群体对于老龄社会服务提出了更高的需求，而老龄问题与老龄群体的更替与差异密不可分③，随着老龄群体队列的更替，新进入老龄阶段的群体大部分为"活力老人"，其具有良好的受教育程度、经济条件和健康水平，对社会老龄服务的内容、服务、组织等提出了差异化需求。并且，积极老龄化是一个老年人个体目标与社区环境相匹配从而达到健康状态维持的过程④，该群体的个人能力的发挥是其实现老有所为的重要途径。虽然"新老年"群体正在崛起，但中国针对老年人的社会服务依旧是传统服务思想指导下的供给模式，并不能满足老年人参与、共享社会发展成果的需求，提升老年人个人能力，进一步促使人生价值实现的政策较少，老年人的教育问题和退休时间等议题有待深入讨论。并且，健康状况是老年人社会参与的基本条件，健康状况相对较差的老年人进

---

① 陆杰华、汪斌：《长寿社会下全球公共治理新动向研究》，《中国特色社会主义研究》2019年第6期。
② 杜鹏、韩文婷：《互联网与老年生活：挑战与机遇》，《人口研究》2021年第3期。
③ 姚远：《老年群体更替：积极应对人口老龄化必须考虑的问题》，《西南民族大学学报》（人文社会科学版）2016年第11期。
④ Lak, A., Rashidghalam, P., Myint, P. K., & Bradaran, H. R., "Comprehensive 5P Framework for Active Aging Using the Ecological Approach: An Iterative Systematic Review", *BMC Public Health*, 2020, 20 (1), 1–22.

行各种社会活动的可能性就越低①，然而从老年人健康和社会参与角度进行创新的政策依旧处于起步阶段，为各类老年人增权赋能，提升其生活自理能力与丰富程度的政策有待完善。老年人的教育问题和延迟退休时间等议题有待深入讨论。

四　积极应对人口老龄化国家战略的实施重点

根据积极应对人口老龄化主要内容和战略目标，本章将积极应对人口老龄化国家战略界定为：党和政府合理配置和充分调动国家资源，积极应对人口老龄化带来的风险和挑战，挖掘老龄社会机遇，激发社会活力，从而维护人民群众根本利益，实现国家既定发展目标。积极应对人口老龄化国家战略具有从"治已病"到"治未病"的预防性、从只关注个体老年阶段到关注全生命周期的全面性、从只关注老年群体到全人群的系统性三大原则。

总体而言，依据中国积极应对人口老龄化的政策短板以及工作重点，为在今后很长一段时间有效落实积极应对人口老龄化国家战略，增强国家战略的长期性、系统性和全局性。笔者认为，中国积极应对人口老龄化国家战略的实施应该坚持党中央总揽全局，倡导积极老龄观，协调各方积极力量，顺应时代、因地制宜、精准施策，打造共建共治共享的老龄社会治理共同体。

（一）完善国家战略组织推进和协调机制，构建高效的老龄社会治理体系

应对人口老龄化是一项庞大的工程，涉及社会治理的方方面面，要不断完善积极应对人口老龄化国家战略组织推进和协调机制。第一，统筹中央涉老部门形成综合治理格局，发挥全国老龄办、民政

---

① 谢立黎、汪斌：《积极老龄化视野下中国老年人社会参与模式及影响因素》，《人口研究》2019年第3期。

部、国家卫生健康委、国家发展改革委、财政部、住房和城乡建设部、国务院扶贫办等部门的职能,理顺积极应对人口老龄化政策制定和实行机制。第二,结合中央和地方机构改革,做好老龄工作部门的统筹与协调,合理规制,实现涉老部门职能的融入,防止出现"九龙治水,政出多头"的现象。第三,统筹协调推进积极应对人口老龄化全局性和系统性工作,加强战略谋篇布局,指导部门、地方开展相关工作。各地方政府和各涉老部门要将积极应对人口老龄化纳入主要工作议程,健全领导机制,做好有关老年人健康指标、为老服务设施及老龄产业等指标的统计,并纳入政府工作考核范围,形成"硬约束"。第四,注重发挥工会、妇联、残联等群团组织、民主党派、工商联和无党派人士以及其他社会组织的作用,凝聚社会共识,共商涉老议题,形成社会合力。

(二)建立健全多支柱、分层次、公平可持续保障服务体系

《建议》指出,第一,发展普惠型养老服务和互助性养老,支持家庭承担养老功能,培育养老新业态。稳步建立长期护理保险制度。中国应该以此为契机,构建多支柱、分层次的保障服务体系,加快实现基本养老保险全国统筹,形成完善的基本养老保险、企业年金和个人养老金三层次体系。第二,持续发展普惠型机构养老,发挥公办养老机构的示范效应,探索社会互助养老的经验,将老年人医疗和健康纳入居家、社区和机构医疗体系搭建的全过程,逐步形成多层次的社会保障体系。第三,完善医养结合、长期照护、安宁疗护等老年人健康保障体系,提升养老院和福利院等老年人聚集场所的公共危机应对能力与老年人健康保障能力。继续推进长期照护保险从试点走向推广,扩大长期护理保险的覆盖范围。第四,健全基本养老服务体系建设,增强家庭养老功能。加强农村养老服务体系建设,弘扬优秀传统文化,发挥家庭在养老政策体系中的主体作用,创新基层"时间银行"、互助幸福院等新型养老模式,完善农村可持续养老服务体系。第五,明晰政府、企业和个人在养老保险中的责任边界,逐步实现公共养老金全国统筹,优化企业年金结构、丰富个人投资养老的内涵。

第六，提升对于"三无"和"五保"老年群体的托底保障，优化老年人优待政策和关爱服务体系，如免费乘坐城市公共交通工具、免购公园及景点门票等。

（三）用全生命周期理论指导积极老龄化政策实践，打造高质量的为老服务和产品供给体系

健康是影响老年群体生活质量的重要因素，也是老年群体参与各项社会活动的基础，做好健康知识的普及和老年人信息素养的提升很有必要，也符合"健康老龄化"理念。第一，国家层面需尽快构建全生命周期身心健康干预与引导体系，利用社区卫生机构和乡镇卫生院等定期为老年人提供健康评估、体检检查和健康指导等，形成完善的个人健康档案。第二，提升各年龄段人群的健康理念，从饮食偏好、生活习惯以及心理咨询等方面做好公民的健康管理服务宣传工作。第三，做好老年人常见慢性病等健康问题的预防和治疗，退休和养老准备知识普及和理财产品信息素养提升。第四，推进以健康为主导的老龄科技产业持续发展，扩展智慧养老项目的覆盖面，让更多的老龄群体享受科技的红利。

中国老年人口基数大，失能、失智老年人口多，养老服务既是具有巨大发展潜能的朝阳产业，也关乎人民群众基本福祉。《建议》指出，推动养老事业和养老产业协同发展，健全基本养老服务体系。因此，应该强化应对人口老龄化的科技创新能力，扎实推进养老服务产业技术创新。第一，鼓励高校、科研机构和企业对智慧养老和助老产品的研发，积极推进养老产业智能化。充分利用物联网、云计算、大数据等新一代信息技术，通过信息化平台和智能制造产品为老年群体提供健康照护、安全保障、医疗和精神慰藉等服务，促进老年人家庭、社区、机构与为老服务医养康养资源的高效衔接与优化配置，不断推动智慧养老提质增效、优化升级。第二，引导社会资本参与智慧养老服务产品的生产制造，如智能辅助器物、健康监测产品等，丰富老年服务市场供给。第三，为老年人打造喜闻乐见的公共文化产品，如电影、戏剧、话剧等，持续推进送戏下乡等活动，增强对老年人公共精神产品供给。第四，政府在保障涉老企业用地供应、税费优惠、财政补贴、金融支持等方面提供政策支持。强化有关老年人护理、保险、金融、旅游、教育产业的支持和监管，建立有效的绩效评估和包容审慎监管制度，引领养老市场规范化、标准化、持续化发展。

（四）为老年人社会参与和权益保障创造良好社会环境

中国低龄老年人口仍占多数，七普老年人口分年龄数据显示，60—69岁的低龄老年人占比超过55%，并且老年人受教育水平显著提升，文盲率显著降低。营造老年人社会参与的物质和文化环境，是老年人社会参与的前提条件。推进老龄宜居环境的建设，消除社会与年龄或失能相关的结构性障碍是积极老龄化政策的重要内容。

第一，加大老旧小区的适老化改造力度，打造老年宜居社区，不断优化老年人的出行环境和居住环境。基层组织以社区为平台，以党支部、志愿服务队、兴趣社团、老年协会为连接点，提高社区老年服务的供给能力，打通老年人社会参与渠道，为老年人日常出行、健康服务、社会参与、文化生活等创造良好的社会环境，提高老年人共享社会发展成果的水平。第二，开展积极应对人口老龄化国情教育，构建尊老、养老、敬老、爱老的社会环境。在明晰各方权力责任边界的情况下，引导社会多元主体参与到积极应对人口老龄化国情的宣传教育过程中，通过政府、媒体、学校、市场及家庭等渠道，形成积极应对人口老龄化宣传的社会合力与互补机制，使各年龄段的人群对老年人和老龄社会有全面的认识。第三，增进不同代际间的沟通交流机会，提升老龄群体的社会融入，引导社会用积极老龄观看待老年人与老龄社会。社区组织、老龄协会、家庭等应该承担相应的责任，提升老年人智能终端操作及数字信息获取能力。优化老年人权益保护法治环境，保障老年人合法权益。结合修订的《中华人民共和国老年人权益保障法》，加强对老年人群体的法律保障，社区法律援助点、司法站、法律援助中心等开展好老年人群体的法律援助，如老年虐待维权、代写法律文书等。第四，加大老年护理服务人员的培养力度和人才队伍建设，持续提升专业护理服务的质量。

（五）为老龄群体增权赋能，提升劳动力有效供给

《建议》指出，积极开发老龄人力资源，发展银发经济。各地的政策需要有效结合当地老年人的身体特点、家庭禀赋和社会资本，对于摆脱了绝对贫困的老年人更多地倾向于健康方面的政策支持，减轻因病返贫的风险。对于异地养老的老年人和"老漂族"来说，做好涉老健康促进、社会保障和社会参与等方向的政策和实践项目的全国统筹，实现"全国一盘棋"，提升其在新的环境中居家养老的能力。并且，老年人不仅是老年友好社会的受益者，他们在其中也扮演着关键的角色①，切实将老年人教育纳入中国整体教育体系，引导社会树立终身学习的理念，并在有条件的地区组建多种形式的老年大学，鼓励各类教育机构开展丰富的老年教育活动，如智能产品使用、书法绘画、投资理财、隔代照料养生保健等，提升中国人力资源整体素质。研究制定渐进式延迟法定退休年龄和弹性退休政策"时间表"，时间点上可采取分步实施，一年提高半岁或者三个月，最终目标可逐步统一男女退休年龄。覆盖面可从试点到逐步推广，有条件的地区和行业可以先行先试逐步提升到 65 周岁，从而优化低龄老龄群体人力资源开发。

（六）实施三孩生育政策及配套支持措施，保持人力资源禀赋优势

七普数据显示，中国除西藏外都已进入人口低生育率阶段。2021 年 5 月 31 日，中共中央政治局会议决定进一步优化生育政策，实施一对夫妻可以生育三个子女政策及配套支持措施。三孩生育政策的实施将进一步凸显改善全社会的生育和教育环境对生育意愿实现的重要影响作用，在生育数量约束淡化的背景下，是否能够有良好的托幼服务和公平获得优质教育资源、女性在职业生涯发展方面是否能够避免

---

① Buffel, T., McGarry, P., Phillipson, C., De Donder, L., Dury, S., De Witte, N. & Verté, D., "Developing Age-friendly Cities: Case Studies from Brussels and Manchester and Implications for Policy and Practice", *Journal of Aging & Social Policy*, 2014, 26 (1-2), 52-72.

第一部分　战略研究篇

受到生育影响等都需要建立起新的激励机制。一方面，从托育体系、教育资源供给、妇女权益保护等方面做好保障配套支持和政策衔接；另一方面，从金融支持、政策审批等方面，调整住房保障等领域普惠性支持政策，减缓年轻人生育忧虑。同时，加强与三孩生育政策有关的国情教育，培育与鼓励生育相适应的新型生育文化①，从而不断调整年轻群体生育观念，构筑良性生育环境，推动三孩生育政策从出台到实施的落地工作，减缓"底部老龄化"，保持中国人力资源禀赋优势，促进人口长期均衡发展，更好地落实积极应对人口老龄化国家战略。

人口老龄化社会的机遇与挑战并存，实施积极应对人口老龄化国家战略不仅是提升老年群体生命质量、促进中国人口长期均衡发展的重要依托，也是中国新发展阶段推动高质量发展、推进国家治理体系和治理能力现代化的必然要求。基于新时代中国人口老龄化发展态势和老年人需求特点，遵循中国积极应对人口老龄化政策演进规律，政府和社会需要抓住关键，对焦短板，从政策体系、社会保障、服务产品、社会环境、劳动力供给、智慧养老、优化生育政策等方面，培育老龄社会经济发展的新动能。同时，积极应对人口老龄化国家战略的实施还要与乡村振兴等其他国家战略紧密结合，用积极应对人口老龄化的视角融入涉老公共政策和各部门的行动，制定详细的政策实施任务清单和推进时间表，实现老龄社会治理能力和水平的提升。

---

① 风笑天：《三孩生育政策与新型生育文化建设》，《新疆师范大学学报》（哲学社会科学版）2021年第4期。

第二章 积极应对人口老龄化国家战略：目标和任务*

党的十九届五中全会通过的《中共中央关于制定国民经济和社会发展第十四个五年规划和二〇三五年远景目标的建议》（以下简称《建议》）中提出"实施积极应对人口老龄化国家战略"，这是基于中国人口形势和社会经济形势变化作出的重大战略决策，是未来相当长的一段时期内积极应对人口老龄化的行动指南，是践行党的初心使命、坚持以人民为中心的发展思想的重要体现，是维护国家人口安全和社会和谐稳定、实现第二个百年奋斗目标的重要考量，是推动高质量发展、加快构建新发展格局的重要举措①，将对中国应对人口老龄化的具体政策和未来经济社会发展产生直接影响。如何理解这一重大战略关系到如何采取积极应对人口老龄化的行动和制定相关政策措施。

积极应对人口老龄化国家战略自提出以来，从官方到学界进行了

---

* 本章作者为林宝。作者简介：林宝，中国社会科学院人口与劳动经济研究所研究员、养老与保障研究室主任，兼任中国社会科学院应对人口老龄化研究中心副主任、首席专家，中国社会科学院大学（研究生院）教授、博士生导师，中国老年学和老年医学学会常务理事、健康长寿分会副主任、老龄智库专家，中国人口学会理事、老龄化专业委员会副主任，中国社会保障学会理事。主要研究方向为人口老龄化与养老保障、人口与公共政策、社会影响评价。本章主要内容曾以《积极应对人口老龄化：内涵、目标和任务》发表在《中国人口科学》2021年第3期。收入本书时进行了修改。

① 李纪恒：《实施积极应对人口老龄化国家战略》，《中国民政》2020年第24期。

| 第一部分　战略研究篇

一系列的解读①，从不同角度加深了全社会对实施积极应对人口老龄化国家战略的认识。党的十九届五中全会在"实施积极应对人口老龄化国家战略"条目下主要涉及"人口均衡发展""银发经济""养老"等问题，解读也主要集中在这些内容上。实际上，这些内容都是与"实施积极应对人口老龄化国家战略"最密切相关的问题，是实施这一战略的切入点，但并非积极应对人口老龄化所涉及内容的全部②。党的十九届五中全会的报告因为结构安排的需要，所以不可能将涉及人口老龄化的所有问题都列在"实施积极应对人口老龄化国家战略"之下，只能列出最密切相关的问题。2019年，中共中央、国务院印发的《国家积极应对人口老龄化中长期规划》强调，人口老龄化对经济运行全领域、社会建设各环节、社会文化多方面乃至国家综合实力和国际竞争力，都具有深远影响③。由此可见，人口老龄化作为一种事关全局、影响深远的社会现象，积极应对人口老龄化国家战略也必然是一项全局性、综合性的战略。显然，作为一项新的重大国家战略，其深邃内涵还有待进一步探讨。本章特就这一重大国家战略的基本内涵、战略目标和战略任务等做一些探讨，以便进一步加深对这一重大战略的认识。

一　实施积极应对人口老龄化国家战略的现实意义

实施积极应对人口老龄化国家战略的关键原因在于中国人口老龄化深入发展，已经带来现实的挑战，并将对社会经济发展产生基础性、全局性、复杂性和长期性影响。只有实施这一战略，成功应对人

---

① 相关文献可参见李纪恒《实施积极应对人口老龄化国家战略》，《中国民政》2020年第24期；蔡昉《实施积极应对人口老龄化国家战略》，《劳动经济研究》2020年第6期；郑功成《实施积极应对人口老龄化的国家战略》，《人民论坛·学术前沿》2020年第22期；杜鹏《科学认识人口老龄化国家战略》，《经济日报》2021年3月26日第10版。
② 林宝：《积极应对人口老龄化要以高质量发展为目标》，《经济日报》2021年2月5日第10版。
③ 中共中央、国务院印发《国家积极应对人口老龄化中长期规划》，中国政府网，http://www.gov.cn/zhengce/2019-11/21/content_5454347.htm。

口老龄化的挑战，才能早日建成社会主义现代化强国和实现中华民族伟大复兴的中国梦。

（一）适应人口老龄化形势发展的现实需要

近年来，中国人口老龄化快速发展，已经成为中国人口变化的主要趋势。从第七次全国人口普查数据看，中国人口老龄化表现出以下几个特点。

一是人口老龄化程度继续提高，高龄化趋势明显。2020年中国60岁及以上人口为26402万，占18.70%，其中，65岁及以上人口为19064万，占13.50%。80岁及以上人口占总人口的比重为2.54%，比2010年提高了0.98个百分点；占60岁及以上老年人口的比重为13.56%，比2010年上升了1.74个百分点，高龄化趋势明显。老龄化的同时伴随着高龄化，表明中国老年人口内部结构也在快速变化，养老服务和健康服务等需求将因为高龄化而以快于老年人口的增速增长，表现出结构效应。

二是人口老龄化速度明显加快。2010—2020年，60岁及以上人口比重上升了5.44个百分点，65岁及以上人口上升了4.63个百分点。与上个十年相比，上升幅度分别提高了2.51个和2.72个百分点。人口老龄化速度加快意味着应对人口老龄化的战略机遇期将快速逝去，政策准备期将大为缩短，"未备先老"问题将更加突出。

表2-1　　中国近三次人口普查的人口老龄化与高龄化趋势

（年份）	总人口（万人）	60+人口比重（%）	65+人口比重（%）	80+人口比重（%）
2000	126583	10.33	6.96	0.95
2010	133972	13.26	8.87	1.56
2020	141178	18.70	13.5	2.54

资料来源：《中国统计年鉴2012》；第七次全国人口普查数据公报；第五次全国人口普查资料。

三是人口老龄化城乡差异快速扩大。从全国看，乡村60岁、65岁及以上老人的比重分别为23.81%、17.72%，比城镇分别高出7.99个和6.61个百分点。与2010年相比，60岁、65岁及以上老年人口比重的城乡差异分别扩大了4.99个和4.35个百分点。城乡差异扩大将进一步凸显应对农村人口老龄化的紧迫性。当前农村经济发展水平、社会服务水平等都严重滞后，农村人口老龄化必将带来更为严峻的挑战，将严重影响脱贫攻坚成果的巩固和乡村振兴战略的实施。

四是人口老龄化地区差异加大。65岁及以上老年人口比重最高的地区和最低地区之间相差接近12个百分点，与2010年相比，扩大了5.28个百分点。从整体差异看，人口老龄化地区差异指数①从2010年的0.14上升至2020年的0.17。人口老龄化地区差异的扩大反映了中国应对人口老龄化的复杂性。

五是人口老龄化程度与经济发展水平出现一定程度的背离。理论上，经济发展水平高的地区因为人口转变发生更早一般会拥有更高的人口老龄化程度。但由于发达地区吸引大量劳动年龄人口流入，延缓了人口老龄化发展速度，造成中国各地区人口老龄化程度与经济发展水平出现了很大程度的背离。2020年各地区65岁及以上人口比例排名与人均地区生产总值（GDP）排名之间的相关系数仅为0.310，而65岁及以上人口比例和人均地区生产总值之间的相关系数则仅为0.250。率先进入中度老龄化阶段（65岁及以上人口占比超过14%）的12个地区中，只有上海、江苏、天津人均GDP排名在前5之列；黑龙江65岁及以上人口比例高居全国第七，但人均GDP排名全国倒数第二，吉林、辽宁和四川的两项排名之差也均在10名以上。在未进入中度老龄化

---

① 该指数首先用各地区人口老龄化程度与全国人口老龄化程度之差的绝对值之和除以地区数，得到各地区与全国人口老龄化程度的平均绝对偏离值，然后再除以全国人口老龄化程度，得到相对偏离值。指数越高，差异程度越大。

阶段的地区中，也不乏像广东、福建这样两项排名相差 20 名开外的情况出现。人口老龄化程度与经济发展水平的背离表明中国"未富先老"的特征不仅在总体上有所表现，而且在部分局部地区更为严重。

表 2-2　各地区 65 岁及以上人口比例及人均地区生产总值排名情况

地区	65+人口比例排名	人均GDP排名	地区	65+人口比例排名	人均GDP排名	地区	65+人口比例排名	人均GDP排名
辽宁	1	15	湖北	12	9	江西	22	17
重庆	2	8	河北	13	27	贵州	23	28
四川	3	16	河南	14	18	福建	24	4
上海	4	2	陕西	15	12	云南	25	23
江苏	5	3	北京	16	1	海南	26	19
吉林	6	24	浙江	17	6	宁夏	27	20
黑龙江	7	30	内蒙古	18	10	青海	28	25
山东	8	11	山西	19	26	广东	29	7
安徽	9	13	甘肃	20	31	新疆	30	21
湖南	10	14	广西	21	29	西藏	31	22
天津	11	5						

资料来源：根据各地区 2020 年国内生产总值（GDP）和常住人口数据计算。各地区 2020 年国内生产总值（GDP）数据来自 Wind 经济数据库，常住人口数据来自第七次全国人口普查公报。

这些新变化表明，中国人口老龄化形势日益严峻，已经成为中国面临的重要人口问题，必须尽快采取应对人口老龄化的战略行动。

(二) 应对人口老龄化现实挑战的客观要求

人口老龄化已经对中国社会经济发展形成现实的挑战，比较直观地表现在以下几个方面。

一是人口老龄化引起劳动力供给下降，给经济增长和产业结构转型升级产生明显的压力。在劳动力供给方面，15—59岁劳动年龄人口从2012年就开始了下降，劳动力则从2017年开始下降，就业人员从2018年开始下降。劳动力供给下降一方面是因为劳动年龄人口下降；另一方面是因为劳动年龄人口内部也在老龄化，导致劳动参与率也出现了明显下降。由于劳动年龄人口持续下降，即便通过延迟法定退休年龄大幅提高50—64岁年龄段的劳动参与率，未来中国劳动力也将持续下降[1]。在经济增长方面，中国自2012年以后国内生产总值增速下降至8%以下，进入中速增长阶段，与劳动年龄人口下降在时间点上具有高度一致性。劳动力供给下降还要求产业结构调整以减少劳动力密集型产业，过程中会产生招工难和就业难并存的局面，这也是近年来中国劳动力市场出现结构性矛盾的一个重要原因。

二是人口老龄化带来社会保障支出的快速增加，给制度可持续性带来挑战。在养老金压力方面，人口老龄化将通过改变制度缴费人员与受益人员之比而导致支出形势恶化。2010—2019年，城镇职工基本养老保险的在职人员和离退休之比从3.08下降至2.53，基本养老保险的收入支出比从1.29下降至1.09，累计结余与支出之比从1.47下降至1.20。在医疗保障压力方面，2010—2019年，基本医疗保险的收入支出比从1.22下降至1.17，累计结余与支出之比从1.43下降至1.33，相关研究[2]也表明人口老龄化正在对医疗费用支出产生越来越大的影响。

---

[1] 林宝：《人口负增长与劳动就业的关系》，《人口研究》2020年第3期。
[2] 贾洪波、赵德慧：《人口老龄化对城镇职工医保基金收支平衡的影响》，《上海经济研究》2017年第7期；付晓光、汪早立、杨胜慧：《人口老龄化对农村居民医疗费用影响研究》，《中国卫生统计》2018年第2期。

表 2-3　　　　　2010 年以来社会保障支付压力的变化

年份	城镇职工基本养老保险			基本医疗保险	
	在职/离退休人员	收入/支出	累计结余/支出	收入/支出	累计结余/支出
2010	3.08	1.29	1.47	1.22	1.43
2011	3.16	1.35	1.55	1.25	1.39
2012	3.09	1.31	1.57	1.25	1.38
2013	3.01	1.25	1.58	1.21	1.34
2014	2.97	1.18	1.53	1.19	1.31
2015	2.87	1.15	1.43	1.20	1.35
2016	2.75	1.12	1.29	1.22	1.39
2017	2.65	1.15	1.24	1.24	1.34
2018	2.55	1.16	1.22	1.20	1.32
2019	2.53	1.09	1.20	1.17	1.33

资料来源：根据《中国统计年鉴 2020》相关数据计算。

三是人口老龄化将因为老年人口增多带来养老服务需求快速增长。在养老服务需求方面，仅仅考虑 2010—2020 年老年人口规模的扩大，60 岁及以上老年人口的养老服务需求就会提升 48.6%，65 岁及以上老年人口的养老服务需求就会增长 60.4%，如果进一步考虑高龄化带来的结构效应和需求升级带来的乘数效应，养老服务需求增长更是爆发性的。尽管近年来加快了养老服务体系建设的步伐，出台了一系列政策措施，但养老服务供给不足和质量不高仍然是当前养老服务体系建设中的突出问题。

此外，人口老龄化对政府债务[1]、居民部门债务[2]、服务业[3]等都

---

[1] 王兆瑞、刘哲希、陈小亮：《人口老龄化对政府债务的影响：基于非线性的视角》，《国际金融研究》2021 年第 3 期。
[2] 刘哲希、王兆瑞、陈小亮：《人口老龄化对居民部门债务的非线性影响研究》，《经济学动态》2020 年第 4 期。
[3] 吴飞飞、唐保庆：《人口老龄化对中国服务业发展的影响研究》，《中国人口科学》2018 年第 2 期。

已经产生了一定的影响。这些现实的影响和挑战要求必须进行有针对性的战略部署和行动。

（三）应对人口老龄化长期影响的前瞻部署

由于中国长期处于低生育水平，即便是最乐观的预测结果，中国未来也将面临快速的人口老龄化，并在 21 世纪一直保持较高的人口老龄化水平。如果总和生育率保持 1.3 不变，中国在 2035 年之前就将进入重度老龄化社会（65 岁及以上老年人口比重超过 21%），并有可能在 2045 年之前进入极度老龄化社会（65 岁及以上老年人口比重超过 28%）[1]。人口老龄化的各种影响将进一步显现，需要从更长的时间维度、站在战略高度系统设计积极应对人口老龄化的各项举措，体现出战略意识和前瞻意识。

特别是，人口老龄化的影响远非当前上文所列举的这些领域，也绝非仅仅影响到这种程度，而是具有基础性、全局性、复杂性和长期性特点，必须高度重视，加强应对策略的战略统筹。人口老龄化影响的基础性主要体现在人口是影响社会经济发展变化的基础变量。人口老龄化作为人口结构变动的基本趋势，是人口作为基础变量的重要方面，是人口作用于其他社会经济变量的重要途径，因此人口老龄化的影响也具有基础性的特征。人口老龄化影响的全局性是指人口老龄化几乎影响所有人和社会生活的方方面面。联合国的一份报告曾经对此有明确的论述：人口老龄化是普遍性的，是影响每个人的一种全球现象。人口老龄化是深刻的，对人类生活的所有方面都有重大的后果和效应。在经济领域，人口老龄化将对经济增长、储蓄、投资与消费、劳动力市场、养老金、税收及世代传递发生冲击。在社会层面，人口老龄化影响了保健和医疗照顾、家庭组成、生活安排、住房与迁徙。在政治方面，人口老龄化会影响投票模式与代表性[2]。人口老龄化影

---

[1] 林宝：《从七普数据看中国人口发展趋势》，《人民论坛》2021 年 5 月（下）。
[2] United Nations, World Population Ageing: 2009, United Nations, ST/ESA/SER. A/295, 2010, p. xviii.

响的复杂性是指人口老龄化的影响机制尚未得到完全揭示，影响程度和影响结果也会因时因地而不同，因此人口老龄化的影响表现出多样性和差异性，变化复杂，难以完全把握，难以准确预知。人口老龄化影响的长期性是指人口老龄化是一个长期过程，其影响往往要延续几代人甚至更长时期。人口老龄化是人口转变的必然结果，是一个漫长的人口过程，其影响将贯穿整个过程。正是因为人口老龄化的影响是如此重要而复杂，所以应对人口老龄化必须加强战略统筹，做长期战略安排。

因此，实施积极应对人口老龄化国家战略，统筹应对人口老龄化带来的挑战，既是中国当前人口老龄化快速发展所产生的现实需要，也是基于应对人口老龄化带来的基础性、全局性、复杂性和长期性影响而进行的前瞻性战略安排，是一个兼具现实基础和战略前瞻的重大战略决策。

二 实施积极应对人口老龄化国家战略的时机选择

"十四五"时期将是中国实施积极应对人口老龄化国家战略的第一个五年规划时期。一方面，随着人口老龄化继续深入发展，"十四五"时期中国人口形势将进入重大转折期，迫切需要抓住应对人口老龄化的战略机遇期，完善应对体系；另一方面，中国刚刚全面建成小康社会，社会发展进入新阶段，需要站在更高起点上系统解决社会问题，统筹谋划未来发展，为全面建成社会主义现代化强国和实现中华民族伟大复兴的中国梦奠定坚实基础。

（一）"十四五"时期是中国人口发展重大转折期

"十四五"时期是中国人口发展的重大转折期，必须采取战略行动，应对人口变化。首先，"十四五"时期是中国生育水平触底反弹或是跌入"低生育陷阱"的关键时期，也是生育政策实现重大调整的关键时期。从生育水平看，七普数据显示，总和生育率为1.3，考虑到全面二孩政策实施后生育水平提高有限且近年来保持的快速下滑

第一部分 战略研究篇

趋势，当前有滑入低生育陷阱的极大风险，必须实现生育政策的重大突破，才有可能有效提升生育水平。2021年6月，《中共中央 国务院关于优化生育政策促进人口长期均衡发展的决定》指出，"进一步优化生育政策，实施一对夫妻可以生育三个子女政策及配套支持措施"，启动了新一轮生育政策调整的序幕。由于当前育龄妇女生育意愿普遍低于三孩，如果希望发挥全面三孩政策的生育潜力，势必要加大政策激励，鼓励育龄妇女向生育三孩目标靠近，这实质上将实现从限制生育到促进生育的重大转折。其次，"十四五"时期将是中国从人口增长向人口负增长的转折期。中国人口自然增长率已经从20世纪80年代末期的15‰以上一路下滑至2019年3.34‰，已经预示着总人口向负增长迈进的基本趋势。根据预测，在总和生育率保持1.3的条件下，总人口规模将在2024年前后开始负增长，并且在可预见的将来，人口负增长趋势难以逆转[①]。最后，"十四五"时期中国人口将进入中度老龄化阶段。七普数据显示，2020年中国65岁及以上老年人口达到了13.5%，离中度老龄化社会（65岁及以上人口比例达14%）仅咫尺之遥，很快就将进入中度老龄化社会，老龄化再上新台阶。这几个重大转折表明中国人口发展正在发生深刻变化，必须采取相应的战略行动来应对。

（二）"十四五"时期是应对人口老龄化的战略机遇期

更为关键的是，"十四五"时期是中国应对人口老龄化必须抓住的战略机遇期。由于中国人口老龄化快速发展，2035年之前中国就将进入重度老龄化阶段（65岁及以上人口比例超过21%），在此之前将是中国应对人口老龄化的战略机遇期。随着时间推移，人口老龄化加快发展，这一机遇期将不断收窄。"十四五"时期将是21世纪剩余时间内中国人口老龄化程度最低的时期，同时由于20世纪60年代出生高峰时期的人口队列开始陆续进入老年阶段，这一时期60—64岁低龄老年人口年均将达到接近1亿的规模，为延迟退休年龄、开发老

---

① 林宝：《从七普数据看中国人口发展趋势》，《人民论坛》2021年5月（下）。

年人力资源等政策留下了巨大空间。因此，为了更好地利用好这一战略机遇期，做好应对人口老龄化的战略准备，必须尽快实施国家战略，加强全社会动员，加强各条战线、各个领域的协调与配合，统筹应对人口老龄化的政策与行动。

（三）"十四五"时期是进入新发展阶段、开启新局面的关键时期

"十四五"时期中国进入了新发展阶段，必须站在新起点上进行新的战略布局，开启发展新局面，谱写发展新蓝图。通过艰苦努力，2020年中国如期全面建成小康社会，实现了第一个百年奋斗目标，开启了迈向第二个百年奋斗目标的新征程。"十四五"时期是迈向新征程的新起点，必然要在新的历史条件下，站在新的高度针对影响中国实现第二个百年奋斗目标的重大问题作出战略安排，因此在党的十九届五中全会通过了《中共中央关于制定国民经济和社会发展第十四个五年规划和二〇三五年远景目标的建议》，作为开启向第二个百年奋斗目标进军新征程的纲领性文件，作为面向2035年的中国经济社会发展行动指南。人口老龄化作为21世纪中国人口发展的基本国情，作为一项具有基础性、全局性、复杂性和长期性影响的重大社会现象，将是迈向第二个百年奋斗目标的重要背景和基础条件，也是长期社会经济发展的主要影响因素，在这一重要文件中将积极应对人口老龄化上升为国家战略也是开启新局面的客观要求。

三 积极应对人口老龄化国家战略的基本内涵

实施积极应对人口老龄化国家战略，既有对认识的要求，也有对实践的要求。在认识层面，积极应对人口老龄化要求正确认识人口老龄化过程及其影响、与老龄化相关的老年人及老龄社会等问题。在实践层面则是要求主动作为，采取积极主动、科学有效的策略和措施，积极干预人口老龄化过程和结果，应对人口老龄化的各项挑战。

(一) 认识层面：正确认识人口老龄化及相关问题

在认识层面，积极应对人口老龄化主要体现在认识的正确性上。关于正确认识人口老龄化及其相关问题已有不少研究涉及。《国家应对人口老龄化战略研究总报告》认为要树立"积极老龄观"，做到三个"积极看待"：积极看待老年人、积极看待老年生活、积极看待人口老龄化[①]。笔者认为，积极应对人口老龄化首先要正视人口老龄化的挑战，要积极看待老龄化社会和老年人口[②]。杜鹏认为，应该以更加积极的态度看待老龄化社会和老年人口[③]。从全社会角度来讲，在认识层面，积极应对人口老龄化实际上不是单纯积极看待的问题，而是要对人口老龄化形成正确认识、客观认识的问题。概括起来，应该在以下几个方面形成正确认识。

一是正确认识人口老龄化。人口老龄化作为一种社会现象，是社会进步的表现和结果，但是人口老龄化作为人类历史进入现代社会才出现的现象，也会给人类社会带来全新的挑战。正确认识人口老龄化要克服过分悲观和过分乐观两种倾向，要正视人口老龄化的挑战，既不掉以轻心也不闻之色变，而是充分研究其变化规律和影响机制，做好长期应对的准备。要相信经过科学应对，采取恰当措施可以努力争取更好结果，推动社会持续发展，获得美好光明的前景。

二是正确认识老年人口。要认识到老年人口是经由少儿人口、劳动年龄人口发展而来，是不容更改的历史发展结果，是社会的重要组成部分。要认识到老年人是社会财富积累的重要创造者和历史贡献者，有权参与社会财富分配，共享社会发展成果。要认识到老年人是社会发展和社会建设的重要参与者和推动力量，也是重要人力资源，是社会宝贵的财富。要认识到老年人口内部具有较大的差异性，对老

[①] 总报告起草组：《国家应对人口老龄化战略研究总报告》，《老龄科学研究》2015年第3期。

[②] 林宝：《探索积极应对人口老龄化的"中国经验"》，《经济日报》2019年8月27日第12版。

[③] 杜鹏：《科学认识人口老龄化国家战略》，《经济日报》2021年3月26日第10版。

年人口不能一概而论，应充分尊重差异性、掌握差异性、利用差异性，提高应对人口老龄化政策措施的科学性和精准度。

三是正确认识老龄社会。老龄社会是人类社会发展的必经阶段，要面临人口老龄化带来的各种挑战，但老龄社会不是洪水猛兽，而是一个正常的社会形态。正确认识老龄社会，首先，要认识到老龄社会也存在不同的阶段，在不同阶段有着不同的社会经济意义。在轻度老龄化阶段（65岁及以上老年人口占比为7%—14%），往往正是一个国家的人口红利期，是可以利用的人口机会窗口。其次，要认识到老龄社会在带来挑战的同时，也将带来老龄及健康等产业发展机遇，是挑战和机遇并存的社会。最后，要认识到老龄社会不仅意味着人口结构变化，而且也意味着整个社会发展模式和治理体系的变革，需要跳出人口的视野看待老龄社会及其相关问题。

（二）实践层面：积极干预人口老龄化过程及其结果

在实践层面，积极应对人口老龄化主要体现在应对的主动性和科学性上。2016年，习近平总书记在对老龄工作的重要指示中强调，有效应对我国人口老龄化，事关国家发展全局，事关亿万百姓福祉。要立足当前、着眼长远，加强顶层设计，完善生育、就业、养老等重大政策和制度，做到及时应对、科学应对、综合应对①。这一重要指示为积极应对人口老龄化提供了重要的实践指引，具体可概括为以下几方面。

一是主动应对。积极应对人口老龄化首先要求把握战略主动权，把握先机，要前瞻性地研究人口老龄化过程，研判人口老龄化各种影响及其程度，加强顶层设计，完善相关应对措施。甚至是提前采取措施，干预人口老龄化过程，延缓人口老龄化进程。主动应对的关键是保持前瞻性，即要做到立足当前、着眼长远，要看到人口老龄化未来发展趋势及其影响，主动防御、因势利导、未雨绸缪，走一条有准

---

① 习近平：《加强顶层设计完善重大政策制度 及时科学综合应对人口老龄化》，新华网，http://www.xinhuanet.com/politics/2016-02/23/c_1118133430.htm。

备、有把握的应对之路。

二是及时应对。人口老龄化有自身的发展过程和发展规律,在快速老龄化的过程中,抓住应对时机十分关键。中国人口老龄化具有速度快的显著特征,应抓住当前进入老龄化社会时间还不长、老龄化程度还相对较低、劳动年龄人口比例还相对较高、老年人口结构还相对年轻的有利窗口期,积极完善各项社会经济政策,为人口老龄化高峰的到来提前做好准备。及时应对的关键是要保持敏锐的判断力和决断力,要善于审时度势、伺机而动,不可迟疑不决、错失良机。

三是科学应对。一方面,要加强应对人口老龄化决策的科学性。应对人口老龄化需要有的放矢、准确施策,其前提是必须科学掌握人口老龄化的发展趋势、影响深度和广度。因此,在应对过程中,要加强科学研究,注重政策制定的科学性和前瞻性,加强对政策实施的科学评估,提高各项政策的精准度和有效性。另一方面,要加强应对人口老龄化的科技支撑,要通过科技创新来提高生产率、改善老年生活质量。

四是综合应对。应对人口老龄化是一项复杂的系统工程,要采取综合应对措施。要坚持过程调节与结果干预相结合,以结果干预为主、以过程调节为辅,完善生育、就业、养老、社会保障、家庭支持等政策,多方着力,综合应对人口老龄化。综合应对的关键是要加强统筹协调,要把各部门、各战线、各环节的力量统筹协调起来,相互配合,共同推进应对人口老龄化的各项工作。

五是长期应对。人口老龄化是一个长期过程,应对人口老龄化是一项长期艰巨的任务,需要长期持续的努力。在思想上,要做好持久战的准备,树立长期应对的思想准备;在政策制定上,要注重长期影响和效果。要制定长期的应对目标,并落实为分阶段的具体任务,做到长短结合,短期目标服务于长期目标。长期应对的关键是可持续性,要保持政策的持久有效、科学合理,必须加强对政策措施可持续性的评估,要尽量减少头疼医头脚疼医脚的短期政策和短视行为。

四 积极应对人口老龄化国家战略的主要目标

当前,对积极应对人口老龄化国家战略的阐释和解读有一种局限于养老和人口问题的倾向。需要指出的是,由于人口老龄化影响具有全局性和复杂性的特征,积极应对人口老龄化国家战略必须是一项全局性、综合性战略,绝不应该仅仅看作一项单纯的人口发展战略,更不应该只是单纯关注养老问题。本质上,积极应对人口老龄化国家战略的战略目标可以理解为一个综合的目标体系,可以分为不同的层次,表现为一定的圈层结构:在核心圈层,积极应对人口老龄化国家战略聚焦人口老龄化本身,战略目标是实现积极老龄化;在中间圈层,积极应对人口老龄化聚焦人口发展过程,战略目标是促进人口长期均衡发展;在外围圈层,积极应对人口老龄化关注人口与其他要素之间的关系,战略目标是实现可持续发展,在现阶段表现为追求高质量发展。

(一)老龄化层面:实现积极老龄化

积极应对人口老龄化最狭义的理解可以解释为积极应对人口老龄化的各种影响,从这个层面来说,积极应对人口老龄化的战略目标可以概括为实现积极老龄化。2002年,世界卫生组织在第二次老龄问题世界大会上正式提出"积极老龄化"理念,"积极老龄化"(Active Ageing)是指为提高老年人生活质量创造健康、参与和保障最佳机会的过程[①]。积极老龄化既包含个人也包含群体,健康、参与、保障"三位一体"的最优结合是其关键[②]。积极应对人口老龄化国家战略首先应实现个体和群体的积极老龄化,从健康、参与和保障三个基础方面建立完善的政策体系,以减少老年人因

---

① WHO, Active Ageing: A Policy Framework, World Health Organization, WHO/NMH/NPH/02.8, 2002.
② 邬沧萍:《积极应对人口老龄化理论诠释》,《老龄科学研究》2013年第1期。

衰老带来的疾病并确保其在生病时得到及时的治疗和康复，为老年人提供参与社会生活和社会发展的机会和条件，提供必要的经济保障和照护服务，以提高老年人生活质量，确保老年人分享社会发展成果。党的十九届五中全会通过的《建议》在提出实施积极应对人口老龄化国家战略的条目之下，提到的"积极开发老龄人力资源""推动养老事业和养老产业协同发展，健全基本养老服务体系，发展普惠型养老服务和互助性养老，支持家庭承担养老功能，培育养老新业态，构建居家社区机构相协调、医养康养相结合的养老服务体系，健全养老服务综合监管制度"等内容就蕴含了实现积极老龄化的目标。

（二）人口过程层面：促进人口长期均衡发展

更进一步，积极应对人口老龄化还可以加强对人口老龄化过程的干预，将视野拓宽至整个人口过程，从这个层面来说，积极应对人口老龄化的战略目标可以概括为促进人口长期均衡发展。人口老龄化是人口转变的结果，本质上是历史人口发展的产物。因此，对当前人口参数的干预将会对未来的人口老龄化过程产生影响，尽管可能见效慢、周期长，但放在人口发展的历史长河中考察，仍然是可以有所作为和具有重大意义的。近年来，中国一直把促进人口均衡发展作为人口发展的重要目标，党的十八大报告就提出要"逐步完善政策，促进人口长期均衡发展"。党的十九届五中全会通过的《建议》在提出实施积极应对人口老龄化国家战略的条目之下，也明确提出"促进人口长期均衡发展"，这表明促进人口长期均衡发展是积极应对人口老龄化国家战略的目标之一。

（三）人口与其他因素关系层面：实现可持续发展

再进一步，积极应对人口老龄化必须实现人口与其他因素之间的协调发展，从这个层面来讲，积极应对人口老龄化的战略目标可以确定为实现可持续发展。"可持续发展"一词1987年由联合国环境与发展委员会在《我们共同的未来》中正式使用①，指在不损害后代人满足其自身需要的能力的前提下满足当代人的需要的发展。可持续发展一方面从横向上强调了人口与经济、社会、资源和环境的协调发展；另一方面从纵向上强调了代际公平和可持续性。实施积极应对人口老龄化国家战略本质上就是要实现人口与其他因素之间的协调发展，统筹考虑长达数十年甚至上百年涉及几代人的发展问题，实现中华民族伟大复兴和永续发展的问题，因而与可持续发展的核心要义完全契合。因此，实现可持续发展就理所当然应该成为积极应对人口老龄化的战略目标之一。

实现积极老龄化、促进人口长期均衡发展和实现可持续发展是从不同层面出发而提出的目标，每个层次的目标又可以分解为一系列的子目标，这些目标构成了一个多层次的目标体系，共同构成了积极应对人口老龄化国家战略的战略目标。三个层次的目标层层递进，相互联系、相互促进，没有主次之分，只有层次之别。三个层次的目标需要共同推进，不断推动积极应对人口老龄化国家战略取得成效。

（四）现阶段目标统筹：高质量发展

党的十九届五中全会通过的《建议》强调"十四五"时期经济社会发展要"以推动高质量发展为主题"，这实际上为实施积极应对人口老龄化国家战略提出现阶段的目标，即追求高质量发展。高质量发展，就是能够很好满足人民日益增长的美好生活需要的发展，是体现新发展理念的发展，是创新成为第一动力、协调成为内生特点、绿色成为普遍形态、开放成为必由之路、共享成为根本目的的发展。在现阶段，以高质量发展为目标，可以统筹兼顾积极老龄化、促进人口长期均衡发展和可持续发展三个层次的战略目标。积极老龄化目标可以体现在高质量发展所包含的共享发展之中，促进人口长期均衡发展目标可以在高质量发展的协调发展之中，而可持续发展目标则可以体现高质量发展目标包含的协调、绿色和共享发展之中，此外，高质量

---

① 李竞能：《现代西方人口理论》，复旦大学出版社2004年版。

发展所包含的创新和开放可以为实现上述目标提供动力和创造条件。因此,把高质量发展作为现阶段积极应对人口老龄化的目标是合适的,也是可能的。

在现阶段以高质量发展为目标,也是实施积极应对人口老龄化国家战略的内在要求。这是因为,实施积极应对人口老龄化国家战略与实现高质量发展存在相互依存的辩证关系。一方面,要实现高质量发展,必须积极应对人口老龄化。人口老龄化是中国今后一段时期面临的主要挑战之一,要实现高质量发展,满足人民日益增长的美好生活需要,必须首先正视和积极应对人口老龄化带来的劳动力下降、养老负担上升、经济结构调整压力和社会治理变革等挑战。如果不能成功应对人口老龄化的影响,高质量发展将只能是奢望,甚至还可能造成发展停滞的恶果。另一方面,积极应对人口老龄化战略成功实施必须依靠高质量发展来保障。只有通过高质量发展积累必要的社会财富,才能使积极应对人口老龄化战略的实施具备相应的物质基础,从而为建立相应的制度和机制创造条件;也只有通过高质量发展才能获得良好的社会环境确保各项政策措施得以施行。没有高质量发展来保证,积极应对人口老龄化也会成为无源之水、无本之木[①]。

五 积极应对人口老龄化国家战略的根本任务

根据积极应对人口老龄化国家战略的目标,可以确定这一战略的根本任务应该是:努力创造一个有利于实现高质量发展的人口条件,以及形成与人口老龄化相适应的经济发展模式和社会环境。

(一)创造有利于实现高质量发展的人口条件

创造有利于实现高质量发展的人口条件,从根本上说,就是从中国当前面临的主要人口问题出发,努力寻找解决方案,使人口发展进

---

① 林宝:《积极应对人口老龄化要以高质量发展为目标》,《经济日报》2021年2月5日第10版。

入长期均衡发展轨道。具体任务包括：一是努力提升生育水平，逐步向更替水平回归。生育率过低是中国人口长期均衡发展面临的头号问题，应该把提升生育水平作为创造有利人口条件的首要任务。从理论上讲，生育水平长期保持在更替水平是实现代际人口均衡、保持人口结构相对稳定的理想状态。中国当前生育水平远远低于更替水平，长期发展下去将导致人口规模迅速萎缩、人口年龄结构迅速老龄化，必须尽快扭转生育率继续下滑的趋势，并采取有力措施，以回归更替水平为目标努力提升生育水平。二是继续降低出生性别比，促进适龄男女婚姻匹配。七普数据显示，中国出生人口性别比有所回落，但仍然高于正常水平，这表明仍然有人工干预因素在起作用，要进一步加大力气加强整治，尽快促使出生性别比回归正常值。同时，因为历史上出生性别比偏高的年龄组正在陆续进入婚育期，必须努力促进适龄男女婚配。三是提高全面健康水平，缩短带病生存期。根据国家卫健委的数据，中国2018年人均预期寿命与健康预期寿命之间相差8.3岁[①]，表明中国人口健康水平还有很大提高空间，要加强与健康中国战略协同互动，努力提高全面健康水平，推动疾病模式和死亡模式变革，缩短带病生存期，继续提高人口预期寿命和健康预期寿命。四是提高人口素质，建设人力资源强国和人才强国。七普数据显示，中国人口素质出现了显著提升，但总体上与建设社会主义现代化强国的需求相比，仍然有较大差距，特别是在高层次人才方面还极其短缺，近年来，各地区之间开展的"人才争夺战"反映了人才的稀缺性，一些关键技术成为"卡脖子"技术也反映了高端人才和技术储备的不足。因此，必须进一步提高人口素质，加强高层次人才培养，建设人力资源强国和人才强国。五是促进流动人口本地融入，缩小户籍人口城镇化与常住人口城镇化之间的差距。巨大的流动人口规模和两类城镇化差距反映了仍然存在较大的制度障碍制约人口流动及本地化融入，不符合高质量发展的要求。要进一步通过制度改革和机制创新促

---

① 卫健委：《中国人均预期寿命77岁 健康预期寿命仅68.7岁》，中国新闻网，http://www.chinanews.com/gn/2019/07-29/8910350.shtml。

进流动人口本地流入，实现高质量的新型城镇化。

（二）形成与人口老龄化相适应的经济发展模式

人口老龄化对经济发展带来的最大冲击是劳动力规模下降和结构老化，要形成与人口老龄化相适应的经济发展模式关键是要实现几个转变：一是增长方式转变。在劳动力供给下降的大背景下，要从依靠低成本劳动力投入、片面追求总量增长和增长速度、不计资源环境代价的粗放式增长方式向更多依靠资本技术、更多强调劳动力素质、更加强调资源节约和环境友好、更加强调质量和效益的集约式增长方式转变。二是增长动力转变。随着人口老龄化，依靠大量要素投入驱动经济增长的方式已经不可持续，经济增长动力要从要素驱动向创新驱动转变，使创新成为推动发展的第一动力。三是产业结构调整。随着劳动力供给下降，要求在需求侧作出反应，必然对产业结构调整带来压力。产业结构中的劳动密集型、低附加值的产业将逐渐被淘汰，代之以资本、技术和知识密集型产业，产业结构不断转型升级。四是生产效率提升。应对人口老龄化的关键是要以更少的劳动力赡养更多的老年人口，核心在于提高劳动生产率和全要素生产率，以更高效率创造更多社会财富。要通过鼓励新技术的开发和应用、新业态和新模式的培育不断提高生产率。与人口老龄化相适应的经济发展模式不会自然形成，必须坚持新发展理念，深化供给侧结构性改革，以改革推动发展方式转变。

（三）形成与人口老龄化相适应的社会环境

人口老龄化作为一种深刻的社会现象，对社会文化、社会治理等都将产生深远的影响。形成与人口老龄化相适应的社会环境关键要完成四项任务：一是增强社会共识。要在全社会开展积极应对人口老龄化的社会宣传动员，通过社会动员加强人口老龄化国情教育和积极应对人口老龄化国家战略教育，使社会成员认识到实施这一战略的重要性和必要性，增强应对人口老龄化的主动性和自觉性，理解相关决策与行动，改变不可持续的发展方式和行为习惯，增强全社会积极应对人口老龄化的共识。二是完善社会治理。重点是实现社会治理体系和治理能力现代化。2019年，党的十九届四中全会通过的《中共中央关于坚持和完善中国特色社会主义制度推进国家治理体系和治理能力现代化若干重大问题的决定》中对实现治理体系和治理能力现代化作出了系列安排，从广义上讲，这些安排都是积极应对人口老龄化的必要安排；从狭义上讲，则是要坚持和完善共建共治共享的社会治理制度，保持社会稳定、维护国家安全。三是促进社会参与。参与是积极老龄化的三大支柱之一，促进社会参与的重点是要消除年龄歧视，改革强制性退休年龄制度，为老年人就业创造条件；营造有利于老年人社会参与的环境，为老年人参与国家政治、社区管理、社会生活创造条件。四是实现社会共享。重点是优化收入分配格局，进一步健全社会保障制度，大力推动社会养老服务体系建设，营造孝老敬老养老的社会环境，使老年人能分享社会发展成果，满足美好生活需要。在信息技术日新月异的情况下，要致力于建设一个不分年龄人人共享的智慧老龄化社会，使老年人能分享技术进步带来的福利改进，而不是陷入数字贫困。

六 "十四五"时期积极应对人口老龄化的重点领域

"十四五"时期是实施积极应对人口老龄化国家战略的开局时期，重点应做好政策准备工作。在"十四五"时期应继续系统推进经济转型升级、积极落实三孩政策、推动养老金制度改革和社会养老服务体系建设，为积极应对人口老龄化建立有效的制度机制。

（一）强化创新驱动，积极推动经济转型升级

中国自进入经济新常态以来，已经加快了推进经济转型升级的步伐。党的十九大报告明确指出，中国经济已由高速增长阶段转向高质量发展阶段，正处在转变发展方式、优化经济结构、转换增长动力的攻关期，建设现代化经济体系是跨越关口的迫切要求和中国发展的战

略目标。要适应人口负增长和人口红利逐渐消失的人口发展形势，适应劳动力供给形势的变化，中国经济的增长方式必须发生深刻变革，应从要素积累的增长模式转向以改善经济效率为主的经济增长方式，提高经济增长质量，努力构建新发展格局，实现高质量发展。为此，一方面，必须以创新为驱动力，推动经济转型升级。"创新是引领发展的第一动力。抓创新就是抓发展，谋创新就是谋未来。"要尽快扫清制约创新动力和创新能力发展的障碍，形成有利于推动创新和增强创新能力的环境，向创新要生产力，用创新寻找新的增长源泉。要在科研管理、税收政策、经济激励等多方面向有利于发挥人才创新作用的方向改革，推动创新发展。要大力推动高新技术发展，以新技术、新业态推动新经济的发展。另一方面，必须以提高劳动者素质为核心，提高劳动生产率。经济增长要从依赖劳动力数量投入转向更多依赖于劳动者素质提高。适应经济结构转变和产业升级需要，要加大对教育和培训的投入力度，不断提高劳动者素质。要通过改善教育公平、提高教育质量、增强培训的针对性等措施，提高劳动者教育水平和劳动技能，以质量替代数量，以人才红利替代人口红利，为经济增长提供长久支撑。当然，在经济转型升级过程中，劳动力市场的波动将更为频繁，必须继续实施就业优先战略，通过加强劳动力市场建设和社会保障制度建设等措施应对结构转型的就业冲击[①]。

（二）营造生育友好社会环境，促进人口长期均衡发展

当前，生育水平过低已经成为制约人口长期均衡发展的重要因素，必须把提升生育水平作为下一阶段的重要任务。三孩政策出台基本满足了绝大多数群众的生育意愿，当前的工作重点主要是营造生育友好社会环境，激发生育政策效果。其中，扭转生育观念是根本。生育观念转变是生育率下降的根本原因，要发挥三孩政策作用必须改变生育观念、提高生育意愿。中国的生育率下降受到了计划生育政策较大影响，长期的计划生育"晚婚晚育""少生优生"等宣传导向对群

---

① 林宝：《从七普数据看中国人口发展趋势》，《人民论坛》2021年5月（下）。

众产生了深远影响，有的甚至已经内化为人们的内在观念。建议结合新的生育形势，从家庭生命周期的角度强调适龄婚育的重要性，扭转婚育年龄延迟的趋势；鼓励生育观念多元化，在肯定部分群众坚持少生优生的情况下，也鼓励部分群众追求大家庭和多子女。转变群众生育观念不能只依靠计划生育宣传，应该在整个社会生活中，通过教育、媒体、文艺作品等构造一个生育观念多元化的社会环境。

降低生育成本是关键。当前群众不想生、不敢生主要是因为生育成本过高。当前，生育相关的各个环节都存在成本过高的问题，严重影响了生育决策，共同抑制了生育意愿和生育行为。应抓住关键环节关键问题，尽快出台配套政策。要从全生命周期的视角，抓住婚恋、生育、幼儿抚育、儿童教育等重点环节，从税收、社会保障、劳动权益保护、公共服务支持、社会服务发展等多方面着手，消除影响家庭成长和生育的痛点，切实减小生育养育成本。在婚恋环节，应抓住两头：在大城市重点关注大龄白领女性，主要通过加强婚介、联谊解决信息不对称问题；在农村重点关注大龄男性，加强对他们的婚介服务和适当鼓励涉外婚姻。在住房上，应主要通过大力发展公租房解决新就业青年、新成长家庭的城市住房问题。在生育环节，应通过加强妇女劳动权益保护促进家庭工作平衡。在养育环节，应通过倾斜性的政策支持大力发展育儿服务增加儿童照料服务供给。在教育环节，应通过均衡配置义务教育资源减轻家庭教育负担，等等[①]。

（三）继续推进养老金制度改革，改善制度公平性与可持续性

一是进一步推进制度整合，真正建立多层次养老金体系。建议进一步改革，增强再分配功能，引入公民养老金，建立普惠性、兜底性的第一层次养老金。中国目前已经实现养老保险制度的全覆盖，实际上具备了引入公民养老金的条件。建议将城乡居民养老保险社会统筹部分改革为公民养老金，形成覆盖全民的第一层次养老金，适当提高标准。二是从收支两侧着力，改善养老金制度可持续性。在收入侧，

---

① 林宝：《从七普数据看中国人口发展趋势》，《人民论坛》2021年5月（下）。

要多方拓展收入来源，可适当提高养老金缴费基数上限，进一步规范养老保险缴费行为，加大划拨国有资产补充养老保险基金力度，将反腐败没收财物直接充实养老保险基金等。在支出侧，要进一步完善待遇确定和调整机制，如纳入人口老龄化因素，实现基本养老保险制度个人账户夫妻共享。三是尽快推进基础养老金全国统筹，提高制度抗风险能力。关键是找到一个合理的基础养老金待遇确定方法，使制度前后易于衔接，民众能够接受。基于各地区缴费率不同，为保障公平，必须将缴费率纳入统筹后的基础养老金待遇计算方法，将养老金待遇与全国平均工资及个人的历史缴费贡献挂钩。四是做好弹性设计，尽快启动渐进式延迟退休年龄。建议以现行退休年龄为基础进行弹性设计，逐步扩大弹性区间，那么延迟退休年龄改革本质上就是扩大退休年龄弹性的改革，可以将"渐进式延迟退休年龄"理解为"渐进式扩大退休年龄弹性"的改革。改革后，养老金待遇与退休年龄密切挂钩。

（四）大力推进养老服务体系建设，尽快出台长期护理保险制度

人口老龄化和高龄化加速，家庭规模小型化趋势继续发展，家庭养老服务能力显著下降，应该尽快完善社会养老服务体系。一方面，要继续推进养老服务供给侧改革，增加服务供给，提升服务质量。对照供给侧结构性改革的"三去一降一补"五大重点任务，养老服务供给侧改革的主要任务是促增长、去空置、降成本和补短板。要优化存量、引导增量，切实提高养老服务供给质量和供给效率，扩大有效供给，更好地满足老年人的养老服务需求。主要措施包括充分调动社会各方积极性，实现供给主体多元化；充分发挥市场作用，实现供给机制市场化；大力发展社区服务，实现供给方式便利化；创新养老服务技术，实现供给手段多样化；调整养老机构功能，实现供给内容专业化；等等①。另一方面，建立统一的长期护理保险制度，为国民提

---

① 林宝：《养老服务供给侧改革：重点任务与改革思路》，《北京工业大学学报》（社会科学版）2017年第6期。

供基本护理保障。当务之急是建立长期护理保险制度，将家庭最困难的护理需求采用社会保障的制度化方式加以解决。当前，长期护理保险试点目前已经超过五年，应该总结经验，尽快出台统一制度。经过五年多的试点，目前各地已经有了一些探索和经验，可以为建立统一制度提供一些参考，可以在此基础上，充分研究，系统设计，出台统一的福利性、普惠性和强制性长期护理保险制度，为国民提供标准化的基本护理保障①。为体现党的十九届五中全会提出的"稳步"特征，可以先从低水平起步，坚持宽费基、严受益的原则，先把制度建立起来，解决最为急需的失能老人的护理保障问题，然后再根据社会经济发展条件和人口状况变化进行调整和完善②。

需要强调的是，实施积极应对人口老龄化国家战略不是单兵突进，而是要与健康中国战略、乡村振兴战略、就业优先战略、科教兴国战略等重大战略加强战略配合、战略协同，共同为全面建成社会主义现代化强国和实现中华民族伟大复兴的中国梦提供有力保障。

---

① 林宝：《对中国长期护理保险制度模式的初步思考》，《老龄科学研究》2015年第5期。
② 林宝：《从七普数据看中国人口发展趋势》，《人民论坛》2021年5月（下）。

第二部分　·举措分析篇·

第三章　老龄工作思路转变及展望[*]

党的十八大以来，老龄工作面临一系列新挑战、新机遇、新要求，老龄工作思路也与时俱进地发生了8个方面的深刻转变，更加契合了积极老龄观和积极应对人口老龄化国家战略的要求。进入新发展阶段，预计老龄工作思路将围绕"实施积极应对人口老龄化国家战略"这条主线继续转变，以更高的站位来谋划老龄工作，进行老龄政策举措创新。

一　党的十八大以来老龄工作思路转变的宏观背景

（一）人口老龄化发展呈现阶段性新特征

党的十八大以来，伴随着新中国成立后第一次出生高峰人口进入老年期，中国进入人口老龄化快速发展阶段。2012—2020年，中国60岁以上老年人口占比从14.3%提高到18.7%。进一步分析会发现，这个时期中国老龄化呈现出三个阶段性新特征。

第一，劳动年龄人口数量和比例双双下降。在2012年以前的人口老龄化过程中，劳动年龄人口数量和比例呈现出共同上升的态势。当时之所以会发生老龄化，主要是因为老年人口数量和比例的共同上

---

[*] 本章作者为李志宏。作者简介：李志宏，现任中国老龄协会政策研究部主任，法学博士，西南交通大学兼职教授，中国老年学和老年医学学会智库专家，中国老龄科学研究中心特邀研究员，重庆市养老服务智库专家。参与多项国家重要老龄政策法规、文件的起草以及重大研究项目的实施。曾获全国老干部工作先进个人、中央国家机关青年"五四奖章"等荣誉称号。

升，以及少儿人口数量和比例的共同下降。自2012年以后，人口老龄化进程中首次出现了劳动年龄人口数量和比例的双重下降，由2012年的9.37亿下降到2020年的8.94亿，比例由69.2%下降到63.35%。同时少儿人口数量和比例略有回升，老年人口数量和比例共同加速提升。尽管2012年后中国人口老龄化仍然主要体现为老年人口数量和比例的提升，但如果考虑少儿人口和劳动年龄人口的发展态势，则人口老龄化进程的内部年龄结构已经呈现出截然不同的新动向①，劳动年龄人口老龄化特征更为明显，对经济发展的影响逐步呈现。

第二，迎来第二次退休人口高峰。新中国成立后第二次生育高峰期（1962—1975年）出生的人口进入老年期后，中国将于2022年后迎来60岁及以上老年人口的第二次增长高峰。考虑到中国职工的实际平均退休年龄为54岁，与老年人的年龄界定并不一致。这也就意味着，中国退休人口增长高峰将提前6年左右到来。2016年后中国已迎来第二次退休人口增长高峰。这一增长高峰对中国的养老金制度、退休人员管理和服务的实际影响更为直接②。

第三，人口老龄化程度城乡倒置现象加剧。人口城镇化进程的年龄选择性，在相对缓解城镇人口老龄化进程的同时，必然加速农村人口老龄化，由此导致城乡人口老龄化倒置现象进一步加剧。全国第七次人口普查数据显示，全国乡村60岁、65岁及以上老人的比重分别为23.81%和17.72%，比城镇分别高出7.99个和6.61个百分点。相比2010年第六次人口普查数据结果，60岁和65岁及以上老年人口比重的城乡差距分别提高4.99个和4.35个百分点，农村老龄问题日益凸显③。

---

① 李志宏：《新常态：老龄工作深化改革需要树立"保民生、促发展"的正确导向》，《老龄科学研究》2015年第8期。
② 李志宏：《新常态：老龄工作深化改革需要树立"保民生、促发展"的正确导向》，《老龄科学研究》2015年第8期。
③ 林宝：《积极应对人口老龄化：内涵、目标和任务》，《中国人口科学》2021年第3期。

（二）老龄问题的破解面临一系列新情况

一是老年群体需求升级对老龄事业和产业高质量发展提出新期盼。党的十八大以来，中国老年群体需求升级态势明显，整体呈现由生存型需求向发展型、享受型需求的升级，由一般物质保障需求向物质精神文化综合保障需求的升级，个性化、多样化消费逐渐成为主流。特别是"50后"相继进入老年期，这一代老年人同新中国成立前的"40后""30后"中高龄老年群体相比，具有更强的消费能力、有时尚品质的需求、有独立个性的特质、有较强的保健养生需要、期盼过上更加体面尊严的晚年生活，期望享有更加公正平等待遇，期待享有更加丰富多彩的人生。在此背景下，老年群体日益增长的美好生活与老龄事业和产业发展不平衡不充分的矛盾日益明显[1]。

二是经济发展进入新常态。国内经济增长速度从高速转向中高速，增长中枢进一步下调。在此背景下，增加社会保障和公共服务供给的财力保障受到一定影响，相应养老保障和服务的公共支出难以持续高增长。在中国养老金支付、养老服务需求都快速增长的情况下，老年群体民生改善的福利刚性与财政增收压力加大的矛盾进一步显现。

三是发展要素集中化趋势进一步加强。人口向经济发达区域、城市群进一步集聚的态势日益明显，人口流动方向持续呈现"东迁"和"南下"的特征，由于人口迁移的年轻选择性，这一态势在提升迁入地区经济发展活力、促进老龄事业高质量发展的同时，也使得统筹城乡区域老龄事业协调发展、缩小城乡区域老年群体生活待遇差距成了亟待解决的新课题[2]。

四是老年群体生命生活质量改善面临瓶颈。中国重大慢性病的流行趋势逐渐得到控制。需要关注的是，在大部分疾病死亡率大幅下降

---

[1] 李志宏：《新常态：老龄工作深化改革需要树立"保民生、促发展"的正确导向》，《老龄科学研究》2015年第8期。

[2] 李志宏：《"十四五"时期积极应对人口老龄化的形势及国家战略对策》，《老龄科学研究》2020年第8期。

的背景下，一些以退行性为特征的"高龄病"死亡率却在迅速增长。以帕金森为例，2010—2017年60岁以上老人死亡率增幅高达50.97%。"高龄病"的治疗往往难以达到治愈的目标，通常只能延缓病程，成为老年群体生命质量提升的制约因素。另外，近年来，中国居民对政府公共服务的满意度由此前的不断提升陷入徘徊不前的局面，满意度指数（满分100分）陷在65—69分，部分群众对公共服务改革不满意、持续焦虑、获得感差[①]。老年群体公共服务总量不足、结构失衡、质量效益不高的新老矛盾"三碰头"。

（三）老龄事业和产业发展面临新机遇

一是中央对老龄问题的重视程度不断提升。党的十八大、十八届三中、五中全会、十九大、十九届四中全会，都要求积极应对人口老龄化。2019年11月，中共中央、国务院印发了《国家积极应对人口老龄化中长期规划》。2020年10月，党的十九届五中全会提出"实施积极应对人口老龄化国家战略"。这是党的文献首次将积极应对人口老龄化上升到国家战略层面。这标志着，中央层面对老龄问题的认识，已经超越了将其归属为重大社会问题的判断，而是跃升到将其视为重大战略问题的判断。在此背景下，如何通过老龄工作的改革发展来实施积极应对人口老龄化国家战略，已经成为老龄工作系统面临的重大课题，也是今后老龄工作转型升级的重要方向。

二是扩大内需战略赋予老龄事业和产业发展新使命。党的十八以来，中国坚定实施扩大内需战略，利好老龄事业和产业的发展。一方面，改善老年群体民生不仅有利于直接提升老年群体现实消费能力，也有利于降低中青年人的养老焦虑和预防性储蓄动机，促进中青年人现期消费增加。另一方面，老龄产业的服务属性较强，是比较典型的内需型产业，该产业所创造的最终产出基本上完全供国内使用。养老服务、卫生健康等行业劳动者报酬占增加值的比重为75%—93%，

---

① 顾严：《"十四五"时期我国社会发展的转折性变化及对策建议》，《中国财政》2020年第9期。

远超过国民经济各行业加权平均的劳动者报酬占增加值的比重（51.4%）。老龄产业发展一方面通过较高的内需率直接促进扩大内需；另一方面通过较高的劳动者报酬占比直接增加劳动者的收入，为消费奠定更加坚实的基础。在此背景下，扩大内需必然要加快发展老龄事业和产业。

三是"新型城镇化"助力老龄事业和产业高质量发展。党的十八大以来，国家深入推进以人为核心的新型城镇化。新型城镇化带来的生产要素和需求聚集效应，为企业发挥规模经济效应提供了有利条件，也为老龄产业发展提供新的市场需求空间。农村青壮年劳动力向城镇的转移和聚集，为城镇老龄产业特别是养老服务业的发展提供了潜在的丰厚人力资源供给。城镇基本公共服务向常住人口的全覆盖，使更多的老年流动人口受益。社区生活设施布局的完善，便捷生活服务圈的打造，也为社区养老服务业的发展提供了重要依托。

四是宏观环境呈现新特点助推老龄事业高质量发展。社会结构原子化、社会需求多元化，促使老龄事业发展要更加精准地识别老年人的差异化、个性化需求，在制度设计、服务和产品提供、设施建设等领域要有差异化设计。思想观念的深刻变化，更加明显的文化和价值观多元化，客观上要求结合培育和践行社会主义核心价值观，创新孝亲敬老道德宣传教育方法，进一步加强老龄事业所依托的思想道德基础和良好社会氛围。科学技术日新月异，科技领域的新成果、新应用，尤其是信息技术和医疗技术方面的新突破，将为老龄事业的信息化、科技化发展提供新机遇、新途径和新手段。

二　党的十八大以来老龄工作思路的转变

（一）由"党政主导、社会参与、全民关怀"向"党委领导、政府主导、社会参与、全民行动"的转变

工作方针是对某一领域工作的总体要求，具有统揽工作全局、指导工作前进方向的功用。其通常蕴含着工作组织领导者的战略愿景和总体布局，是工作思路的集中体现，在一定程度上决定工作成效、成

败，决定工作格局的大小和事业发展的可持续性。

积极应对人口老龄化是一项系统复杂的社会工程，必须统筹动员政府、市场、社会组织、家庭、个人等多主体步调一致、共同行动。党的十八大以来，习近平总书记审时度势，及时将中国老龄工作方针由过去的"党政主导、社会参与、全民关怀"调整完善为"党委领导、政府主导、社会参与、全民行动"[1]。

将"党政主导"调整为"党委领导、政府主导"，即突出了党委总揽全局、协调各方的领导核心作用，使老龄工作上升为党的重要工作，为老龄工作提供了根本保障，又体现了党委和政府的合理职责分工，有利于政府更好发挥在制定法规政策、出台规划、建立制度、投入资金、提供信息、培育市场、实施监管、营造氛围等方面的主导作用[2]。

工作方针中"全民关怀"调整为"全民行动"，既体现了"积极老龄观"把老年人视为积极能动的社会主体的要求，有利于发挥广大老年人在应对人口老龄化、解决自身养老问题中的积极作用；又体现了"全生命周期"的动态视野，改变把老年人视为"他者""客体"的错误认识，使广大人民群众由老龄问题的"局外人"变成了"参与者"，体现了老龄问题事关人人、解决老年问题要人人参与、人人尽力的基本理念。老龄工作方针的创新，既是老龄工作思想理论上的一次质的飞跃，必将推动老龄工作实践实现更大的突破[3]。

（二）由老年人视角向全生命周期视角的转变

老年人视角多聚焦于个体或群体的老年期面临的问题。这种视角具有针对性和合理性，但无形中割裂了老年期和非老年期的连续性。问题原因分析、对策分析和政策制定同样存在"就事论事""就老年

---

[1] 李志宏：《新时期我国老龄工作方针的内涵探析》，《老龄科学研究》2017年第2期。
[2] 李芳、李志宏：《党的十八大以来老龄工作的新视角新思维新战略》，《国家行政学院学报》2018年第3期。
[3] 李芳、李志宏：《党的十八大以来老龄工作的新视角新思维新战略》，《国家行政学院学报》2018年第3期。

期问题谈老年期问题"的局限性。针对这种局限性，此后的政策理论研究中全生命周期的视角得到彰显。具有标志性意义的转变，是习近平总书记关于老龄工作的相关重要论述。在应对政策方面，习近平总书记强调，"要统筹好生育、就业、退休、养老等政策"；在应对准备方面，强调"要加强全生命周期养老准备"[①]。习近平总书记这些重要论述，蕴含着深刻的以人的全生命周期发展视角认识。在全生命周期视角的引领下，基于"应对要从终身的考虑"，终身健康、终身学习、终身就业促进等观点得到理论界更多的认可，并在相关规划和政策中得到更多的运用。

运用全生命周期发展视角看待老龄问题、推进老龄工作，就是将个体层面的衰老问题和群体层面的老年人问题，都视为一个动态发展的过程。从个体层面看，人的生命历程不可逆转，都要经历出生、发育、成熟、衰老和死亡。在不同的生命阶段，人的实践活动、社会关系、需要、能力、潜能素质的发展各有侧重；同时，人的发展具有连续性，是一个动态的、永远追求和提升的过程。只有各个阶段全面发展的终身积累，方能实现完整意义上人的全面发展。就个体而言，老年期人的全面发展面临的诸多问题，如贫困问题、健康问题、社会参与能力问题，在很大程度上是中青年时期甚至少儿时期各种问题的延续或者积重难返的结果。因此，要解决个体在老年期的问题，必须引导其在中青年时期就全面做好养老的物质、健康、技能、精神等准备，避免中青年的问题延续或积累到老年期。从群体层面看，少儿群体、中青年群体和老年群体都存在着全面发展的需要，只是各个年龄群体全面发展的内容、形式和价值导向各有侧重，面临的问题也各有不同。例如，少儿群体全面发展面临的最大问题是"托养和教育"，中青年群体相应的问题可能是"就业"，老年群体面临的最大问题则可能是"退休和养老保障"。解决不好少儿群体和中青年群体的问题，老年群体问题的解决自然失去了根基。需要避免"少儿群体问

---

① 《中共中央政治局就我国人口老龄化的形势和对策举行第32次集体学习》，2016年5月28日，中国政府网，http://www.gov.cn/xinwen/2016-05/28/content_5077706.htm。

题"和"中青年群体问题",最终随着世代更替,最终发展演化为"老年群体问题"。事实上,依次解决好不同年龄群体的"生育、就业、退休和养老"问题,就个体而言,就可以安全、体面、富有尊严地度过一生①。

习近平总书记提出的"人的全生命周期发展视角",破除了"就养老问题谈养老问题"的思维局限,提示我们,老龄工作要真正贯彻落实以人民为中心的发展思想,促进人的全面发展,必须树立全生命周期的视角,将老龄问题治理的关口前移,不仅要关注人在老年期的全面发展,更要从终身发展的理念出发,促进人在全生命周期各个阶段全面发展的可持续②。

(三) 由积极老龄化向积极应对人口老龄化转变

世界各国在应对人口老龄化的实践中逐步认识到,单纯把人口老龄化视为挑战、把老年人视为包袱的消极看法和观点,并不能够有效应对人口老龄化。只有充分发掘老年人的潜能、充分发掘老龄化带来的机遇,才能取得事半功倍的效果。在总结世界各国应对人口老龄化的实践经验和理论研究的基础上,2002年世界卫生组织在联合国第二届世界老龄大会上将以往的"健康老龄化""成功老龄化"政策理念提升为"积极老龄化",并在大会上提交了《积极老龄化政策框架》报告,此后"积极老龄化"战略成为世界各国做好老龄工作的共同指导方针和行动指南,也作为一种理论为中国政策理论界和老龄工作者普遍接受。但是"积极老龄化"理论毕竟产生于西方社会,强调个体应不断参与社会、经济、文化、精神和公民事务,强调尽可能地保持老年人个体的自主性和独立性,强调从生命全程的角度关注个体的健康状况,使个体进入老年期后还能尽量长时间地保持健康和生活自理。从这个意义上说,"积极老龄化"理论着眼于个人,体现

---

① 李芳、李志宏:《党的十八大以来老龄工作的新视角新思维新战略》,《国家行政学院学报》2018年第3期。
② 李芳、李志宏:《党的十八大以来老龄工作的新视角新思维新战略》,《国家行政学院学报》2018年第3期。

出一种个人主义本位,与中国集体主义文化传统不太相符,而且在老龄问题的发展方面缺乏理论解释力。

在借鉴"积极老龄化"理论合力内核的基础上,中国学者提出"积极应对人口老龄化"的战略思想。邬沧萍认为,"积极老龄化"与"积极应对人口老龄化"虽然只有四个字之差,但它体现出有中国特色社会主义理论、道路和制度的智慧①。"积极应对老龄化"强调老年人个人、家庭、社区、企业、社会组织、政府各个主体的共同参与,以积极的态度、积极的政策、积极的行动应对老龄化挑战,体现出一种集体主义本位。党的十八大以来,习近平总书记关于"积极老龄观"以及关于老龄工作原则"两个结合"的论述集中体现了"积极应对人口老龄化"思想的核心要义。

关于积极老龄观,习近平总书记提出"三个积极看待",强调要积极看待老龄社会,积极看待老年人和老年生活②。这是中国特色积极老龄观的核心要义。积极看待老龄社会,就是要看到人口老龄化是人口生育率降低和人均寿命延长等多种因素综合作用的结果,是经济发展、社会进步、人民生活水平提高、医疗卫生条件改善的结果,在中国,更是社会主义制度优越性的重要体现和社会文明进步的重要标志。还要看到老龄社会依然充满着活力和希望,要积极挖掘老龄化给国家发展带来的活力和机遇。积极看待老年人,就是要充分肯定广大老年人为社会作出的重要历史性贡献和现实的经济社会价值,尊重老年人积累的丰富阅历、智慧和经验,真正把广大老年人当作社会的宝贵财富,当作党执政兴国的重要资源,当作推进中国特色社会主义伟大事业的重要力量,善于继承老年人的优秀品德、发扬老年人的优良传统、汲取老年人的宝贵经验、发挥老年人积极作用。积极看待老年生活,就是要把老年当作人的生命的重要阶段,而且是仍然可以有作

---

① 邬沧萍:《积极应对人口老龄化理论诠释》,《老龄科学研究》2013年第1期。
② 《中共中央政治局就我国人口老龄化的形势和对策举行第32次集体学习》,2016年5月28日,中国政府网,http://www.gov.cn/xinwen/2016-05/28/content_5077706.htm。

为、有进步、有快乐的重要人生阶段①。

习近平总书记关于老龄工作原则提出了"两个结合"。一是"坚持应对人口老龄化和促进经济社会发展相结合"②。这是从统筹解决发展问题和老龄问题角度提出的要求。人口老龄化既是以往经济社会发展进步的结果，又构成了今后发展的前提和基础。应对人口老龄化，既要考虑紧紧抓住"发展"这个根本，在统筹经济社会发展中夯实人口老龄化应对基础；又要充分考虑挖掘人口老龄化带来的机遇，通过开展积极应对人口老龄化战略行动，打造新的经济增长点、培育经济发展新动能，助推经济社会发展。二是"坚持满足老年人需求和解决人口老龄化问题相结合"③。这是从统筹解决老龄问题发展方面和人道主义方面提出的要求。积极应对人口老龄化，既要解决好老年群体的民生问题，又要解决好人口老龄化带来的可持续发展问题。既要立足当前，量力而行，尽力而为，解决老年人最所忧所盼所急的现实问题，不断满足广大老年人日益增长的美好生活需要；又要着眼长远，夯实应对人口老龄化的制度基础，妥善应对老龄化给政治、经济、文化、社会、生态等各领域可持续发展带来的挑战。2019年，中共中央、国务院印发了《积极应对人口老龄化中长期规划》标志着"积极应对人口老龄化"由认识层面的升华转变为国家的政策实践要求。

（四）由偏重老龄事业发展向促进老龄事业和产业协调发展转变

妥善处理老龄事业和发展的关系，始终是老龄工作不可回避的重大课题。老龄事业的发展使用公共资源，以满足人民群众基础性、兜底性、普惠性养老需要为目标，提供基本养老服务和产品；老龄产业

---

① 王建军：《深入学习领会习近平总书记关于老龄工作重要论述加快发展新时代老龄事业和产业》，《时事报告》（党委中心组学习）2019年第4期。
② 《中共中央政治局就我国人口老龄化的形势和对策举行第32次集体学习》，2016年5月28日，中国政府网，http://www.gov.cn/xinwen/2016-05/28/content_5077706.htm。
③ 《中共中央政治局就我国人口老龄化的形势和对策举行第32次集体学习》，2016年5月28日，中国政府网，http://www.gov.cn/xinwen/2016-05/28/content_5077706.htm。

的发展使用市场资源，以满足人民群众的高品质、多样性、个性化养老需求为目标，提供非基本养老服务和产品。从发达国家老龄产业发展规律来看，都经历了从福利性事业起步，逐步走向福利性事业与市场化产业共同发展，再到重点鼓励市场化产业发展的变化历程。在此过程中，事业与产业相互依托与融合发展，事业高质量发展是产业繁荣发展的基础和支撑。

根据发达国家老龄产业发展规律，人均GDP低于8000美元，老龄产业兼顾社会福利与保障属性，处于产业生命周期的"投入期"。人均GDP为8000—13000美元，老龄产业迈入"成长期"，"骨干领头企业"的出现成为本阶段的最大特征。2012—2020年，中国人均GDP由6747美元增长到1.05万美元，由投入期进入成长期。体现在老龄工作思路转变方面，则是由强调老龄事业发展和老龄产业的社会福利与保障属性，向强调老龄产业的市场属性，向促进老龄事业和产业协调发展转变。党的十九大报告指出，积极应对人口老龄化，构建养老、孝老、敬老政策体系和社会环境，推进医养结合，加快老龄事业和产业发展。党的十九届五中全会强调要发展银发经济，推动养老事业和养老产业协同发展。

就中国而言，自党的十八大以来，促进新时代的老龄事业和产业协调发展有特殊意涵。首先，这是处理好政府与市场的关系，更充分发挥市场在资源配置中的决定性作用，以及更好发挥政府作用，推动有效市场和有为政府更好结合的客观要求。其次，这是民生产业发展要以人民为中心，更好满足老年群众日益增长的美好生活需要的客观要求，老龄事业满足基本养老需求，老龄产业满足多样化养老需求，彼此协调发展才能全方位满足老年群众的多层次养老需求。最后，这是发挥"1+1＞2"协同效应的必然要求。老龄事业的繁荣发展将会为老龄产业的发展培育消费人群，人民群众在享受到普惠、均等的基本养老服务和产品后，感受到生活质量的提升，自然会去市场上消费更多个性化、高品质的养老服务和产品。老龄产业的繁荣也会带动老龄事业的蓬勃发展，伴随需求升级和财政保障能力的提升，不少老龄产业领域的产品和服务会发展成为老龄事业的内容，此外老龄产业的繁荣也会倒逼或者带动老龄事业领域服务和产品的提质增效。

（五）由偏重"老有所养"向"养为并举"转变

在相当长时期内，关于老年人问题的认识，多是从经济保障、服务保障、精神慰藉三个维度展开，更多是把老年人视为接受保障、服务和关爱的社会客体。在积极老龄观和"积极应对人口老龄化"思想的影响下，政策理论界越来越多的学者认为此前把老年人视为"他者"或"客体"，是典型的年轻型社会或者成年型社会思维的产物，应树立与老龄社会相适应的"正思维"和"新语法"，改变此前将老年人作为需要保障、照顾、优待、救助等客体的错误做法，真正把老年人视为积极、能动的社会主体。在此背景下，老年人问题的研究逐步将社会参与、老年人积极作用发挥等作为重要议题，研究维度由此前的三位一体向"经济保障、服务保障、精神慰藉、作用发挥"四位一体转向。在政策研究领域，更多学者提出要制定出能更多地激发老年人潜能、提升老年人自我价值和正面认知、增强老年人参与社会发展能力、促进老年人参与公共决策等方面的"增权赋能"型公共政策。这些转变体现在老龄工作思路领域，则由此前强调做好老年群体的保障和服务工作，向综合做好老年人的保障、服务、作用发挥等"养为并举"转变。

2016年，党的十八届中共中央政治局就中国人口老龄化的形势和对策举行第三十二次集体学习，习近平总书记指出，要着力发挥老年人积极作用[①]。要发挥老年人优良品行在家庭教育中的潜移默化作用和对社会成员的言传身教作用，发挥老年人在化解社会矛盾、维护社会稳定中的经验优势和威望优势，发挥老年人对年轻人的传帮带作用。要为老年人发挥作用创造条件，引导老年人保持老骥伏枥、老当益壮的健康心态和进取精神，发挥正能量，作出新贡献。2021年，习近平总书记到河北承德市高新区滨河社区居家养老服务中心考察时强调，

---

① 《中共中央政治局就我国人口老龄化的形势和对策举行第32次集体学习》，2016年5月28日，中国政府网，http://www.gov.cn/xinwen/2016-05/28/content_5077706.htm。

"要把老有所为同老有所养结合起来,研究完善政策措施,鼓励老年人继续发光发热,充分发挥年纪较轻的老年人作用,推动志愿者在社区治理中有更多作为"[①]。在国家层面的规划和政策中也充分体现了对老有所为的重视,比如《"十三五"国家老龄事业发展和养老服务体系建设规划》设扩大老年人社会参与专章;《中华人民共和国国民经济和社会发展第十三个五年规划纲要》(以下简称《"十三五"规划纲要》)设"积极应对人口老龄化"专章,提出"加强老年人力资源开发";《中华人民共和国国民经济和社会发展第十四个五年规划和二〇三五年远景目标纲要》(以下简称《"十四五"规划纲要》)设置实施积极应对人口老龄化国家战略专章,强调"综合考虑人均预期寿命提高、人口老龄化趋势加快、受教育年限增加、劳动力结构变化等因素,按照小步调整、弹性实施、分类推进、统筹兼顾等原则,逐步延迟法定退休年龄,促进人力资源充分利用"。

(六) 由条块各自推进向统筹协调推进转变

积极应对人口老龄化作为一项复杂系统的工程,需要树立整体论思维,运用整体或者系统的方式来处理具体的问题,方能避免"头痛医头脚痛医脚"。这就要求政策制度要有整体性、协调性、系统性,避免单兵突进,各自为战,而要整体联动,统筹推进。

在此前较长时期内,积极应对人口老龄化的"一老""一小"工作,养老服务体系和医疗卫生服务体系建设等在很长时期内分属不同的部委职责,局限在各自业务条线独立推进,形成了一定程度的条块分割问题,难以形成政策合力和资源整合效益。党的十八大之后,以人民为中心的思想得到贯彻落实,成为老龄工作的基本遵循。各项业务工作的开展,更多强调政策的融合和服务供给的资源整合,以便更好满足老年群众日益增长的综合性需求。2016年5月27日,习近平总书记在主持中共中央政治局就中国人口老龄化的形势和对策举行第三十二次集体学

---

① 《习近平在河北承德考察》,2021年8月26日,新华网,http://www.news.cn/politics/leaders/2021-08/26/c_1127799508.htm。

第二部分 举措分析篇

习时强调,要顺应时代要求创新工作思路提出"四个转变",其中之一就是推动老龄工作向统筹协调转变①。党的十九届五中全会审议通过的《中共中央关于制定国民经济和社会发展第十四个五年规划和二〇三五年远景目标的建议》,将"坚持系统观念"作为"十四五"时期中国经济社会发展必须遵循的五项原则之一,为老龄工作指明了方向。

在此背景下,老龄工作各专项领域的跨界融合、统筹协调、资源整合逐步成为共识,并加速推进。例如,在医养结合领域,国家层面2013年分别出台关于加快养老服务业发展的意见、关于促进健康服务业发展的意见等基础上,2015年出台了关于推进医疗卫生和养老服务相结合的指导意见,2019年又出台了关于深入推进医养结合的若干意见,整合养老服务体系和医疗卫生服务体系、一体化服务老年人的进程提速。再如,关于"一老""一小"问题,在党的全会报告和国民经济社会发展五年规划纲要中,通常是在社会保障和医疗卫生章节分别提出。《"十三五"规划纲要》则设置"积极应对人口老龄化"专章,将生育政策完善和养老服务体系建设置于该章之下。党的十九届五中全会首次提出"实施积极应对人口老龄化国家战略",以统筹解决"一小""一老"问题为重点提出了相关要求。《"十四五"规划纲要》在实施积极应对人口老龄化国家战略专章,则是更加明确的提出"制定人口长期发展战略,优化生育政策,以'一老一小'为重点完善人口服务体系,促进人口长期均衡发展"。

在养老服务业领域,统筹协调推进的思路也更多体现在政策实践中。《"十三五"国家老龄事业发展和养老体系建设规划》明确提出,支持养老服务产业与健康、养生、旅游、文化、健身、休闲等产业融合发展,丰富养老服务产业新模式、新业态。鼓励金融、地产、互联网等企业进入养老服务产业。在居家、社区、机构养老服务发展方面,党的十八大以前,政策关注点在扶持机构养老服务发展方面。党

---

① 《中共中央政治局就我国人口老龄化的形势和对策举行第32次集体学习》,2016年5月28日,中国政府网,http://www.gov.cn/xinwen/2016-05/28/content_5077706.htm。

的十八大以来,居家社区养老服务发展得到更多关注,统筹考虑整个养老服务体系的协调发展日益成为政策的扶持方向。党的十九届四中全会提出"加快建设居家社区机构相协调、医养康养相结合的养老服务体系",党的十九届五中全会对此再次给予强调,并提出推动养老事业和养老产业协同发展。

(七) 由片面强调老龄化的挑战向全面辩证看待老龄化的影响转变

党的十八大之前,社会各界对老龄问题的认识还呈现出一定程度的"悲观论"的色彩。人口老龄化对发展的影响研究,更多聚焦于其给投资、消费、储蓄、劳动参与率、劳动生产率、技术进步、代际关系、社会保障、公共服务、社会管理等领域带来的负面影响。党的十八大之后,随着积极老龄观的宣介和推广,越来越多的研究开始关注人口老龄化给中国发展带来的各种机遇,对老龄化带来负面影响等各种结论的前提和假设提出更多的质疑,发掘老龄化给国家发展带来的活力和机遇的研究逐步增多,老龄化给经济社会发展带来的挑战和机遇并存逐步成为共识,而且"第二次人口红利""倒逼机制"等机遇论的观点得到更多研究者的认同。

党的十八大以来,习近平总书记关于老龄工作的相关重要论述,多处体现出全面辩证看待老龄化影响的要求。在看待人口老龄化给中国经济社会发展带来的影响上,一方面指出"主要经济体先后进入老龄化社会,人口增长率下降,给各国经济社会带来压力"①;另一方面也指出"有效应对人口老龄化,不仅能提高老年人生活和生命质量、维护老年人尊严和权利,而且能促进经济发展、增进社会和谐",要求"努力挖掘人口老龄化给国家发展带来的活力和机遇"②。在对

---

① 习近平:《构建创新、活力、联动、包容的世界经济——在二十国集团领导人杭州峰会上的开幕辞》,2016 年 9 月 4 日,新华网,http://www.xinhuanet.com/world/2016-09/04/c_129268987.htm。
② 《中共中央政治局就我国人口老龄化的形势和对策举行第 32 次集体学习》,2016 年 5 月 28 日,中国政府网,http://www.gov.cn/xinwen/2016-05/28/content_5077706.htm。

老年人的认识上,既承认老年人是需要照顾、需要服务的对象,指出"加强养老公共服务,内容上要多样,财力上要倾斜,全社会一起努力,把老年人安顿好、照顾好,让老年人安度晚年"①;也肯定老年人的优势,指出要充分发挥老年人的积极作用。

体现在政策实践方面,开发利用老年人力资源、发掘老年消费市场潜力、发展银发经济等发掘老龄化给国家发展带来活力和机遇的政策举措逐步成为关注点和现实要求。例如,2017年,国务院印发的《"十三五"国家老龄事业发展和养老体系建设规划》设置"繁荣老年消费市场"专章。2019年,经国务院同意,民政部出台了《关于进一步扩大养老服务供给 促进养老服务消费的实施意见》。2020年,党的十九届五中全会提出要"积极开发老龄人力资源,发展银发经济"。

(八) 由被动应对向及时科学综合应对转变

在较长时期内,由于老龄化程度相对低,老龄问题的强度和烈度并不高,应对老龄问题通常采取"出现什么问题就解决什么问题"的思路,表现出被动应对的倾向。党的十八大以来,随着新中国成立后第一次婴儿潮进入老年队列,中国老年人口数量和比例快速增长,老龄问题整体上呈现由个体、家庭的问题向群体、社会问题转变,由隐性、缓慢发展向显性、加速发展转变,由相对单一的社会领域问题向经济、政治、社会、文化等多领域问题转变的态势,应对的任务更为繁重②。此前刺激—反应式的应对已经不适应新时代老龄问题治理的要求。对此习近平总书记提出"及时应对、科学应对、综合应对人口老龄化"的要求③。这三个应对分别针对老龄问题的不同特性,具

---

① 《习近平:全社会努力把老年人安顿好照顾好》,2013年8月30日,中国政府网,http://www.gov.cn/ldhd/2013-08/30/content_2478146.htm。
② 李志宏:《"十四五"时期积极应对人口老龄化的形势及国家战略对策》,《老龄科学研究》2020年第8期。
③ 《习近平对加强老龄工作作出重要指示强调:加强顶层设计完善重大政策制度 及时科学综合应对人口老龄化》,2016年2月23日,中国政府网,http://www.gov.cn/xinwen/2016-02/23/content_5045223.htm。

有丰富的意涵。

首先是及时应对。人口老龄化发展是长周期事件,具有不可逆转性,产生的一些矛盾和问题将伴随这一过程始终。而且老龄问题的形成具有渐进性、隐蔽性、模糊性和积累性,一旦爆发通常意味着已失去解决的最佳时机。这客观上要求,解决老龄问题,需要一定的时间提前,必须居安思危,未雨绸缪,提前做好各项应对准备,防患于未然①。基于应对的现实紧迫性,习近平总书记明确指出"此事要摆上重要议事日程,'十三五'时期要抓好部署、落实"②。

其次是科学应对。人口老龄化带来的问题是一个逐步展现的过程,一些深层次的矛盾还没有完全显现。人类社会进入老龄社会的时间还不长,对老龄问题的认识也是一个逐步深化的过程,目前的认识仍若明若暗。这也导致迄今为止,任何一个国家都没有形成一整套应对人口老龄化的成功模式,都需要探索科学应对之道。这就要求我们尊重老龄问题发生发展规律,树立科学理念、加强科学研究、推进科学决策、实施科学行动、建立科学制度,提高应对人口老龄化战略举措的精准性,走出一条基于中国国情的"低成本高成效"的应对之路③。

最后是综合应对。人口老龄化导致的各种矛盾和问题渗透于经济社会发展的全过程、各领域,既影响到微观层面每个个体的成长、每个家庭的发展,也影响到中观层面企业、社区、社会组织的发展,同时又影响国家经济建设、社会建设、文化建设、政治建设和生态建设。从这个意义上讲,老龄问题是复合性问题,是人口问题,也是经济问题、社会问题、政治问题、文化问题的复合。这决定了应对人口老龄化的战略举措也应当是全方位、多层次、多领域的。综

---

① 李志宏:《"十四五"时期积极应对人口老龄化的形势及国家战略对策》,《老龄科学研究》2020年第8期。
② 《习近平对加强老龄工作作出重要指示强调:加强顶层设计完善重大政策制度 及时科学综合应对人口老龄化》,2016年2月23日,中国政府网,http://www.gov.cn/xinwen/2016-02/23/content_ 5045223.htm。
③ 王建军:《深入学习领会习近平总书记关于老龄工作重要论述加快发展新时代老龄事业和产业》,《时事报告》(党委中心组学习)2019年第4期。

合应对就是要统筹多种手段综合施策，完善多种政策组合，动员多方面力量集中用力，提高应对人口老龄化战略行动的全面性、系统性和协同性①。

三 新发展阶段老龄工作思路转变和政策创新方向

（一）新发展阶段老龄工作思路的展望

在实现以上八个方面转变的基础上，预计进入新发展阶段，中国老龄工作在思路方面将进一步与时俱进，具体表现为以下六个方面。

一是更加注重加强党对老龄工作领导。积极应对人口老龄化是一项复杂系统的工程，必须统筹动员各方力量步调一致、共同应对。事实证明，只有充分发挥党总揽全局、协调各方的领导核心作用，才能确保正确的应对方向，才能凝聚共识、调动各方主体的积极性，攻坚克难，不断推动老龄工作取得新突破、老龄事业取得新发展②。进一步加强党对老龄工作的领导，应把党的领导落实到老龄问题治理的全过程、各领域，完善党委统一领导、政府依法行政、部门密切配合、群团组织积极参与、上下左右协同联动的老龄工作机制，确保党在老龄工作中始终总揽全局、协调各方，为实现新时代老龄事业高质量发展提供根本政治保证。

二是更加注重坚持以人民为中心、共建共享。以人民为中心积极应对人口老龄化，既要把老年人看作服务的客体，也要把老年人视为积极能动的主体③。一方面，应坚持把增进民生福祉，满足广大老年人美好生活需要，作为老龄工作的立足点和出发点。按照共同富裕的

---

① 李志宏：《积极应对人口老龄化中国特色道路的基本内涵和总体布局》，《老龄科学研究》2020 年第 7 期。
② 李志宏：《积极应对人口老龄化中国特色道路的基本内涵和总体布局》，《老龄科学研究》2020 年第 7 期。
③ 李志宏：《积极应对人口老龄化中国特色道路的基本内涵和总体布局》，《老龄科学研究》2020 年第 7 期。

要求，聚焦收入保障和基本公共服务这两个重点领域，缩小城乡差距、区域差距、不同身份老年群体的差距、老年群体内部代际差距。另一方面，应尊重老年人的社会主体地位，充分发挥老年人的积极性、主动性、创造性，为老年人在更大范围、更大程度上参与经济社会发展创造条件和机会，激发老龄社会内生活力。此外，还要科学解决代际责任分担、利益共享和权益保障事宜，推动代际和谐发展，构建不分年龄、人人共建共享的老龄社会。

三是更加注重系统观念、综合施策。系统观念是"十四五"时期经济社会发展必须遵循的基本原则之一，也是进入新发展阶段，加强老龄工作应遵循的基本思想和工作方法。坚持系统观念、综合施策就是要坚持积极应对人口老龄化国家战略和其他国家战略统筹实施，坚持应对人口老龄化和促进经济社会发展相结合，坚持满足老年人需求和解决人口老龄化问题相结合，坚持将老龄事业发展纳入统筹推进"五位一体"总体布局和协调推进"四个全面"战略布局，坚持全方位宽领域多层次统筹谋划、整体推进老龄政策制度体系建设，确保各项政策制度目标一致、功能协调、衔接配套，形成整体治理、协同应对老龄问题的合力。

四是更加注重城乡统筹、协调发展。进入新发展阶段，解决好"三农"问题是全党工作重中之重，将进一步强化以工补农、以城带乡，推动形成工农互促、城乡互补、协调发展、共同繁荣的新型工农城乡关系。老龄工作的重点和难点在农村，老龄事业和产业发展的突出短板在农村。应结合全面实施乡村振兴战略，按照城乡发展一体化和基本公共服务标准统一、制度并轨的要求，促进各项养老公共资源在城乡间均衡配置。此外，针对老龄事业各板块之间发展不均衡、不充分的问题，应统筹老龄事业与产业、普惠和特惠制度、基本与非基本公共服务协调发展，统筹做好老年人经济保障、服务保障、精神关爱、自我实现等制度安排，实现全面协调可持续发展。

五是更加注重责任共担、共同行动。应对人口老龄化的长期性、艰巨性、系统性和高投入性，决定了仅仅依靠某一方努力的行动都不可能取得成功，必须在党的领导下，清晰界定政府、市场、社会组织、家庭、个人的责任边界，找准各自定位，实现共同行动、优势互补，方能实现成功应对。应在党的统一领导下，充分发挥政府在推进老龄事业发展中的主导作用、市场在老龄产业资源配置中的决定性作用、社会组织提供公益性产品和服务的重要补充作用、家庭养老的基础性作用，以及个人的自我养老保障作用，形成多元主体责任共担、老龄化风险梯次应对、老龄事业人人参与的新格局。

六是更加注重资源下沉、夯实基层。绝大多数老年人生活在家庭、生活在社区和基层，广大老年人急难愁盼的问题需要在基层得到解决。老龄工作的重心在基层，难题也在基层，应推动老龄问题治理重心下移、推进各项优质服务资源向老年人的身边、家边和周边聚集，实现精细化管理、精准化服务。同时，切实加强城乡基层老龄工作，确保有健全的工作机构，有稳定的干部队伍，有完备的服务设施，有丰富的服务项目，有经常的社会活动，有科学的考评机制，保证城乡社区老龄工作有人抓、老年人事情有人管、老年人困难有人帮。

（二）新发展阶段老龄政策措施创新方向展望

实施积极应对人口老龄化国家战略的核心要义，就是将积极应对人口老龄化贯穿于国家发展各领域和全过程，防范和化解人口老龄化给中国现代化进程带来的各种风险，发掘带来的各种机遇。

值得强调的是，老龄社会是一种新型社会形态，人口老龄化只不过是人类从年轻社会转向老龄社会的标志，而且只是老龄社会这一冰山的一角。基于此，在"积极应对人口老龄化"的基础上，近年来国内学者又提出了"积极应对老龄社会"的战略思路，认为导致人口老龄化的根本原因在于更加深层次的、现代化推动的社会形态的变迁。当前的应对战略思路把关注点更多地放在了作为"标"的人口老龄化上，至于作为"本"的老龄社会则很少被人提及，需要按照构建理想老龄社会的方向重现审视和调整积极应对的战略思路。因此，进入新发展阶段，应围绕实施积极应对人口老龄化国家战略这条主线，从积极构建理想老龄社会的高度来谋划老龄工作，进行老龄政策和相关举措的创新①。

第一，着力培育老龄社会经济发展新动能。这个领域解决的是人口老龄化与经济发展之间的矛盾，从经济建设的角度应对人口老龄化。一是应对老龄化带来的劳动生产率下降。需要提高全要素生产率，冲抵人口老龄化对劳动生产率的负面影响。推动智能型技术替代劳动密集型技术，加强人体机能增强技术的研发应用，有效应对劳动力老龄化的挑战。提升劳动者平均受教育程度，实现劳动力质量对数量的替代，以"人才红利"对冲"人口红利"的消失。二是应对老龄化带来的劳动参与率下降。需要牢固树立全民人力资源持续积累、终身开发利用的理念，实施终身就业促进，建立终身职业培训制度，提升大龄劳动力以及低龄、健康老年人的劳动参与率，加快形成新的人力资本综合竞争优势。三是挖掘老龄化给经济发展带来的机遇。结合扩大内需战略，挖掘世界上规模最大老龄产业市场的潜力，完善老年消费支持政策，培育多元市场主体，丰富产业门类，拓展产业链条，优化营商环境，提供更多适合消费升级需要的产品和服务，推动老龄产业成为经济转型升级的重要动能。四是增加个人养老资产准备。重点面向全人口开发银行类、证券类、保险类、基金类和信托类老龄金融，确保全体公民在老年期拥有基本的社会保障的同时，还能拥有殷实的金融资产以供养老，同时也借此建立发展所需要的长期资本池，为建设金融强国和奠定长期竞争优势创造条件。五是将人口老龄化的区域差异转化为发展机遇。结合区域协调发展战略实施，充分利用人口老龄化进程的区域差异和经济发展水平的梯次特征，引导人口跨区域合理迁移和流动，推动产业有序转移，采取相应的错位发展策略，延长各地区人口机会窗口的开启时期，最大限度地收获人口红利。六是搭上数字经济发展的快车。以"新基建"加快产业赋能步伐，加大5G、物联网、人工智能、大数据等信息基础设施建设，以及重大科技基础设施、产业技术创新基础设施等建设，为中国互联网+养老、智慧健康

---

① 李志宏：《新时代我国老龄工作的新使命：积极应对人口老龄化　构建理想老龄社会》，《老龄科学研究》2018年第9期。

第二部分 举措分析篇

养老等产业转型升级提供更加有力的信息化技术和原创性技术创新支撑。七是应对"老龄化城乡倒置"给城乡统筹协调发展带来的挑战。坚持以人为本实施新型城镇化，推进土地城镇化和人口城镇化同步发展，老年人口城镇化与青壮年人口城镇化协调进行，防止"要土地不要人、要青壮年不要老年人"的城镇化现象。重视发掘城镇化过程中"家庭团聚式"迁移带来的需求增量，发挥好新型城镇化产生的产业要素和需求聚集效应[①]。

第二，着力推进老龄社会包容共享普惠。这个领域解决的是人口老龄化与社会发展之间的矛盾，从社会建设的角度应对人口老龄化。一是构建人口均衡型社会。应培育新型生育文化，加快建设普惠托育服务体系，降低生育、养育、教育成本，将总和生育率向更替水平回归，促进人口长期均衡发展。二是破解不合理的收入分配格局导致的个人养老准备不足问题。结合收入分配制度改革，拓展居民财产性收入渠道，减低个人所得税率，促进居民收入在 GDP 初次分配中所占份额与经济同步增长，形成中高收入群体为主体的收入分配结构，提升个人养老收入储备。三是应对人口老龄化给教育发展带来的挑战。结合学习型社会建设，将积极应对人口老龄化融入终身教育体系各个环节。在各级各类学校普及人口老龄化国情教育。加强中小学孝亲敬老传统美德教育。推进涉老相关专业教育体系建设，发展壮大老龄科学学科集群，加快培养老龄领域的专业人才队伍。同时要扩大老年教育资源供给，拓展老年教育发展路径，加强老年教育支持服务，创新老年教育发展机制，促进老年教育高质量可持续发展。四是应对老龄化给社会保障体系带来的冲击。针对公民老年期的"贫困、疾病、失能"三大风险，按照兜底线、织密网、建机制的要求，健全国家、社会、家庭、个人保障责任清晰，保险、救助、福利、慈善衔接配套，覆盖全民、统筹城乡、公平统一、可持续的多层次社会保障制度体系，逐步缩小待遇的群体区域差距，切实保障老年人的基本生活、医

---

① 李志宏：《积极应对人口老龄化中国特色道路的基本内涵和总体布局》，《老龄科学研究》2020 年第 7 期。

疗、照护需求。五是应对老龄化给健康服务体系带来的挑战。应结合实施健康老龄化战略，推进医疗保险制度向健康保险制度转型，同时推进医疗卫生服务体系的供给侧结构性改革，从现有的"纺锤形结构"向"哑铃形结构"转变，在注重疾病诊治的基础上应更加注重前端的健康管理、健康促进、健康教育以及后端的康复护理、长期照护以及临终关怀。六是应对失能老年人大幅增加的冲击。应加快发展现代养老服务业，健全四大体系：健全居家社区机构相协调、医养康养相结合的养老服务供给体系，持续强化信用为核心、质量为保障、放权与监管并重的服务管理体系，完善以长期照护保障制度为支撑的支付保障体系，以及完善养老服务政策法规制度体系[①]。按照基本养老服务非基本养老服务、养老服务事业和产业分类管理、协调发展的原则，在确保人人享有基本养老服务的基础上，有效满足老年人多样化、多层次养老服务需求。

第三，着力厚植老龄社会的文化自信。这个领域解决的是人口老龄化与文化发展之间的矛盾，从文化建设的角度应对人口老龄化。一是加强针对老年群体的思想政治引领。坚持马克思主义在意识形态领域指导地位的根本制度，完善老年人思想政治教育机制，组织广大老年人深入学习习近平新时代中国特色社会主义思想，成为党的路线方针政策的坚定倡导者、维护者、践行者。发挥老年人在理想信念教育中的积极作用，加强对青少年的党史、新中国史、改革开放史教育，以及爱国主义、集体主义、社会主义教育。二是强化积极应对人口老龄化的思想文化自觉。关键是要培育和践行积极老龄观，重点引导全社会以积极老龄观取代消极老龄观，形成全社会积极看待老龄社会、老年人和老年生活的社会共识，强化成功应对人口老龄化挑战的思想自觉、理论自觉和行动自觉。三是发挥中国应对人口老龄化的文化优势。中国具有几千年的家庭养老传统和优良的孝亲敬老文化传统，这是中国独特的文化优势。应传承和弘扬孝亲敬老文化。把孝亲敬老纳

---

① 李志宏：《积极应对人口老龄化中国特色道路的基本内涵和总体布局》，《老龄科学研究》2020年第7期。

入社会主义核心价值观宣传教育，推动这一优秀传统文化的创造性转化、创新性发展，建设具有民族特色、时代特征的孝亲敬老文化，让孝亲敬老成为国家意志、公民素养和社会风尚。四是要丰富老年人的精神世界，应对孤独终老问题。应增加适应老年人需要的特色公共文化产品和服务供给，切实保障老年人的基本文化权益。组织引导老年人开展各种健康、有益、科学的文化活动，在全社会形成积极向上的精神追求和健康文明的生活方式。推进老年文化产品的创作生产，打造一批思想性、艺术性和观赏性相统一，深受老年群众喜爱的优秀文化作品。五是重构长寿时代的生命价值和意义。应加强生命教育，改变传统文化回避死亡，基础教育中也缺少死亡教育，推动全体公民树立正确的生死观，引导生命个体不仅要长寿，还要健康长寿；不仅要健康长寿，而且要使生命更有意义、更有价值、更有尊严，使生命有长度、厚度和自由度[①]。

第四，着力建设全龄全域友好型环境。这个领域解决的是人口老龄化与环境的矛盾，从生态环境和城乡环境建设的角度应对人口老龄化。一是推进生态文明共建共享。在全民倡导简约适度、绿色低碳的生活方式，提升老年人的环境保护意识，引导老年人积极参与创建绿色家庭、绿色社区等行动以及环保志愿活动。二是改善乡村老年人的人居环境。应推进符合老年人需求的乡村人居环境整治和改造，避免过度模仿城市，注重乡土味道，强化地域文化元素符号，综合提升田水路林村风貌，保护乡情美景，为老年人提供多方位的交往空间和便利的生产劳作空间。三是发掘生态产业化的机遇。生态环境将作为可以创造财富的资源来发展增值，绿色发展将成为提升经济发展效益和群众生活质量的重要力量。应结合各地优质的生态资源优势，发展森林康养、气候康养、海洋康养、温泉康养等资源依托型康养产业，满足老年人高品质康养休闲度假需求。四是应对老龄化对物理环境和虚拟环境建设的挑战。推进无障碍改造向家庭、居住区、村镇延伸，确保老年人在家庭、小区、社

---

① 李志宏：《积极应对人口老龄化中国特色道路的基本内涵和总体布局》，《老龄科学研究》2020年第7期。

区、街镇、城市等全域范围都能安全方便地居家生活、参与社区活动、交通出行、交流信息、获得公共服务。贯彻"通用型"住宅建设理念，统筹考虑各个年龄段的宜居需要，尽量避免随着居住人年龄增加而被迫进行新的改造。同时要着力推进科技和信息产品的适老化改造，消除老年人面临的"科技鸿沟""信息鸿沟"等问题[①]。

第五，着力推进老龄社会治理能力现代化。2013年，党的十八届三中全会提出全面深化改革的目标是完善和发展中国特色社会主义制度，推进国家治理体系和治理能力现代化。2019年，党的十九届四中全会通过了《中共中央关于坚持和完善中国特色社会主义制度　推进国家治理体系和治理能力现代化若干重大问题的决定》。提升老龄社会治理体系和治理能力现代化水平，应是进入新发展阶段老龄工作改革的重要目标。一是加强党对老龄工作的领导。各级党委、政府应做到"五纳入、三同步、四个到位"，即将老龄事业发展重点任务纳入党委政府工作议事日程，纳入经济社会发展总体规划、专项规划和部门规划，纳入政府民生实事，纳入财政预算，纳入党委政府工作督查考核，使老龄事业的发展与经济社会发展同步规划、同步实施、同步考核，对加强老龄工作做到认识到位、领导到位、措施到位、保障到位。二是实现国家机构应对人口老龄化的职能优化协同高效。继续深化老龄工作机构改革。强化老龄工作统筹协调机制，建立健全国家、省、市、县、乡镇（街道）的5级相对独立的老龄工作体系，真正形成"横向到边、纵向到底的'T'字形布局"，使其与世界第一老年人口大国的国情相适应。应推进跨领域、跨部门、跨层级的涉老数据共享、建设老龄事业数据直报系统上有突破，切实做到"底数清、情况明、决策有依据"。三是推进老龄法治建设。主动适应老年群众的新期待和老龄事业发展的新要求，加快老龄法律体系建设进程，畅通老年人参与立法的制度化渠道。着力推进依法行政，健全多部门联合执法机制，履行法定涉老职责，确保老龄法律法规的有效实施。广泛开展老龄法制

[①] 李志宏：《积极应对人口老龄化中国特色道路的基本内涵和总体布局》，《老龄科学研究》2020年第7期。

宣传教育，加强针对老年人的法律服务、法律援助和司法救助。四是动员社会力量参与老龄问题综合治理。"十四五"时期，中国将进入高收入国家门槛，预计社会组织将进入快速发展阶段。应注重发挥城乡基层群众性自治组织以及工会、共青团、妇联、残联等群团组织参与老龄工作的优势和作用，培育壮大以基层老年协会为主导的老年群众组织，形成全社会参与的工作格局。五是发挥老年人在应对人口老龄化战略行动中的主体性作用。这是激发老龄社会活力、降低人口老龄化成本、提升老龄问题治理能力的关键。应发挥老年人的知识、经验、技能、品德优势，拓展社会参与渠道，丰富老有所为平台，促进广大老年群体广泛参与经济发展和社会公益活动，更好融入和贡献社会，提升成就感和幸福感，实现老龄社会的"共建共享共治"。六是加强老年群体社会治理。畅通老年人利益诉求表达渠道，确保普通老年群体的利益诉求和相关建议能够在立法和公共政策制定中更直接的反映和体现。在推进基层直接民主制度化、规范化、程序化的过程中，组织引导老年群体积极、理性、有序参加城乡社区治理、基层公共事务和公益事业中。促进离退休干部党建和社区党建有机融合，进一步做好社区离退休老党员的教育、管理、服务工作，充分发挥好老年党员的先锋模范作用。加强基层老年协会规范化建设，将其建设成为基层党组织领导下的老年人自我教育、自我管理、自我服务的社会组织。加强老年社会组织党建工作，采取政府购买服务等方式加大对公益性、互助性、服务性、专业性老年社会组织的支持力度[①]。

第六，着力构建人类老龄社会应对共同体。人口老龄化已经成为21世纪的全球性趋势和改变世界政治经济格局的基础性力量，这是人类命运共同体建设的基本背景。从构建人类命运共同体的高度，研究全球人口老龄化给老龄化的中国带来的国际政治、国际贸易等方面的重大战略问题，抓紧制定应对人口老龄化的国际战略，已经成为我们必须解决的重大而紧迫的国家议题。构建人类老龄社会应对共同

---

① 李志宏：《积极应对人口老龄化中国特色道路的基本内涵和总体布局》，《老龄科学研究》2020年第7期。

体，应从以下几个方面着力：一是扩大共同应对老龄化挑战的中国朋友圈。主动参与全球及地区老龄问题治理和国际文书的制定，加强与联合国有关机构、国际涉老组织的合作。积极参与联合国框架下应对人口老龄化的国际行动计划实施。把携手应对人口老龄化作为国际合作和交流、建立国际战略合作伙伴关系的长期性重要议程，加强应对人口老龄化的区域合作，不断扩大共同应对全球老龄化挑战的中国朋友圈。二是谋篇布局双循环新发展格局，统筹动员两个市场两种资源应对中国老龄化。坚持"引进来""走出去"相结合，继续放宽外资准入，吸收借鉴外资先进的养老理念、丰富的资本运作经验、成熟的运营管理模式、精细化的标准规范、高质量的服务培训，促进中国老龄产业转型升级。着眼国际老龄产业市场蓝海，鼓励头部企业走出去，特别是发挥中国制造业大国的优势，培育老年用品制造业"龙头企业"，开拓国际老年用品市场。三是提升国际老龄事务的中国影响力。拓展与世界各国在积极应对人口老龄化理念、经验、项目、方案等方面的交流互鉴，在人才培训、科学研究、信息技术等领域提供更多国际公共产品，进一步提升中国在国际老龄领域影响力[1]。

---

[1] 李志宏：《积极应对人口老龄化中国特色道路的基本内涵和总体布局》，《老龄科学研究》2020年第7期。

第四章 养老金制度改革的新举措及建议[*]

养老金制度安排是应对人口老龄化的关键举措。为增强应对人口老龄化的能力，中国养老金制度近几十年一直在不断改革和完善之中。党的十八大以来，养老金制度改革步伐明显加快，在制度并轨、参数改革和多层次体系建设等方面出台了一系列措施，有力推动了养老金制度改革进程，为积极应对人口老龄化创造了有利条件。

一 党的十八大以来养老金改革的主要目标

随着人口老龄化深入发展，中国养老金制度改革的重要性和必要性日益凸显。党的十八大以来，多次重要会议对社会保障制度建设提出了明确的要求，从中可以比较清晰地看出养老金改革的目标指向。党的十八大报告指出："要坚持全覆盖、保基本、多层次、可持续方针，以增强公平性、适应流动性、保证可持续性为重点，全面建成覆盖城乡居民的社会保障体系。"党的十八届三中全会通过的《中共中央关于全面深化改革若干重大问题的决定》提出"建立更加公平可持续的社会保障制度"。党的十八届五中全会通过的《中共中央关于制定国民经济和社会发展第十三个五年规划的建议》进一步强调"建立更加公平更可持续的社会保障制度"。党的十九大报告指出："按照兜底线、织密网、建机制的要求，全面建成覆盖全民、城乡统

---

[*] 本章作者为林宝。

筹、权责清晰、保障适度、可持续的多层次社会保障体系。"党的十九届四中全会通过的《中共中央关于坚持和完善中国特色社会主义制度、推进国家治理体系和治理能力现代化若干重大问题的决定》强调"完善覆盖全民的社会保障体系"。党的十九届五中全会通过的《中共中央关于制定国民经济和社会发展第十四个五年规划和二〇三五年远景目标的建议》进一步提出："健全覆盖全民、统筹城乡、公平统一、可持续的多层次社会保障体系。"从这些重要会议精神中，可以看出党的十八大以来养老金制度改革主要围绕养老金体系的公平性、可持续性和充足性三项重要目标。

公平性是社会保障制度之所以被视为一项重要的再分配制度的关键所在，因而也是对养老金制度的本质要求。党的十八大以来，增强养老金制度的公平性一直被作为最重要的政策目标在反复强调。几次重大会议的相关报告中反复强调"更加公平""公平统一"等要求，不仅如此，在社会保障制度建设的一些基本原则和要求中也体现出对公平性的追求。例如，全覆盖或是覆盖全民实际上要求制度要尽量覆盖到所有人、惠及所有人，保障制度覆盖上的公平性；保基本、兜底线等实际上是强调了底线公平，要求对所有参保人要达到实现基本保障的水平；城乡统筹（或统筹城乡）则强调了城乡公平。在具体要求上，党的十八届三中全会提出"推进机关事业单位养老保险制度改革""整合城乡居民基本养老保险制度"，党的十八届五中全会提出"实施全民参保计划，基本实现法定人员全覆盖"，党的十九大强调"全面实施全民参保计划"，等等。

可持续性是确保社会保障制度能够长期发挥保障功能的基本要求。养老金制度的可持续性主要是要求制度长期可以保持财务上的收支平衡。可持续性是党的十八大以来养老金改革的主要目标之一，党的十八届三中、五中全会，十九大、十九届四中、五中全会等都强调了可持续性目标。在具体要求上，党的十八届三中全会提出了"坚持精算平衡原则"，党的十八届五中全会提出"建立基本养老金合理调整机制""拓宽社会保险基金投资渠道，加强风险管理，提高投资回报率""逐步提高国有资本收益上缴公共财政比例，划转部分国有资本充实社保基金",党的十九届五中全会提出"健全基本养老、基本医疗保险筹资和待遇调整机制",等等。

充足性是确保社会保障制度充分发挥保障功能的必要条件。养老金制度的充足性就是要求养老金收入达到一定的保障水平,能够保障退休人员生活质量。为实现充足性目标,党的十八大以来,养老金改革一直在强调建设多层次的养老金体系,实现养老金收入的多重保障,"多层次"作为社会保障制度建设的基本方针之一多次得到了强调和重申。在具体要求上,党的十八届三中全会提出"制定实施免税、延期征税等优惠政策,加快发展企业年金、职业年金、商业保险,构建多层次社会保障体系",党的十八届五中全会提出"发展职业年金、企业年金、商业养老保险",党的十九届五中全会提出"发展多层次、多支柱养老保险体系",等等。

2021年3月,十三届全国人大四次会议表决通过了《中华人民共和国国民经济和社会发展第十四个五年规划和二〇三五年远景目标纲要》(以下简称《纲要》),这是指导中国今后5年及15年国民经济和社会发展的纲领性文件,其中对养老金改革也作出了重要部署。在公平性上,《纲要》强调"实现基本养老保险全国统筹,放宽灵活就业人员参保条件,实现社会保险法定人群全覆盖"。在可持续性上,《纲要》强调"健全养老保险制度体系,促进基本养老保险基金长期平衡""完善划转国有资本充实社保基金制度,优化做强社会保障战略储备基金"。在充足性上,《纲要》强调"完善城镇职工基本养老金合理调整机制,逐步提高城乡居民基础养老金标准""发展多层次、多支柱养老保险体系,提高企业年金覆盖率,规范发展第三支柱养老保险"等。这些部署表明,改善养老金制度的公平性、可持续性和充足性仍然是今后一段时期养老金改革的重要目标和任务。

二 党的十八大以来养老金改革的主要举措

(一)推动制度并轨,形成"2+1"的基本养老保险制度体系

首先,整合城乡居民养老保险制度。党的十八届三中全会明确提

出了"推进机关事业单位养老保险制度改革"和"整合城乡居民基本养老保险制度"的要求。为落实这一要求，2014年2月，《国务院关于建立统一的城乡居民基本养老保险制度的意见》（国发〔2014〕8号）（以下简称《意见》）决定将新型农村养老保险和城镇居民养老保险两项制度合并实施，在全国范围内建立统一的城乡居民基本养老保险制度。《意见》要求，"十二五"末，在全国基本实现新农保和城居保制度合并实施，并与职工基本养老保险制度相衔接。2020年前，全面建成公平、统一、规范的城乡居民养老保险制度，与社会救助、社会福利等其他社会保障政策相配套，充分发挥家庭养老等传统保障方式的积极作用，更好保障参保城乡居民的老年基本生活。《意见》对城乡居民基本养老保险的参保范围、基金筹集、保险待遇、保险待遇领取条件、转移接续和制度衔接、基金监管等方面进行了明确的规定。根据《意见》规定，年满16周岁（不含在校学生），非国家机关和事业单位工作人员及不属于职工基本养老保险制度覆盖范围内的城乡居民，可以在户籍地参加城乡居民养老保险。城乡居民养老保险基金由个人缴费、集体补助、政府补贴构成，建立个人账户，采用社会统筹与个人账户相结合的制度模式。城乡居民养老保险待遇由基础养老金和个人账户养老金构成，支付终身。参加城乡居民养老保险的个人，年满60周岁、累计缴费满15年，且未领取国家规定的基本养老保障待遇的，可以按月领取城乡居民养老保险待遇。通过这次并轨，城乡居民基本养老保险基本上借鉴了城镇职工基本养老保险的制度模式，为两个基本养老保险制度之间的转移接续创造了有利条件。

其次，建立两个基本养老保险制度之间的衔接机制。2014年2月，人力资源社会保障部、财政部颁布了《城乡养老保险制度衔接暂行办法》（人社部发〔2014〕17号）（以下简称《暂行办法》），建立了城镇职工基本养老保险和城乡居民基本养老保险之间的转移衔接机制。《暂行办法》对两个基本养老保险制度之间进行转移的条件、待遇计算方法、办理地点和程序等进行了明确的规定。根据《暂行办法》规定，参加城镇职工养老保险和城乡居民养老保险人员，达到城镇职工养老保险法定退休年龄后，城镇职工养老保险缴费年限满15年（含延长缴费至15年）的，可以申请从城乡居民养老保险转入城镇职工养老保险，按照城镇职工养老保险办法计发相应待遇；城镇职工养老保险缴费年限不足15年的，可以申请从城镇职工养老保险转入城乡居民养老保险，待达到城乡居民养老保险规定的领取条件时，按照城乡居民养老保险办法计发相应待遇。《暂行办法》的发布，标志着两个基本保险制度之间架起了一座桥梁。

最后，改革机关事业单位人员养老保险制度，实现与企业职工养老保险制度并轨。2015年1月，《国务院关于机关事业单位工作人员养老保险制度改革的决定》（国发〔2015〕2号）（以下简称《决定》）实现了机关事业单位工作人员养老保险制度与城镇职工基本养老保险制度并轨。这次改革的基本思路是"一个统一、五个同步"。"一个统一"是指，机关事业单位与企业等城镇从业人员统一实行社会统筹和个人账户相结合的基本养老保险制度，都实行单位和个人缴费，都实行与缴费相挂钩的养老金待遇计发办法。"五个同步"是指：机关与事业单位同步改革；职业年金与基本养老保险制度同步建立；养老保险制度改革与完善工资制度同步推进；待遇确定机制与调整机制同步完善；改革在全国范围内同步实施。这次改革在制度设计上采用了与城镇职工基本养老保险相一致的社会统筹与个人账户相结合的模式，在缴费方式、计发办法上也向城镇职工基本养老保险看齐，与城镇职工基本养老保险实现了完全并轨。同时，为了保持改革前后待遇水平的平稳过渡，建立了职业年金制度，与企业年金的自愿性原则不同，职业年金带有强制性。《决定》规定，机关事业单位在参加基本养老保险的基础上，应当为其工作人员建立职业年金。单位按本单位工资总额的8%缴费，个人按本人缴费工资的4%缴费。机关事业单位工作人员养老保险制度改革正式结束了长期为人们所诟病的养老金制度"双轨制"。至此，两个基本养老保险制度和一个衔接机制的"2+1"养老保险基本制度框架基本形成。

（二）通过参数改革和建立中央调剂金，完善城镇职工基本养老保险制度

一是降低单位缴费率，减轻缴费负担。党的十八届三中全会提出了"适时适当降低社会保险费率"的要求。2016年4月，《人力资源社会保障部 财政部关于阶段性降低社会保险费率的通知》（人社部发〔2016〕36号）（以下简称《2016通知》）正式开启了阶段性降低社会保险费工作，要求从2016年5月1日起，企业职工基本养老保险单位缴费比例超过20%的省份，将单位缴费比例降至20%；单位缴费比例为20%且2015年底企业职工基本养老保险基金累计结余可支付月数高于9个月的省份，可以阶段性将单位缴费比例降低至19%，降低费率的期限暂按两年执行。2018年4月，《人力资源社会保障部 财政部关于继续阶段性降低社会保险费率的通知》（人社部发〔2018〕25号），将阶段性降费延长一年，要求单位缴费比例超过19%的省份，以及按照《2016通知》单位缴费比例降至19%的省份，基金累计结余可支付月数（截至2017年底，下同）高于9个月的，可阶段性执行19%的单位缴费比例至2019年4月30日。2019年4月，《国务院办公厅关于印发降低社会保险费率综合方案的通知》（国办发〔2019〕13号）（以下简称《2019通知》）正式发布，阶段性降费变成了制度性降费，要求自2019年5月1日起，降低城镇职工基本养老保险（包括企业和机关事业单位基本养老保险，以下简称养老保险）单位缴费比例。各省、自治区、直辖市及新疆生产建设兵团（以下统称省）养老保险单位缴费比例高于16%的，可降至16%；目前低于16%的，要研究提出过渡办法。各省具体调整或过渡方案于2019年4月15日前报人力资源社会保障部、财政部备案。至此，城镇职工基本养老保险的法定缴费率正式发生变化，单位缴费率从原来的20%下降至16%。同时，缴费基数也有所变化，《2019通知》要求调整就业人员平均工资计算口径：各省应以本省城镇非私营单位就业人员平均工资和城镇私营单位就业人员平均工资加权计算的全口径城镇单位就业人员平均工资，核定社保个人缴费基数上下限，合理

第二部分 举措分析篇

降低部分参保人员和企业的社保缴费基数。

二是改变待遇调整机制，保持养老金待遇合理增长。2016 年 4 月，《人力资源社会保障部 财政部关于 2016 年调整退休人员基本养老金的通知》（人社部发〔2016〕37 号），改变了此前连续多年固定按照 10% 调涨养老金的做法，采取定额调整、挂钩调整与适当倾斜相结合的调整办法，按 6.5% 左右增幅调整了企业和机关事业单位退休人员基本养老金水平。这种改变一方面考虑到中国经济发展速度、职工平均工资增长率、物价涨幅、财政收入增长速度均放缓；另一方面也考虑到人口老龄化快速发展，养老保险基金支付压力加大。此后几年，基本养老金增幅又有所下调。2017 年的增幅为 5.5%，2018—2020 年每年增幅均为 5%，2021 年增幅为 4.5%。增幅的动态化调整体现了养老金调整机制与社会经济发展变化的联系更为紧密，是养老待遇调整科学化的重要一步。

三是出台个人账户记账利率办法，规范利率确定和公布机制。2017 年 4 月，《人力资源社会保障部 财政部关于印发统一和规范职工养老保险个人账户记账利率办法的通知》（人社部发〔2017〕31 号）正式公布了《统一和规范职工养老保险个人账户记账利率办法》（以下简称《办法》）。《办法》规定，统一机关事业单位和企业职工基本养老保险个人账户记账利率，每年由国家统一公布。记账利率应主要考虑职工工资增长和基金平衡状况等因素研究确定，并通过合理的系数进行调整。记账利率不得低于银行定期存款利率。职工基本养老保险个人账户记账利率每年 6 月由人力资源社会保障部和财政部公布。职业年金个人账户记账利率由人力资源社会保障部和财政部根据各省（区、市）职业年金实账积累部分投资收益情况，每年公布一次。改革以后，职工基本养老保险个人记账利率大幅上升，在 2016—2019 年年均在 7% 以上，2020 年也达到了 6% 以上，远高于改革前的水平，大大改善了个人账户积累情况，有利于保障职工个人养老金水平。

四是建立中央调剂金制度，增强抗风险能力。2018 年 6 月，《国务院关于建立企业职工基本养老保险基金中央调剂制度的通知》（国发〔2018〕18号）发布，在现行企业职工基本养老保险省级统筹基础上，建立中央调剂基金，对各省份养老保险基金进行适度调剂，确保基本养老金按时足额发放，标志着中央调剂金制度正式出台。在基金筹集上，中央调剂基金由各省份养老保险基金上解的资金构成。按照各省份职工平均工资的90%和在职应参保人数作为计算上解额的基数，上解比例从3%起步，逐步提高。在基金拨付上，中央调剂基金实行以收定支，当年筹集的资金全部拨付地方。中央调剂基金按照人均定额拨付，根据人力资源社会保障部、财政部核定的各省份离退休人数确定拨付资金数额。在基金管理上，中央调剂基金是养老保险基金的组成部分，纳入中央级社会保障基金财政专户，实行收支两条线管理，专款专用，不得用于平衡财政预算。中央调剂金制度实施以来，上解比例逐年提高，2020年达到4%。

（三）加强养老保险基金投资运营，推动基金保值增值

养老保险基金保值增值是养老保险制度得以持续的关键一环。党的十八届三中全会提出了"加强社会保险基金投资管理和监督，推进基金市场化、多元化投资运营"的明确要求。2015年8月，《国务院关于印发基本养老保险基金投资管理办法的通知》（国发〔2015〕48号）（以下简称《通知》）正式发布，对养老保险基金的投资运营进行了系统规定。根据《通知》规定，各省、自治区、直辖市养老基金结余额，可按照《通知》规定，预留一定支付费用后，确定具体投资额度，委托给国务院授权的机构进行投资运营。养老基金投资应当坚持市场化、多元化、专业化的原则，确保资产安全，实现保值增值。管理办法还对委托人、受托机构、托管机构、投资管理机构的资格和职责进行了明确规定，对养老基金投资范围和领域进行了明确要求。根据《通知》要求，养老基金限于境内投资。投资范围包括：银行存款，中央银行票据，同业存单；国债，政策性、开发性银行债券，信用等级在投资级以上的金融债、企业（公司）债、地方政府债券、可转换债（含分离交易可转换债）、短期融资券、中期票据、资产支持证券，债券回购；养老金产品，上市流通的证券投资基金，

股票，股权，股指期货，国债期货。国家重大工程和重大项目建设，养老基金可以通过适当方式参与投资。国有重点企业改制、上市，养老基金可以进行股权投资，范围限定为中央企业及其一级子公司，以及地方具有核心竞争力的行业龙头企业，包括省级财政部门、国有资产管理部门出资的国有或国有控股企业。同时，《通知》还规定了不同投资的比例要求。

2016年底，人社部正式启动了养老保险基金的投资运营实施工作。首批与社保基金理事会签约的有7个省，资金规模达到了3600亿元。同时，选出了养老基金的投资管理机构，包括4家托管行和21家投资管理机构，相关配套政策也陆续出台。这些情况表明，养老保险基金投资运营正在逐步走向规范化和常态化。

（四）推动多层次养老金体系建设，提高保障能力

加快发展企业年金、职业年金、商业保险，构建多层次社会保障体系是党的十八届三中全会提出的明确要求。党的十八届三中全会以来，企业年金、职业年金和商业养老保险都得到了较大的发展，由基本养老保险、补充养老保险和商业养老保险构成的多层次养老金体系初步建立了基本架构。

在职业年金方面，2015年1月，《国务院关于机关事业单位工作人员养老保险制度改革的决定》（国发〔2015〕2号）要求：机关事业单位在参加基本养老保险的基础上，应当为其工作人员建立职业年金。单位按本单位工资总额的8%缴费，个人按本人缴费工资的4%缴费。工作人员退休后，按月领取职业年金待遇。同年4月，《国务院办公厅关于印发机关事业单位职业年金办法的通知》（国办发〔2015〕18号）公布了《机关事业单位职业年金办法》（以下简称《办法》），对职业年金的具体事项进一步明确。《办法》明确职业年金是指机关事业单位及其工作人员在参加机关事业单位基本养老保险的基础上，建立的补充养老保险制度。在资金筹集上，《办法》规定，职业年金所需费用由单位和工作人员个人共同承担。单位缴纳职业年金费用的比例为本单位工资总额的8%，个

人缴费比例为本人缴费工资的4%，由单位代扣。单位和个人缴费基数与机关事业单位工作人员基本养老保险缴费基数一致。在账户管理上，职业年金基金采用个人账户方式管理。个人缴费实行实账积累。对财政全额供款的单位，单位缴费根据单位提供的信息采取记账方式，每年按照国家统一公布的记账利率计算利息，工作人员退休前，本人职业年金账户的累计储存额由同级财政拨付资金记实；对非财政全额供款的单位，单位缴费实行实账积累。实账积累形成的职业年金基金，实行市场化投资运营，按实际收益计息。在职业年金领取条件上，该办法规定，符合下列条件之一的可以领取职业年金：（1）工作人员在达到国家规定的退休条件并依法办理退休手续后，由本人选择按月领取职业年金待遇的方式。（2）出国（境）定居人员的职业年金个人账户资金，可根据本人要求一次性支付给本人。（3）工作人员在职期间死亡的，其职业年金个人账户余额可以继承。2016年9月，《人力资源社会保障部 财政部关于印发职业年金基金管理暂行办法的通知》（人社部发〔2016〕92号），正式出台了《职业年金基金管理暂行办法》，对职业年金基金的基本范畴、管理方式、参与各方管理职责、基金投资、收益分配及费用、计划管理及信息披露、监督检查等进行了详细的规定。至此，作为一项新的补充养老保险制度，职业年金及其管理运营已经建立了比较完整的制度架构和管理运行机制。

在企业年金方面，2017年12月，人社部、财政部联合印发了《企业年金办法》（人力资源社会保障部令第36号），对企业年金制度进一步完善。《企业年金办法》规定，在资金筹集上，企业年金所需费用由企业和职工个人共同缴纳，基金实行完全积累，为每个参加企业年金的职工建立个人账户。企业缴费每年不超过本企业职工工资总额的8%，企业和职工个人缴费合计不超过本企业职工工资总额的12%，具体所需费用由企业和职工一方协商确定。在账户管理上，企业缴费应当按照企业年金方案确定的比例和办法计入职工企业年金个人账户，职工个人缴费计入本人企业年金个人账户。职工企业年金个人账户中个人缴费及其投资收益自始归属于职工个人。企业年金暂时未分配至职工企业年金个人账户的企业缴费及其投资收益，以及职工企业年金个人账户中未归属于职工个人的企业缴费及其投资收益，计入企业年金企业账户。企业年金企业账户中的企业缴费及其投资收益应当按照企业年金方案确定的比例和办法计入职工企业年金个人账户。在待遇领取条件上，符合下列条件之一的，可以领取企业年金：（1）职工在达到国家规定的退休年龄或者完全丧失劳动能力时，可以从本人企业年金个人账户中按月、分次或者一次性领取企业年金，也可以将本人企业年金个人账户资金全部或者部分购买商业养老保险产品，依据保险合同领取待遇并享受相应的继承权；（2）出国（境）定居人员的企业年金个人账户资金，可以根据本人要求一次性支付给本人；（3）职工或者退休人员死亡后，其企业年金个人账户余额可以继承。《企业年金办法》中对企业年金制度的相关规定，和职业年金相比，在缴费率上保持了相同水平，领取条件和方式也基本类似。

在商业养老保险方面，2017年7月，《国务院办公厅关于加快发展商业养老保险的若干意见》（国办发〔2017〕59号）发布，提出依托商业保险机构专业优势和市场机制作用，扩大商业养老保险产品供给，拓宽服务领域，提升保障能力，充分发挥商业养老保险在健全养老保障体系、推动养老服务业发展、促进经济提质增效升级等方面的生力军作用，并提出了具体目标和一些政策措施。2018年4月，财政部等5部门发布《关于开展个人税收递延型商业养老保险试点的通知》（财税〔2018〕22号），启动了税收递延型商业养老保险的试点工作。自2018年5月1日起，在上海市、福建省（含厦门市）和苏州工业园区实施个人税收递延型商业养老保险试点。试点期限暂定一年。试点内容是对试点地区个人通过个人商业养老资金账户购买符合规定的商业养老保险产品的支出，允许在一定标准内税前扣除；计入个人商业养老资金账户的投资收益，暂不征收个人所得税；个人领取商业养老金时再征收个人所得税。适用试点税收政策的纳税人，是指在试点地区取得工资薪金、连续性劳务报酬所得的个人，以及取得个体工商户生产经营所得、对企事业单位的承包承租经营所得的个体工商户业主、个人独资企业投资者、合伙企业自然人合伙人和承包承租经营者，其工资薪金、连续性劳务报酬的个人所得税扣缴单位，或者个体工商户、承包承租单位、个人独资企业、合伙企业的实际经营地均位于试点地区内。随后，《关于开展个人税收递延型商业养老保险试点有关征管问题的公告》（国家税务总局公告 2018 年第 21 号）、《关于印发〈个人税收递延型商业养老保险产品开发指引〉的通知》（银保监发〔2018〕20 号）、《中国银行保险监督管理委员会关于印发〈个人税收递延型商业养老保险业务管理暂行办法〉的通知》（银保监发〔2018〕23 号）、《中国银保监会关于印发〈个人税收递延型商业养老保险资金运用管理暂行办法〉的通知》（银保监发〔2018〕32 号）等文件相继发布，对税收递延型商业养老保险的具体事项进行了进一步明确和规定。

三　养老金改革尚需解决的主要问题

党的十八大以来养老金改革的系列举措有力推动了养老金制度的完善，总体上有利于积极应对人口老龄化。但是从应对人口老龄化的长期战略来看，养老金改革仍然在路上，养老金制度仍然存在一些尚待解决的问题。

（一）继续完善养老金制度设计的问题

一是制度整合问题。经过前期的制度整合，目前中国养老金制度整合成为城镇职工基本养老保险制度和城乡居民基本养老保险制度，二者均采用了社会统筹和个人账户的制度模式，并在二者之间建立了一个转移接续机制，使二者之间存在相互转移接续的可能。但是在目前的"2+1"的制度设计之下，存在最大的问题在于：尽管二者之间存在转移接续机制，但无论是从哪个基本养老保险制度转向另一个基本养老保险制度，都存在便携性损失。根据《城乡养老保险制度衔接暂行办法》，城镇职工养老保险缴费年限不足 15

年的，可以申请从城镇职工养老保险转入城乡居民养老保险，待达到城乡居民养老保险规定的领取条件时，按照城乡居民养老保险办法计发相应待遇；参保人员从城乡居民养老保险转入城镇职工养老保险的，城乡居民养老保险个人账户全部储存额并入城镇职工养老保险个人账户，城乡居民养老保险缴费年限不合并计算或折算为城镇职工养老保险缴费年限。显然，因为城乡居民基本养老保险待遇水平远远低于城镇职工基本养老保险，从城镇职工基本养老保险制度转入城乡居民基本养老保险的，将面临待遇水平损失；而从城乡居民基本养老保险转入城镇职工基本养老保险的，由于缴费年限不合并计算或折算，损失的是缴费年限，最终将影响其基础养老金替代率。如果考虑到有可能在这两个制度间转移的主要是农民工，这种损失对他们待遇的影响将对社会公平产生重要影响。在此情况下，如何更加合理地实现两个基本养老保险制度之间的衔接？或者是否可以进一步实现这两个制度之间的整合？

二是多层次养老金制度的层次性问题。目前，中国养老金制度基本上形成了基本养老保险、补充保险和商业养老保险"三支柱"的初步框架，其中在基本养老保险中又采用社会统筹和个人账户相结合的模式。这个模式的最大缺点在于，城镇职工基本养老保险制度的每个层次均与参与者的收入密切关联，从而导致当前的养老金制度收入再分配功能严重不足，将工作期的收入不平等延续到退休期，对共同富裕和社会公平产生了不利影响。在城镇职工基本养老保险制度中，社会统筹部分虽然有一定的再分配功能，但由于在缴费时限制了最高上限，且在待遇计算时考虑个人缴费基数，实际上再分配功能十分有限；在城乡居民基本养老保险制度中，虽然社会统筹部分有一定的再分配功能，但由于其待遇水平低、地区差异大，实质上再分配功能也十分有限。在此情况下，如何对多层次养老金体系进一步改革以更多体现其再分配功能？是否有必要在三支柱之外增加一个与收入无关的层次？

（二）养老金制度财务可持续性问题

由于人口老龄化越来越大，养老金制度的财务可持续性正面临越来越大的压力。2010—2019年，城镇职工基本养老保险的在职人员和离退休之比从3.08下降至2.53，基本养老保险的收入支出比从1.29下降至1.09，累计结余与支出之比从1.47下降至1.20。实际上，在目前的养老金收入中存在大量财政补贴，如果仅考虑征缴收入，从2014年开始已经低于养老金支出。从长期来看，人口老龄化的影响将逐步扩大，由于人口老龄化将导致养老金制度中的制度赡养率（受益者和缴费者之比）一直上升，因此在其他因素不变的情况下将要求缴费率一路上升，如果不采取延迟退休年龄等改革措施，城镇职工基本养老保险制度的可持续性将存在问题[1]。郑秉文等测算了2019—2050年的养老金平衡状况，发现全国城镇企业职工基本养老保险基金到2050年当期结余坠落到-11.28万亿元，如果不考虑财政补助，当期结余到2050年为-16.73万亿元[2]。曾益等的研究认为，当没有其他政策干预，2019年实施的降费政策最多持续5年；实施征缴体制改革后，如果征缴率从61.59%提高至70%—100%，降费政策可持续6—17年；当进一步延迟退休并引入外源性融资，降费政策至少可持续31年[3]。

当前养老金制度中存在一些不利于财务可持续性的参数设计，需要进一步推动改革。例如，在城镇职工基本养老保险中规定，缴费年限（含视同缴费年限，下同）累计满15年的人员，退休后按月发给基本养老金，实际上会导致大量参保者在缴费达到15年以后不再缴费。再如，个人账户养老金月标准为个人账户储存额除以计发月数，计发月数根据职工退休时城镇人口平均预期寿命、本人退休

---

[1] 林宝：《人口老龄化与城镇基本养老保险制度的可持续性》，中国社会科学出版社2014年版。

[2] 郑秉文等：《中国养老金精算报告2019—2050》，中国劳动社会保障出版社2019年版。

[3] 曾益、李晓琳、石晨曦：《降低养老保险缴费率政策能走多远？》，《财政研究》2019年第6期。

年龄、利息等因素确定，但实际上个人账户养老金的计发月数自公布以来没有进行调整。与此同时，个人账户余额可继承的规定使个人账户养老金必然因长寿而产生资金缺口。此外，在人群收入差距较大的情况下，缴费基数300%的上限规定实际上减轻了部分高收入者的缴费义务，而部分群体过高的养老金待遇水平加大了养老金支付压力，均不利于养老金制度长期可持续性。面对人口老龄化的冲击，如何拓展养老金收入来源，如何把人口老龄化因素纳入养老金调整机制，如何进一步完善待遇水平确定机制都是下一步需要解决的问题。

（三）基础养老金全国统筹问题

由于中国各地区人口老龄化程度差异巨大，导致各省（直辖市、自治区）之间养老金平衡状况也相差悬殊。统筹层次过低破坏了养老金制度的公平性、便携性和可持续性，实现基础养老金全国统筹势在必行。2013年11月，党的十八届三中全会通过的《中共中央关于全面深化改革若干重大问题的决定》中明确提出，要"实现基础养老金全国统筹"，2015年10月，党的十八届五中全会通过的《中共中央关于制定国民经济和社会发展第十三个五年规划的建议》再次强调要"实现职工基础养老金全国统筹"。但"十三五"时期，基础养老金全国统筹并没有实现，只是出台了中央调剂金制度。中央调剂金制度只是一个过渡性措施，虽然在一定程度上可以弥补部分地区出现养老金缺口，但力度十分有限。由于前期各地区缴费率的不一致，必须在实现横向公平（地区之间公平）和纵向公平（缴费贡献与收益相联系）的基础上实现基础养老金的统收统支，才是真正的全国统筹。显然目前的中央调剂金制度没有解决这两个公平问题，也没有实现统收统支，还不是真正意义上的全国统筹。

党的十九届四中全会通过的《中共中央关于坚持和完善中国特色社会主义制度、推进国家治理体系和治理能力现代化若干重大问题的决定》强调"加快建立基本养老保险全国统筹制度"。党的十九届五中全会通过的《中共中央关于制定国民经济和社会发展第十四个五年规划和二〇三五年远景目标的建议》强调"实现基本养老保险全国统筹"。统筹范围不再局限为基础养老金，但是由于个人账户权益相对明确，养老保险全国统筹的关键仍然是基础养老金统筹问题，核心是确定合理的基础养老金待遇确定方法。由于养老金待遇与历史缴费贡献有关，必须与统筹前的制度设计和缴费贡献实现有效衔接。实现全国统筹后的基础养老金必须实现横向公平和纵向公平的统一，即既要缩小地区和人群差异，也要保证全国统筹前后的养老金权利义务关系不造成中断或是大的变化，全国统筹后退休者的养老金水平应与其实现全国统筹前的缴费存在直接联系。如何找到一个易于各地区和广大参保职工接受的基础养老金待遇确定方法，实现横向公平和纵向公平的统一，从而实现基础养老金全国统筹，是下一步养老金改革面临的重要问题。

（四）退休年龄改革问题

退休年龄改革问题并非单纯的养老金改革问题，但在养老金改革过程中应该统筹推进。中国退休年龄规定始于 20 世纪 50 年代，随着社会经济状况的改变，特别是人口老龄化和人口寿命的延长使改革的必要性正在增加。自党的十八届三中全会提出研究渐进式退休年龄改革方案以来，退休年龄改革一直是社会热点、群众关切的问题。党的十九届五中全会通过的《中共中央关于制定国民经济和社会发展第十四个五年规划和二〇三五年远景目标的建议》明确提出"实施渐进式延迟法定退休年龄"。在《中华人民共和国国民经济和社会发展第十四个五年规划和二〇三五年远景目标纲要》（以下简称《纲要》）中进一步明确，"按照小步调整、弹性实施、分类推进、统筹兼顾等原则，逐步延迟法定退休年龄"。随着人口老龄化形势日益严峻，退休年龄改革已经不容再拖，尽早出台方案寻求共识是当务之急。如何在改革退休年龄时回应社会关切、避免社会舆论发酵和减小社会阻力成为方案出台的重要考量因素。

在退休年龄改革过程中，弹性机制是退休年龄改革方案设计的关键。设计合理的弹性机制有利于回应社会关切、减小改革阻力,是确保退休年龄改革目标顺利实现的必要条件。首先,弹性设计可以让退休年龄改革成为一项赋权性质的改革,让人们增加选择权从而减小改革阻力。其次,弹性设计可通过完善养老金制度中的激励机制引导劳动者主动延迟退休。最后,弹性设计可以提供一种自动筛选机制,让有能力有意愿的劳动者尽量更长时间留在劳动力市场,做到人尽其才、才尽其用,优化人力资源配置,大大提高劳动力利用效率。但是,如何设计退休年龄的弹性机制使之具备上述三种功能,也是在退休年龄改革中需要重点考虑的问题。

四 对下一步养老金改革的建议

《纲要》对今后一个时期的养老金改革和退休年龄改革已经进行了明确的部署。《纲要》提出:健全养老保险制度体系,促进基本养老保险基金长期平衡。实现基本养老保险全国统筹,放宽灵活就业人员参保条件,实现社会保险法定人群全覆盖。完善划转国有资本充实社保基金制度,优化做强社会保障战略储备基金。完善城镇职工基本养老金合理调整机制,逐步提高城乡居民基础养老金标准。发展多层次、多支柱养老保险体系,提高企业年金覆盖率,规范发展第三支柱养老保险。综合考虑人均预期寿命提高、人口老龄化趋势加快、受教育年限增加、劳动力结构变化等因素,按照小步调整、弹性实施、分类推进、统筹兼顾等原则,逐步延迟法定退休年龄,促进人力资源充分利用。这些部署明确了今后一个时期养老金改革和退休年龄改革的具体任务和基本原则。这里就如何进一步推进改革提出一些具体的政策建议。

(一)进一步推进制度整合,真正建立多层次养老金体系

发展多层次、多支柱的养老保险体系已经成为今后一段时期的重点工作,但是当前比较重视的是发展第二支柱和第三支柱。正如前文所提及的,当前多层次、多支柱养老金体系的再分配功能不足,建议

进一步改革，在第一支柱下再增加一个与缴费无关的零支柱。改革后的养老金体系有四个层次：一是普惠性、非缴费的第一层次。建议将城乡居民养老保险社会统筹部分改革为公民养老金，扩展至全体老年公民，形成覆盖全民的普惠性和兜底性的第一层次养老金，适当提高标准[①]。二是与缴费相关联的第二层次。目前城镇职工基本养老保险制度中的社会统筹和个人缴费，城乡居民基本养老保险制度中的个人缴费，均属于这一类。可以适当改革缴费和待遇之间的关联方式，使城镇职工的养老金待遇在改革前后基本保持同一水平。这部分的改革可以和退休年龄改革同时推进，可以适当改革缴费和待遇之间的关联方式，达到延迟退休年龄和改善养老金制度可持续性的双重目的。三是由单位补充养老保险组成的第三层次，即当前的企业年金和职业年金。但考虑到职业年金是政策并轨和过渡的需要，企业年金属于自愿原则，企业年金缴费率不应与职业年金缴费率看齐，而是应适当降低，避免最终形成不同企业职工群体之间养老金差异过大的问题。四是由个人养老储蓄和保险构成的第四层次。当前的税延型养老保险属于这个层次。在这个层次可以采取一些鼓励性措施。改革以后，养老金体系的制度框架由"2+1"变成"1×4"（一个制度、四个层次）。

（二）从收支两侧着力，改善养老金制度可持续性

在收入侧，要多方拓展收入来源。一是适当提高养老金缴费基数上限。在当前的缴费中，缴费上限过低明显降低了高收入人群的缴费水平，不利于养老金收支平衡。同时考虑到当前收入差距较大，需要社会保障制度加大收入调节力度，建议把缴费上限从当前缴费基数的300%适当提高，提高高收入人群的实际缴费水平。二是进一步规范养老保险缴费行为。在一些地区此前为降低企业负担，曾让企业按照最低工资或是缴费基数的60%缴纳养老保险费，而不是按照企业职工实际的工资水平缴纳，这实质上降低了缴费水平。对工资超过缴费下限的人员，应严格按照实际工资缴纳养老保险费，不得降低缴费标

---

① 林宝：《从七普数据看中国人口发展趋势》，《人民论坛》2021年5月（下）。

第二部分 举措分析篇

准。三是加大划拨国有资产补充养老保险基金力度。在养老保险缴费率降低后，还需要进一步加大国有资产补充养老金力度才能保障收支平衡。四是将反腐败没收财物直接充实养老保险基金。建议将在反腐败过程中查获的受贿财物、巨额来源不明的财产直接划拨养老保险基金[①]。此外，在《人力资源和社会保障事业发展"十四五"规划》中提出"逐步提高领取基本养老金最低缴费年限"也是着眼于增加养老金收入，但应该重点关注这一政策对农民工参保人员的影响。

在支出侧，要进一步完善待遇确定和调整机制。一是应确定养老金最高限额。对超过最高限额的退休人员，暂时冻结养老金调整，直到其低于最高限额后再重新启动调整，且不可再超过最高限额。具体限额可以由相关主管部门进行具体测算后提出，可以平均养老金或社会平均工资的倍数来表示。二是在待遇确定和调整机制中纳入人口老龄化因素。一方面，应将人口老龄化因素纳入待遇确定计算公式之中，确保待遇计算参数如计发月数等反映当期人口老龄化状况；另一方面，将人口老龄化因素纳入养老金指数化。应该真正建立起工资指数、物价指数、人口结构变化与养老金调整机制之间的联系。建议确定一个包含工资指数、物价指数和人口结构因素的基础养老金调整机制，对社会公布，实现调整机制的透明化和科学化。三是实现基本养老保险制度个人账户夫妻共享，减少个人账户资金缺口。可具体操作为：明确自结婚的次月开始，夫妻二人开始共享养老金个人账户缴费，为操作简便，可以保持二者个人账户分立，二者的个人账户缴费额平均分成两份，进入二者个人账户；一旦离婚，则自次月起，二者个人缴费额不再平分，而是根据实际缴费额进入各自账户；退休时，根据各自个人账户积累额计算个人养老金；一方死亡，其个人账户剩余额并入

---

① 2020年10月22日，笔者在"科学筹划'十四五'，积极应对人口老龄化，京津冀协同发展"首场论坛"积极老龄化政策框架"专题线上研讨会上的"中国养老金制度改革：进展、问题及建议"报告中建议将反腐败没收财物直接充实养老保险基金，http：//pdsc.ruc.edu.cn/xsdt/47eb4aa1591d4fada92efdfd2a361f1e.htm；2020年12月19日，前中国人民银行行长、前全国社保基金理事会理事长戴相龙在中国社会科学院举办的养老金论坛上，建议将没收的贪官财产划入社保基金，https：//www.guancha.cn/politics/2020_12_20_575178.shtml。

配偶个人账户，当配偶死亡时，剩余额再由继承人继承。这一改革实际上提高了个人账户继承条件，有利于改善资金平衡。根据设计，夫妻中先去世一方的个人账户剩余可以用来支付后去世一方的个人养老金，可有效实现夫妻间的个人养老金互济，增强对长寿风险的防护。这种设计，从原来参保人死亡即可继承，改变为夫妻双方死亡才可继承，避免出现夫妻一方剩余早早被继承，而另一方还需要政策补贴的情况出现，有利于减小因制度规定可继承而导致个人账户必然出现的资金缺口。同时，这一改革还可有效缩小养老金的性别差异、保障女性权益，减少女性因离婚和生育造成养老金待遇损失，可谓一举多得。

（三）尽快推进基础养老金全国统筹，提高制度抗风险能力

中央调剂金制度只是过渡性措施，应尽快实现基础养老金全国统筹，实现统收统支，防止部分原来缴费率低的地区支出过分慷慨，损害长期收支平衡。同时既要防止地方之间差异过大，保障横向公平；也要将个人的缴费贡献与其获得的基础养老金挂钩，实现纵向公平。要实现职工基础养老金全国统筹，最关键的一点是必须找到一个合理的基础养老金待遇确定方法，使制度前后易于衔接，民众能够接受。基于各地区缴费率不同，为保障公平，必须将缴费率纳入统筹后的基础养老金待遇计算方法，将养老金待遇与全国平均工资及个人的历史缴费贡献挂钩。建议基础养老金全国统筹后的待遇确定包括两个部分：一是上年全国在岗职工平均工资，即将目前的基础养老金待遇确定公式中上年当地在岗职工平均工资以全国职工平均工资替代。二是个人指数化的平均缴费贡献，即将目前确定公式中的个人指数化平均缴费工资换成个人指数化平均缴费贡献。个人指数化的平均缴费贡献以上年全国职工在岗职工平均工资乘以个人缴费贡献指数。个人缴费贡献指数是个人各年实际缴费额与理论应缴费额的比值的平均数。个人各年实际缴费额等于个人各年的缴费基数乘以实际缴费率，理论缴费额等于各年的全国平均工资乘以制度规定的全国统一缴费率[①]。

---

① 林宝：《基础养老金全国统筹的待遇确定方法研究》，《中国人口科学》2016 年第 2 期。

这一统筹待遇确定方法有三个好处：一是真正实现了横向公平和纵向公平的统一，易于民众接受。将缴费率纳入待遇计算的方法，很好地解决了个人缴费贡献与基础养老金待遇的挂钩问题，杜绝了缴费贡献少而待遇高的不公平现象，同时也可实现缩小个人和地区之间养老金差距的目的，实现收入再分配。此外，由于新的待遇确定方式与个人缴费贡献实现了紧密衔接，可以体现出各地区之间实际缴费贡献的差异（而非经济发展水平之间的差异），原来缴费工资和缴费率较高的地区可以获得较高的养老金待遇，比较容易说服各地区接受。二是真正实现了全国统筹，完全消除了地区差别因素，可以实现无障碍地异地转移。根据这一待遇确定方式，基础养老金的确定只与全国在岗职工平均工资和个人的缴费贡献有关，而且个人缴费贡献得到了精确度量，因此无论最终在哪里领取养老金，都不会影响基础养老金水平，从而可以完全解决目前存在的地区之间转移困难的问题，并且不会带来便携性损失。三是可以实现新旧制度的有效衔接。新的待遇确定方式与目前的待遇确定方式在结构上、基本思路上保持一致，具有很好的政策延续性，不需要对现有基础养老金设计进行大刀阔斧的改革，只需要根据统筹范围的变化改变所用指标的口径和计算方法，在操作上较为简便①。

（四）做好弹性设计，尽快启动渐进式延迟退休年龄

中国已经进入延迟退休年龄的合适时期，应尽早出台方案、早日实施。当前，延迟退休年龄还存在一些争议，应该早出方案、早寻共识，久拖不决并非良策，当然在方案设计上要尽量考虑民众利益，在宣传上尽量解答民众疑虑，只有这样才能保证政策能够顺利推行。建议用20年左右的时间按照男性每4年延迟1岁、女性每2年延迟1岁将法定退休年龄延迟至65岁。同时，在提高法定退休年龄的同时，将原退休年龄作为最低退休年龄，以法定退休年龄再加5岁作为最高退休年龄，不断扩大弹性退休年龄范围，最终形成男性可在60—70

---

① 林宝：《基础养老金全国统筹的待遇确定方法研究》，《中国人口科学》2016年第2期。

岁、女性可在 55—70 岁弹性退休。改革后，养老金待遇与退休年龄密切挂钩，根据延迟退休年龄的改革目标，为鼓励劳动者尽量在弹性区间内增加工作年限，可以改革养老缴费年限和基础养老金待遇之间的关系，具体说来可分三段：第一段是到达最低退休年龄以前，每缴费一年增加基础养老金略小于 1 个百分点；第二段是在最低退休年龄（弹性区间下限）和法定退休年龄之间，每缴费一年增加基础养老金等于 1 个百分点；第三段是在法定退休年龄和最高退休年龄（弹性区间上限）之间，每缴费一年增加基础养老金略大于 1 个百分点。由此，形成越晚退休、缴费价值越高的局面，引导人们延迟退休，从而实现改革目标。如果能够以现行退休年龄为基础进行弹性设计，逐步扩大弹性区间，那么延迟退休年龄改革本质上就是扩大退休年龄弹性的改革，可以将"渐进式延迟退休年龄"理解为"渐进式扩大退休年龄弹性"的改革。这一设计有几个明显优越性：一是充分尊重劳动者本人的选择权，劳动者可以在一定区间里自由选择退休，实际上让劳动者有更多的权利和自由来决定退休年龄；二是具有多劳多得的激励机制，为劳动者延迟退休年龄提供内在动力，劳动年限越长，养老金待遇水平越高，而且退休年龄越高，养老金缴费价值越高；三是为女性提供更大弹性，充分考虑了与现有制度衔接及家庭工作平衡，让女性可以更加从容地适应这项改革[1]。

---

[1] 林宝：《积极应对人口老龄化：内涵、目标和任务》，《中国人口科学》2021 年第 3 期。

第五章 促进养老服务发展的新举措及建议[*]

积极应对人口老龄化是中国建设社会主义现代化强国的必然要求,而构建符合中国国情的社会养老服务体系则是积极应对人口老龄化的重要任务。党的十八大以来,随着中国人口老龄化的进一步发展,养老服务需求日益增长,如何提高老龄治理能力、更好满足老年人美好生活需要成为养老服务领域面临的一项艰巨任务,也成为推动养老服务体系建设的根本力量。这一时期养老服务政策密集出台,养老服务政策快速发展、渐成体系,有力推动了社会养老服务体系建设。

一 党的十八大以来养老服务政策变化的背景

(一)客观要求:不断增长的养老服务需求

不断增长的养老服务需求客观上要求养老服务政策不断完善。中国自2000年前后进入老龄化社会以来,人口老龄化一直呈快速发展态势。根据第七次全国人口普查结果,2020年中国60岁及以上人口为26402万人,占18.70%,其中,65岁及以上人口为19064万人,占13.50%。人口老龄化的快速发展带来了养老服务需求的急剧增加。首先是老年人口快速递增使存在养老服务潜在需求人群快速扩大,仅仅考虑2010—2020年老年人口规模的扩大,60岁及以上老年

---

[*] 本章作者为林宝。本章主要内容曾以《党的十八大以来我国养老服务政策新进展》为题发表在《中共中央党校(国家行政学院)学报》2021年第1期。收入本书时进行了修改。

人口的养老服务需求就会提升48.6%，65岁及以上老年人口的养老服务需求就会增长60.4%；其次由于家庭小型化、少子化、人口流动导致的代际分离等因素，使寻求社会养老服务的老年人日益增多；最后则是经济发展水平提高和老年人养老观念转变等引起的养老服务需求升级，对养老服务的量和质提出了更高要求。人口老龄化及其引起的养老服务问题日渐引起党中央、国务院乃至全社会的重视，党的十八大报告明确提出要"积极应对人口老龄化，大力发展老龄服务事业和产业"。2013年，《国务院关于加快发展养老服务业的若干意见》（国发〔2013〕35号）（以下简称《若干意见》）发布。此后，为落实这一文件精神，国务院各部门和地方政府密集出台了一系列相关文件，使养老服务制度建设进入高潮期。

（二）内在动力：满足人民美好生活需要

党的十九大报告指出，社会主要矛盾已经转化为人民日益增长的美好生活需要和不平衡不充分的发展之间的矛盾。这就要求养老服务政策要着力解决养老服务供给中的不平衡不充分问题，努力满足老年人日益增长的美好生活需要，这也成为推动养老服务政策变化的内在动力。长期以来，中国养老服务发展不平衡不充分问题比较突出，与满足老年人美好生活需要存在较大差距。这主要表现在两个方面：一是养老服务总体供给能力不足。总体供给能力不足是指供小于需，具体表现为众多的老年人有养老服务需求，却无法获得相应的养老服务。尽管中国老年人口众多，潜在需求巨大，但由于部分需求无法得到满足，养老服务市场规模仍然相对较小。二是养老服务供给结构失衡。供给结构失衡主要表现在供给错位，具体表现为供给结构与需求结构脱节，存在大量无效供给，养老服务的实际使用率较低。养老服务供给的结构性问题导致有限的资源被大量闲置，未能很好发挥效用[1]。在此背景下，为满足老年人美好生活

---

[1] 林宝：《养老服务供给侧改革：重点任务与改革思路》，《北京工业大学学报》（社会科学版）2017年第6期。

需要,必须推动养老服务供给侧结构性改革,开放养老服务市场,增加养老服务供给总量,优化供给结构,改善供给质量,切实解决养老服务不平衡不充分问题。因而,这也成为党的十八大以来养老服务政策的主要指向和内容。

(三) 时代要求:实现老龄治理现代化

党的十九大报告在中国改革开放之后提出的"三步走"战略目标基础上,进一步明确提出到本世纪中叶,把中国建成富强民主文明和谐美丽的社会主义现代化强国的目标。实现国家治理体系和治理能力现代化是建成社会主义现代化强国的根本要求和重要标志。党的十九届四中全会专门就推进国家治理体系和治理能力现代化进行了系统设计,其中关于老龄治理也提出了明确要求,即"积极应对人口老龄化,加快建设居家社区机构相协调、医养康养相结合的养老服务体系"。实际上,就是要求实现老龄治理现代化。党的十九届五中全会进一步提出"实施积极应对人口老龄化国家战略",进一步凸显了老龄治理现代化的紧迫性和重要性。改革开放以来,中国老龄治理虽然有较大改善,但仍然存在诸多问题[①]:一是老龄化认知的科学性有待提高;二是各治理主体职责不清晰;三是老龄政策体系定位模糊,政策执行效力低;四是体制机制的壁垒问题严重;五是重投入轻绩效的治理倾向明显。考虑到中国目前快速的人口老龄化形势,并即将进入中度老龄化社会(65岁及以上人口占比超过14%),并有可能在2045年之前进入极度老龄化社会(65岁及以上老年人口比重超过28%)[②],老龄治理现代化对国家治理体系和治理能力现代化将产生重大影响。因此,抓住当前人口老龄化程度还相对较低的战略机遇期,着力于推进老龄治理能力提升是时代的要求。基于这一背景,这一时期的养老服务政策重点着力于理顺政府和市场之间的关系,大力

---

① 杜鹏、王永梅:《改革开放40年中国老龄化的社会治理——成就、问题与现代化路径》,《北京行政学院学报》2018年第6期。

② 林宝:《从七普数据看中国人口发展趋势》,《人民论坛》2021年5月(下)。

弥补体系短板，强化创新驱动，目的均在于推进养老服务体系建设，推动老龄治理体系完善和治理能力现代化。

二 党的十八大以来促进养老服务发展的主要举措

（一）理顺政府与市场关系，厘清养老服务供给责任

党的十八届三中全会通过的《中共中央关于全面深化改革若干重大问题的决定》指出，经济体制改革是全面深化改革的重点，核心问题是处理好政府和市场的关系，使市场在资源配置中起决定性作用和更好发挥政府作用。近年来，在养老服务领域，处理好政府与市场的关系也是一个重要的主题，在出台的各类政策文件中逐渐明确了政府和市场的边界，使养老服务供给责任更加清晰。

一是明确了政府有保障基本养老服务的责任。2013年9月，《若干意见》明确提出了"坚持保障基本"的原则，提出"确保人人享有基本养老服务"。2019年4月，《国务院办公厅关于推进养老服务发展的意见》（国办发〔2019〕5号）（以下简称《2019意见》）中提出，"确保到2022年在保障人人享有基本养老服务的基础上，有效满足老年人多样化、多层次养老服务需求"，再次明确了政府保障基本养老服务的责任。

二是明确了市场在养老服务资源配置中起决定性作用。《若干意见》提出，"充分发挥市场在资源配置中的基础性作用"，这一文件出台在党的十八届三中全会之前，所以沿用了之前的提法，仍然强调的是市场起基础性作用，但实际上在党的十八届三中全会以后，已经明确了在养老服务资源配置中，市场也要起决定性作用。2015年2月，《民政部 发展改革委 教育部 财政部 人力资源社会保障部 国土资源部 住房城乡建设部 国家卫生计生委 银监会 保监会关于鼓励民间资本参与养老服务业发展的实施意见》（民发〔2015〕33号）（以下简称《2015意见》）中明确提出该文件的出台就是为了落实《若干意见》精神，充分发挥市场在资源配置中的决定性作用。《2015意见》提出了鼓励民间资本参与居家和社区养老服

务、鼓励民间资本参与机构养老服务、支持民间资本参与养老产业发展等一系列充分发挥市场机制、鼓励社会力量参与养老服务供给的措施。

三是明确了养老服务供给方式多元化。供给方式的多元化是养老服务供给由多主体承担、采用多样化的形式提供，特别是政府尽量减少直接提供养老服务，而是更多依赖各类社会主体。政府购买服务是一个典型例子，政府不参与服务的供给，但可通过购买服务的形式履行基本养老责任。公办养老机构改革是另一个例子，2013年12月，《民政部关于开展公办养老机构改革试点工作的通知》（民函〔2013〕369号）中提出"推行公办养老机构公建民营"。2016年12月，《国务院办公厅关于全面放开养老服务市场提升养老服务质量的若干意见》（国办发〔2016〕91号）（以下简称《2016意见》）再次要求加快公办养老机构改革，明确要求到2020年政府运营养老床位数占比在当地养老床位总数中不超过50%，鼓励社会力量通过各种形式参与公办养老机构改革。近年来，这项工作一直在推进，这实际上是改变了以往政府通过公办养老机构直接提供养老服务的做法，尝试推动养老服务供给多元化。2020年12月，《国务院办公厅关于促进养老托育服务健康发展的意见》（国办发〔2020〕52号）（以下简称《2020意见》）再次强调要扩大多方参与、多种方式的服务供给。

（二）全面开放养老服务市场，增加养老服务供给

要增加养老服务供给，关键是要推动市场开放，让更多社会主体参与进来。《2016意见》对全面开放养老服务市场提出了明确要求，在多个方面对开放市场进行了明确规定。

一是降低准入门槛。设立营利性养老机构，应按"先照后证"的简化程序执行，在工商行政管理部门办理登记后，在辖区县级以上人民政府民政部门申请设立许可。在民政部门登记的非营利性养老机构，可以依法在其登记管理机关管辖范围内设立多个不具备法人资格的服务网点。非本地投资者举办养老服务项目与当地投资者享受同等政策待遇，当地不得以任何名目对此加以限制。

二是放宽外资准入。在鼓励境外投资者在华举办营利性养老机构的基础上，进一步放开市场，鼓励境外投资者设立非营利性养老机构，其设立的非营利性养老机构与境内投资者设立的非营利性养老机构享受同等优惠政策。

三是精简行政审批环节。全面清理、取消申办养老机构的不合理前置审批事项，优化审批程序，简化审批流程。申请设立养老服务类社会组织，符合直接登记条件的可以直接向民政部门依法申请登记，不再经由业务主管单位审查同意。支持新兴养老业态发展，对于养老机构以外的其他提供养老服务的主体，鼓励其依法办理法人登记并享受相关优惠政策。

《2019意见》再次强调全面落实外资举办养老服务机构国民待遇。明确境外资本在内地通过一定形式参与发展养老服务和政府兜底保障对象的，同等享受相关待遇和政策。这一系列政策通过降低准入门槛、放宽外资准入和精简行政审批环节等措施可以让更多的主体参与到养老服务供给之中，提升养老服务供给能力，优化供给结构，改善服务质量，繁荣养老服务市场，更好满足老年人的养老服务需求。

（三）大力发展社区服务，弥补服务体系短板

在社会养老服务体系建设中，社区养老服务是关键一环，既决定了居家养老服务的质量，也影响着机构养老服务需求。但长期以来，中国社区养老服务十分薄弱，是养老服务体系中的明显短板。近年来，为弥补这一短板，也出台了一些促进社区养老服务发展的政策措施。

一是提出了明确的社区养老服务发展目标。在《若干意见》中明确提出了2020年的社区服务发展目标。包括两个全覆盖：基本养老服务（生活照料、医疗护理、精神慰藉、紧急救援等）对所有居家老年人实现全覆盖；基本养老服务设施（符合标准的日间照料中心、老年人活动中心等）对所有城市社区实现全覆盖。

二是明确了社区养老服务的发展方向和支持政策。在2017年发布的《"十三五"国家老龄事业发展和养老体系建设规划》中提出要夯实居家社区养老服务基础。强调要支持社区对独居、空巢老年人家庭定期上门巡访；支持城乡社区发挥服务桥梁作用，建立社区综合信息平台，加强居家养老服务信息汇集、对接，提高服务针对性和专业化。2019年《政府工作报告》强调，要大力发展养老特别是社区养老服务业，对在社区提供日间照料、康复护理、助餐助行等服务的机构给予税费减免、资金支持、水电气热价格优惠等扶持。《中华人民共和国国民经济和社会发展第十四个五年规划和二〇三五年远景目标纲要》强调要完善社区居家养老服务网络，推进公共设施适老化改造，推动专业机构服务向社区延伸，整合利用存量资源发展社区嵌入式养老。

三是开展了多批居家和社区养老服务试点。自2016年开始，民政部和财政部已经连续多年进行居家和社区养老服务改革试点。试点目标是，通过中央资金引导，鼓励地方加大政策创新和资金投入力度，统筹各类资源，优化发展环境，逐步认识和把握居家和社区养老服务发展的规律，形成一批服务内容全面覆盖、社会力量竞争参与、人民群众普遍认可的居家和社区养老服务成功经验，形成比较完备的居家和社区养老服务发展环境和推动机制，鼓励其他地区借鉴应用，快速提高中国居家和社区养老服务发展能力和水平，切实增强人民群众的获得感。

（四）强化创新驱动，支持新型养老模式发展

近年来，为贯彻落实党的十八大以来的新发展理念，养老服务发展领域在积极推动创新发展，出台了一系列措施支持新型养老模式发展，尤其是在推动智慧养老方面表现尤为明显。智慧养老是将互联网、人工智能、物联网等新技术应用于养老的新模式，近年来政策的推动有以下几个表现。

一是提出了智慧养老产业发展目标。2017年2月，《工业和信息化部　民政部　国家卫生计生委关于印发〈智慧健康养老产业发展行动计划（2017—2020年）〉的通知》（工信部联电子〔2017〕25号）提出：到2020年，基本形成覆盖全生命周期的智慧健康养老产业体系；健康管理、居家养老等智慧健康养老服务基本普及，智慧健康养老服务质量效率显著提升；智慧健康养老产业发展环境不断完善，信息安全保障能力大幅提升等目标。为落实行动计划，同年7月，三部门还制定了《智慧健康养老产品及服务推广目录（2018年版）》。

二是实施"互联网+养老"行动。在2017年2月印发的《"十三五"国家老龄事业发展和养老体系建设规划》中已经明确提出实施"互联网+"养老工程。提出支持社区、养老服务机构、社会组织和企业利用物联网、移动互联网和云计算、大数据等信息技术，开发应用智能终端和居家社区养老服务智慧平台、信息系统、APP应用、微信公众号等，重点拓展远程提醒和控制、自动报警和处置、动态监测和记录等功能，规范数据接口，建设虚拟养老院。《2019意见》强调要实施"互联网+养老"行动，推动智慧健康养老产业发展，拓展重点信息技术应用，制定产品及服务推广目录，开展试点示范，建设"智慧养老院"。《2020意见》再次强调发展"互联网+养老服务"，充分考虑老年群体使用感受，研究开发适老化智能产品，简化应用程序使用步骤及操作界面，引导帮助老年人融入信息化社会，创新"子女网上下单、老人体验服务"等消费模式，鼓励大型互联网企业全面对接养老服务需求，支持优质养老机构平台化发展，培育区域性、行业性综合信息平台。

三是开展了多批智慧健康养老应用试点示范。2017年工业和信息化部办公厅、民政部办公厅、国家卫生计生委办公厅等联合发文启动了智慧健康养老应用试点示范，希望通过试点支持建设一批示范企业、示范街道（乡镇）、示范基地，推动智慧健康养老产品和服务的提供与应用。智慧健康养老应用试点示范具体内容包括：支持建设一批示范企业，包括能够提供成熟的智慧健康养老产品、服务、系统平台或整体解决方案的企业；支持建设一批示范街道（乡镇），包括应用多类智慧健康养老产品，为辖区内居民提供智慧健康养老服务的街道或乡镇；支持建设一批示范基地，包括推广智慧健康养老产品和服务、形成产业集聚效应和示范带动作用的地级或县级行政区。

（五）推动医养结合，破解养老服务发展困局

医养相结合是中国养老服务体系建设的目标之一。但长期以来，医养割裂成为养老服务发展的瓶颈，为突破这一困局，近年来大量政策出台，有力推动了医养结合的发展。

一是对医养结合进行了系统的顶层设计。2015年11月，《国务院办公厅转发卫生计生委等部门关于推进医疗卫生与养老服务相结合指导意见的通知》（国办发〔2015〕84号）提出：到2020年，符合国情的医养结合体制机制和政策法规体系基本建立，医疗卫生和养老服务资源实现有序共享，覆盖城乡、规模适宜、功能合理、综合连续的医养结合服务网络基本形成，基层医疗卫生机构为居家老年人提供上门服务的能力明显提升。所有医疗机构开设为老年人提供挂号、就医等便利服务的绿色通道，所有养老机构能够以不同形式为入住老年人提供医疗卫生服务，基本适应老年人健康养老服务需求。同时提出了建立健全医疗卫生机构与养老机构合作机制，支持养老机构开展医疗服务，推动医疗卫生服务延伸至社区、家庭，鼓励社会力量兴办医养结合机构，鼓励医疗卫生机构与养老服务融合发展等一系列重点任务及完善投融资和财税价格政策、加强规划布局和用地保障等保障措施，对医养结合进行了系统的制度设计。

二是简化医养结合机构登记审批程序。2016年4月，《民政部 卫生计生委关于做好医养结合服务机构许可工作的通知》（民发〔2016〕52号）规定：申办人拟举办医养结合服务机构的，民政、卫生计生部门应当在接到申请后，按照首接责任制原则，及时根据各自职责办理审批，不得将彼此审批事项互为审批前置条件，不得互相推诿。2017年11月，《国家卫生计生委办公厅关于养老机构内部设置医疗机构取消行政审批实行备案管理的通知》（国卫办医发〔2017〕38号）要求，养老机构内部设置诊所、卫生所（室）、医务室、护理站，取消行政审批，实行备案管理。2019年5月，国家卫生健康委办公厅等4部门联合发布了《关于做好医养结合机构审批登记工作的通知》（国卫办老龄发〔2019〕17号）为了深化医疗和养老服务

"放管服"改革，优化医养结合机构审批流程和环境，进一步促进医养结合发展，对养老机构设立医疗机构、医疗机构设立养老机构的程序进行了明确的规定。

三是实施了医养结合试点。2017年5月，国家卫生计生委办公厅、民政部办公厅发布了《关于遴选国家级医养结合试点单位的通知》（国卫办家庭函〔2016〕511号），正式启动了医养结合试点。希望通过开展医养结合工作试点，促进试点地区先行先试，积极探索，率先构建起覆盖城乡、规模适宜、功能合理、综合连续的医养结合服务网络，探索建立符合国情的医养结合体制机制，出台一批可持续、可复制的体制机制和创新成果，创新医养结合管理机制和服务模式，为全国医养结合工作提供示范经验。

（六）加大扶持力度，降低服务供给成本

降成本不仅是养老服务业发展的必然要求，而且也是当前养老服务业供给侧结构性改革的一项具体要求。近年来，在降低养老服务供给成本方面出台的一系列政策基本上是在落实《若干意见》提出的政策框架，内容涉及多个方面。在完善投融资政策方面，内容涉及安排财政性资金、金融产品和服务方式创新、加大有效信贷投入、加强信用体系建设、鼓励和支持保险资金投资、地方政府发行债券支持养老服务设施建设等方面。在完善土地供应政策方面，主要包括将养老服务设施建设用地纳入城镇土地利用总体规划和年度用地计划、民办非营利性机构与公办机构土地使用政策相同、营利性机构建设用地优先保障供应，等等。在完善税费优惠政策方面，涉及不同情形下的免征营业税、免征房产税、城镇土地使用税、免征企业所得税、减免行政事业费，养老机构用电、用水、用气、用热按居民生活类价格执行，等等。在完善补贴支持政策方面，提出建立经济困难的高龄、失能等老年人补贴制度；采用多种方式，支持社会力量开展养老服务；对彩票公益金用于支持发展养老服务业发展提出具体要求；等等。在完善人才培养和就业政策方面，提出要加快培养专业人才，制定优惠政策，鼓励从事养老服务工作；加强老年护理人员专业培训，对符合条件的从业人员给予补贴;加强劳动保护和职业防护,提高职工工资福利待遇;等等。在鼓励公益慈善组织支持养老服务方面,提出引导公益慈善组织重点参与养老机构建设、产品开发和服务提供;积极发展公益慈善组织和志愿组织;等等。这一政策框架成为后续各项政策文件中出台相关政策的重要依据,为降低养老服务供给成本奠定了较好的基础。《2020意见》要求,各地要建立工作协同机制,加强部门信息互通共享,确保税费优惠政策全面、及时惠及市场主体。

(七) 加强市场监管,提升养老服务质量

养老服务供给不仅存在总量不足的问题,而且还存在质量不高的问题。在养老服务准入门槛降低的情况下,加强市场监管、提升养老服务质量就显得尤为重要。近年来,养老服务政策在这方面也加大了力度,对优化市场环境、提升服务质量起到了积极的推动作用。

一是加强服务监管和行业自律。《2016意见》强调,各地要建立健全民政部门和相关部门协同配合的监管机制,加强对养老机构运营和服务的监管。严禁以举办养老机构名义从事房地产开发,严禁利用养老机构的房屋、场地、设施开展与养老服务无关的活动,严禁改变机构的养老服务性质。做好养老服务领域非法集资信息监测和分析工作,做好政策宣传和风险提示工作。对养老服务中虐老欺老等行为,对养老机构在收取保证金、办理会员卡和发行金融产品等活动中的违法违规行为,要依法严厉查处。加强养老设施和服务安全管理,建立定期检查机制,确保老年人人身安全。同时,加强行业信用建设。建立覆盖养老服务行业法人、从业人员和服务对象的行业信用体系。建立健全信用信息记录和归集机制,加强与全国信用信息共享平台的信息交换和共享,通过企业信用信息公示系统向社会公示相关企业的行政许可、行政处罚等信息。引入第三方征信机构,参与养老行业信用建设和信用监管。建立多部门、跨地区的联合奖惩机制,将信用信息作为各项支持政策的重要衡量因素,对诚实守信者在政府购买服务、债券发行等方面实行优先办理、简化程序等绿色通道支持激励政策,建立养老服务行业黑名单制度和市场退出机制,加强行业自律和监管。

二是出台了机构养老服务的国家标准。2017年国家质检总局、国家标准委发布了《养老机构服务质量基本规范》（GB/T 35796—2017）并开始实施。《养老机构服务质量基本规范》规定了养老机构服务的基本服务项目、服务质量基本要求、管理要求等内容，是养老机构服务质量管理首个国家标准，标志着全国养老机构服务质量迈入标准化管理的时代。

三是开展了养老院服务质量建设专项行动。2017年3月，《民政部等六部门印发关于开展养老院服务质量建设专项行动的通知》（民发〔2017〕51号）正式启动了养老院服务质量建设专项行动。其主要目的是通过专项行动解决养老院服务质量建设中的重大问题，提升养老服务质量。随该文件还下发了《养老院服务质量大检查指南》，提出了115项检查内容，是对养老机构服务质量检查、评分的工具。党的十九届五中全会更是明确提出要"健全养老服务综合监管制度"，这必将推动新的养老服务质量监管出台。

四是建立健全养老服务综合监管制度。2020年12月，《国务院办公厅关于建立健全养老服务综合监管制度促进养老服务高质量发展的意见》（国办发〔2020〕48号）就建立健全养老服务综合监管制度确定了三方面政策措施：一是从加强质量安全监管、加强从业人员监管、加强涉及资金监管、加强运营秩序监管、加强突发事件应对五个方面明确了监管重点。二是从强化政府主导责任、压实机构主体责任、发挥行业自律和社会监督作用等方面强调了各方监管责任。三是从加强协同监管、加强信用监管、加强信息共享、发挥标准规范引领作用等方面强调了监管方式创新。同时明确了养老服务综合监管相关部门职责分工。

（八）开展长期护理保险制度试点，探索护理责任分担新模式

长期护理保险制度是利用社会保险制度让社会成员分担长期护理负担的一种制度设计，在日本、德国、韩国以及中国台湾地区等人口老龄化较为严重的国家和地区均有采用，是应对人口老龄化的一项制度选择。2016年6月，《人力资源社会保障部办公厅关于开展长期护

理保险制度试点的指导意见》（人社厅发〔2016〕80号）（以下简称《意见》）决定在15个城市开展长期护理保险制度试点，并对试点相关工作做了部署。《意见》对开展长期护理保险试点的指导思想和基本原则、目标和任务、基本政策、管理服务等做了规定。要求相关地方按照以人为本、基本保障、责任分担、因地制宜、机制创新、统筹协调的基本原则，探索建立长期护理社会保险制度，为长期失能人员的基本生活照料和与基本生活密切相关的医疗护理提供资金或服务保障。希望利用1—2年试点时间，积累经验，探索适应中国社会主义市场经济体制的长期护理保险制度政策体系，以及相应的标准体系、服务规范和管理办法。试点以来几十个城市自愿进入了试点的行列①。

2020年9月，《国家医保局 财政部关于扩大长期护理保险制度试点的指导意见》（医保发〔2020〕37号）（以下简称《指导意见》），新增14个试点城市（区），探索建立以互助共济方式筹集资金、为长期失能人员的基本生活照料和与之密切相关的医疗护理提供服务或资金保障的社会保险制度，力争在"十四五"时期，基本形成适应中国经济发展水平和老龄化发展趋势的长期护理保险制度政策框架，推动建立健全满足群众多元需求的多层次长期护理保障制度。《指导意见》要求，试点阶段从职工基本医疗保险参保人群起步，重点解决重度失能人员基本护理保障需求，优先保障符合条件的失能老年人、重度残疾人。有条件的地方可随试点探索深入，综合考虑经济发展水平、资金筹集能力和保障需要等因素，逐步扩大参保对象范围，调整保障范围。此外，《指导意见》对资金筹集、待遇支付、管理服务和组织实施等也进行了相应的安排。

（九）优化养老社会环境，消除智能技术利用障碍

社会环境是养老服务利用的重要影响因素，构建良好的社会环境是促进养老服务利用、提高老年人生活质量的重要保障。党的十九大

---

① 郑秉文：《从"长期照护服务体系"视角分析长期护理保险试点三周年成效》，《中国人力资源社会保障》2019年第9期。

报告中明确提出,"积极应对人口老龄化,构建养老、孝老、敬老政策体系和社会环境"。2019年11月发布的《国家积极应对人口老龄化中长期规划》将"构建养老、孝老、敬老的社会环境"作为应对人口老龄化的五项具体任务之一。党的十八大以来,优化养老服务利用社会环境方面的主要举措有以下几个方面。

一是加强老年权益保障法制建设,在全社会营造养老、孝老、敬老的法治环境和社会氛围。党的十八大以来,已经三次修订(或修正)《中华人民共和国老年人权益保障法》(以下简称《老年人权益保障法》),通过修法进一步明确了老年人的基本权利,并在全社会形成了广泛参与和讨论,有力推动了养老、孝老、敬老的社会环境建设。2012年12月28日修订的《老年人权益保障法》总则中规定,国家建立和完善以居家为基础、社区为依托、机构为支撑的社会养老服务体系。《老年人权益保障法》增加了社会服务一章,规定政府和有关部门、基层群众性自治组织等,要发展城乡社区养老服务,建立适应老年人需要的各类服务设施和网点,为居家老人提供生活照料、紧急救援、医疗护理等服务。《老年人权益保障法》还新增了宜居环境一章,从城乡规划、无障碍建设、宜居社区建设等方面提出明确要求,力求为老年人提供安全、便利、舒适的环境。还有设立老年节,倡导全社会优待老年人,关心老年人精神需求等。这些规定都体现了在全社会营造养老、孝老、敬老的法治环境和社会氛围的价值导向。2015年和2018年又两次修正《老年人权益保障法》,以及2020年通过的《中华人民共和国民法典》都进一步明确加强了对老年人权益的保障,推动了养老、孝老、敬老的社会环境建设。

二是积极推动老年宜居环境建设,建设老年友好型社会。2016年11月,全国老龄办、发展改革委等25部门联合印发了《关于推进老年宜居环境建设的指导意见》(全国老龄办发〔2016〕73号),要求到2025年,安全、便利、舒适的老年宜居环境体系基本建立,"住、行、医、养"等环境更加优化,敬老养老助老社会风尚更加浓厚,并提出今后一个时期老年宜居环境建设的重点任务是建设适老居住、出行、就医、养老等的物质环境和包容、支持老年人融入社会的文化环境，并提出了推进老年人住宅适老化改造、支持适老住宅建设等17项具体措施。2020年12月，国家卫生健康委和全国老龄办印发了《关于开展示范性全国老年友好型社区创建工作的通知》（国卫老龄发〔2020〕23号）（以下简称《通知》），决定在全国开展示范性老年友好型社区创建工作。《通知》要求，到2025年，在全国建成5000个示范性城乡老年友好型社区，到2035年，全国城乡实现老年友好型社区全覆盖。《通知》提出了改善老年人的居住环境、方便老年人的日常出行、提升为老年人服务的质量、扩大老年人的社会参与、丰富老年人的精神文化生活、提高为老服务的科技化水平六项工作任务。

三是有针对性地解决老年数字鸿沟问题，促进老年人更好融入数字社会。2020年11月印发了《国务院办公厅印发关于切实解决老年人运用智能技术困难实施方案的通知》（国办发〔2020〕45号）（以下简称《2020通知》），力图有效解决老年人在运用智能技术方面遇到的困难，让广大老年人更好地适应并融入智慧社会。《2020通知》要求，到2020年底前，集中力量推动各项传统服务兜底保障到位，抓紧出台实施一批解决老年人运用智能技术最迫切问题的有效措施，切实满足老年人基本生活需要。到2021年底前，围绕老年人出行、就医、消费、文娱、办事等高频事项和服务场景，推动老年人享受智能化服务更加普遍，传统服务方式更加完善。到2022年底前，老年人享受智能化服务水平显著提升、便捷性不断提高，线上线下服务更加高效协同，解决老年人面临的"数字鸿沟"问题的长效机制基本建立。同时，《2020通知》提出了做好突发事件应急响应状态下对老年人的服务保障、便利老年人日常交通出行、便利老年人日常就医、便利老年人日常消费、便利老年人文体活动、便利老年人办事服务、便利老年人使用智能化产品和服务应用七大重点任务和20条具体措施，并落实了部门分工。

三 党的十八大以来养老服务政策变化的主要特点

(一) 在政策定位上,由强调发展老龄事业转变为老龄事业和产业协同发展

党的十八大以来,养老服务政策在定位上出现了明显的转变,那就是从发展老龄事业逐渐明确为兼顾发展老龄事业和产业。在党的十八大以前,关于促进养老服务发展的政策基本上是在老龄事业的框架下展开的。如在"十二五"规划过程中,关于养老服务的相关规划内容都纳入在2011年国务院印发的《中国老龄事业发展"十二五"规划》中。2012年召开的党的十八大则明确提出"大力发展老龄服务事业和产业",显示开始将老龄事业和产业并重。《若干意见》的发布更是一个要大力发展老龄产业的明确信号。到"十三五"规划时,关于养老服务的规划名称改为《"十三五"国家老龄事业发展和养老体系建设规划》,这一修改表明,老龄事业不能完全涵盖养老服务内容,在事业之外还有产业发展问题。在2017年10月召开的党的十九大进一步强调"积极应对人口老龄化,构建养老、孝老、敬老政策体系和社会环境,推进医养结合,加快老龄事业和产业发展"。这些重大政策信号表明,从政策定位上,养老服务不再只是一个老龄事业内的范畴,而是既包含了事业也包含了产业。政策定位的转变不仅意味着政策内容的丰富,还意味着政策影响面的扩大。由于这一转变,这一时期政策密集出台,明显强调了养老服务的多层次性、供给主体的多元性、供给方式的多样性。党的十九届五中全会进一步强调"推动养老事业和养老产业协同发展",不仅要求将老龄事业和产业并重,而且要求相互协调、协同发展。

(二) 在政策目标上,由保重点人群转变为保基本服务

政策定位的变化也带来了政策目标的转变。在党的十八大以前,尽管也强调了社会养老服务体系建设,甚至还制定了相关的规划,但出台的具体政策并不多,养老服务政策更为关注城市"三

无"和农村"五保"等重点人群的养老服务供给问题。这一点与政策定位为发展老龄事业有关，在发展老龄事业的政策环境下，政府考虑更多的是养老服务的公益性问题，在有限的资源下首先要保障重点人群的养老服务供给。在政策定位转变为发展老龄事业和产业以后，养老服务保障范围也明显扩大，从重点人群扩大至全体老年人，保障内容也逐渐明确为基本养老服务，实现了从保重点人群向保基本服务的转变。从《若干意见》明确提出了"坚持保障基本"原则和"确保人人享有基本养老服务"，到《2019意见》提出"确保到2022年在保障人人享有基本养老服务"，都体现了养老服务政策目标已经转移到保障基本服务上。政策目标的转变意味着在公益性的基础上增加了普惠性，养老服务政策要惠及所有老年人，而非仅仅是重点人群。2019年2月，发展改革委、民政部、卫生健康委联合印发《城企联动普惠养老专项行动实施方案（试行）》（发改社会〔2019〕333号）明确强调了"普惠导向""支持面向社会大众的普惠性养老项目，为老年人群体提供成本可负担、方便可及的养老服务"。党的十九届五中全会明确要求"健全基本养老服务体系，发展普惠型养老服务和互助型养老"，再次明确了保基本服务的基本政策目标。

（三）在政策重点上，由侧重扶持机构转变为促进居家社区机构相协调

中国社会养老服务体系在提出之初就抓住了居家、社区和机构这三个重要场所在养老中的重要作用，养老服务体系建设的目标往往围绕这三者之间的关系而展开。但是，尽管早在2006年《国务院办公厅转发全国老龄委办公室和发展改革委等部门关于加快发展养老服务业意见的通知》（国办发〔2006〕6号）中就明确提出了"逐步建立和完善以居家养老为基础、社区服务为依托、机构养老为补充的服务体系"。实际上，在党的十八大以前，主要的扶持政策基本上聚焦在机构养老上，对于发挥居家养老的基础作用和发展社区养老服务鲜有具体政策支持。党的十八大以来，这一状况逐渐

改观，在推进国民经济的供给侧结构性改革过程中，补短板成为结构性改革的一项重要内容，社区养老服务作为养老服务供给侧的明显短板，受到了极大关注。不但明确了社区养老服务发展的目标，而且提出了一系列支持措施，并开展了多轮试点，有力推动了社区养老服务的发展。政策重点已经不是仅仅侧重于支持养老机构建设和运营，而是要统筹考虑整个养老服务体系的协调发展问题，在发展养老机构的同时还必须大力发展社区养老服务，为居家养老创造良好条件。在党的十九届四中、五中全会的报告中，明确将养老服务体系建设表述为"居家社区机构相协调"，这也为今后的政策重点提供了明确的指引。

（四）在政策内容上，由就养老论养老转变为推动医养康养相结合

养老与医疗健康密不可分，但是在中国建立社会养老服务体系的过程中，长期忽略了医疗健康服务与养老服务之间的密切关系，就养老论养老，最后导致医养分离，养老服务体系建设难以取得突破性进展。党的十八大以来，相关政策部门深刻意识到医养结合的重要性，不断出台促进医养结合的措施，从顶层设计到简化医养结合机构登记审批程序再到试点示范等逐步推动医养结合走向现实。同时，在社会养老服务体系中加入了医养相结合的特征。2016年5月，习近平总书记在中共中央政治局就中国人口老龄化的形势和对策举行第三十二次集体学习时强调，要积极发展养老服务业，推进养老服务业制度、标准、设施、人才队伍建设，构建居家为基础、社区为依托、机构为补充、医养相结合的养老服务体系，更好满足老年人养老服务需求。党的十九届四中全会进一步将"医养相结合"丰富为"医养康养相结合"，提出"积极应对人口老龄化，加快建设居家社区机构相协调、医养康养相结合的养老服务体系"。党的十九届五中全会再次强调"构建居家社区机构相协调、医养康养相结合的养老服务体系"。这些文件精神表明，政策内容已经从就养老论养老向推动医养康养相结合转变，反映了养老服务政策制定的视野更为开阔，不再局限在养老服务本身，而是延伸关注到养老及影响其质量的医疗健康服务问题，体现了系统思维和问题意识。

四　对进一步优化养老服务政策的建议

贯彻党的十九届四中、五中全会精神，"建设居家社区机构相协调、医养康养相结合的养老服务体系"需要长期艰巨的努力。展望未来，养老服务政策需要在以下几个方面继续发力。

（一）焦点转移，从顶层设计走向具体落实

综观党的十八大以来的养老服务政策及其实施过程，重顶层设计而轻具体落实的现象还比较普遍，严重影响了政策效果。在养老服务政策总体框架基本成型的前提下，下一步应该将工作的焦点更多转向推动政策的具体实施，让前期制定的各项政策落地。这既有利于维护政策的权威性，又有利于提升政策的有效性，更好地将养老服务政策红利释放出来。为此，必须系统梳理现有政策，总结实施情况，排除实施障碍，切实推动政策实施。要重点从两个方面推进这一工作：一方面是明确政策落实责任。要将落实不到位的政策内容和主要障碍，根据部门分工和职责划分，明确到具体政府部门，重点督促落实。不同层级政府应以责任清单的形式，明确各项养老政策实施的责任主体、落实形式和具体安排，确保每一项政策都有牵头负责单位、具体责任要求和落实时间表。同时，向社会公布责任清单，由社会监督政策实施情况，以推进实施进程和确保实施效果。另一方面是加强政策检查和评估。应该将检查和评估作为政策实施的一个必要环节和重要内容，抓住重要政策内容、重要时间节点对各地区的政策实施情况进行检查和评估。检查和评估的重点有两个：一是各地区的落实政策情况；二是政策的合理性和实施效果，前者在于推动政策落地，后者在于矫正政策执行偏差和完善后续政策设计。通过政策检查与评估，增强各部门在出台各领域政策时的

协调性，实现政策实施事前、事中和事后的统一[①]，使整个政策实施过程系统化，更好实现政策目标。要建立对政策实施不力的问责机制，要根据政策实施检查结果，对不落实或是消极落实政策的相关责任人及时问责，形成约束，增强相关责任人履职自觉性，确保切实履行政策落实责任。

（二）动能转换，进一步强化创新驱动

"创新是引领发展的第一动力。抓创新就是抓发展，谋创新就是谋未来。"当前，在各类支持政策密集出台的大环境下，中国养老服务发展仍然面临诸多困难，如资源紧张、人才匮乏、企业生存困难等，说明传统的养老服务发展模式存在较大的局限性。特别是未来面临经济减速、劳动力负增长等宏观因素的影响，养老服务发展中的企业普遍运营困难、护理人员严重不足等问题更是将长期存在。创新是打破这一困局的关键，只有通过创新扫除制约养老服务发展的各种障碍，营造一个有利于新技术应用和新业态发展的政策环境，才有可能实现突破，促进养老服务业的快速发展。为此，必须实现动能转换，积极落实创新发展理念，进一步强化创新驱动。一方面，要积极推动智慧养老新技术的研发和应用，要加快5G、物联网、人工智能、可穿戴设备等技术在养老服务领域的应用，通过新技术的应用实现资源整合、人力节省、服务便利、质量提升；另一方面，要加快养老新业态的培育。党的十九届五中全会明确提出"培育养老新业态"。培育养老新业态的关键是要相信民间智慧，鼓励社会力量大胆创新，探索新的养老服务发展模式。培养养老新业态可重点关注产业融合、资源整合、全产业链贯通、服务全过程管理等领域。

（三）关口前置，增强老年人自我养老能力

充分发挥老年人自身养老作用是解决中国养老问题的必然要求，

---

① 林宝：《养老服务供给侧改革：重点任务与改革思路》，《北京工业大学学报》（社会科学版）2017年第6期。

为此必须以增强老年人自我养老能力。在个体层面,要增强老年人自我养老能力。为此,必须提高老年人健康水平和自理能力,并为老年人提供良好的养老环境。根据国家卫生健康委员会的数据,2018年中国人均预期寿命与健康预期寿命之间相差8.3岁[①],意味着居民还有较长带病生存期,提高健康水平有很大潜力。要通过推进医养康养相结合,开展全民健康教育,促进健康知识普及和疾病预防,进而提高老年人健康水平,延长老年人自理时间和提高自理能力,缩短带病生存期和失能期,减少老年人对社会服务的依赖。还要通过家庭、社区和公共场所的无障碍环境建设,为老年人提供适老化的居家、社会生活环境;通过代际支持、老年教育和培训等帮助老年人掌握新技术和适应新环境,增强老年人的社会环境适应能力。在群体层面,要鼓励老年人之间的互助养老。目前中国的老年人口中,年轻老年人口仍然占有较大比重,未来几年60—64岁老年人口接近1亿,应充分利用这部分老年人力资源,优化制度设计,通过荣誉奖励、时间银行、设立公益岗位等措施鼓励老年人开展亲友互助、邻里互助、志愿服务,参与养老服务,实现老年人之间的互助养老。特别是在农村地区,年轻人大量外流,留守老人数量巨大,社会养老服务供给缺乏,更应该大力发展老年人之间的互助养老,应把互助养老作为解决农村养老服务的一种重要思路和途径加以支持,借鉴农村专业合作社的发展经验积极探索建立农村互助养老合作组织和互助养老模式,待成熟后可在更大范围内推广。

(四) 重心下沉,继续大力发展社区养老服务

社区服务在养老服务体系中发挥着关键作用,社区服务决定居家养老质量和影响机构养老需求。尽管党的十八大以来,在社区养老服务方面着力较多,但仍然难以满足广大老年人的实际需求,是养老服务体系中的薄弱环节。养老服务政策的重心要进一步下沉,继续大力

---

① 卫健委:《中国人均预期寿命77岁 健康预期寿命仅68.7岁》,中国新闻网,http://www.chinanews.com/gn/2019/07-29/8910350.shtml。

推动与老年人密切相关的社区养老服务,为居家养老创造条件,夯实养老服务体系的居家养老基础。首先,要开展社区养老服务机构和设施规范化建设。要通过加强社区养老服务设施建设,使社区普遍具备开展养老服务的基础条件;通过机构和设施建设,使社区服务可满足生活照料、医疗康复服务和中介服务等方面需求。其次,要进一步加强资产整合,增加社区养老服务资源。一是应加强利用闲置的楼堂馆所、办公用房、农村撤校后的小学校舍等,适当改造为社区养老服务机构和设施。通过闲置资产整合降低养老服务成本、优化养老服务资源配置,增加服务可及性。二是要加强现有社会服务资源整合。要充分利用网络的整合能力,利用好现有的餐饮、家政及其他生活服务资源为老年人提供养老服务,通过政府购买服务、财政补贴等措施引导相关企业提高服务的适老性,使其成为社区养老服务的重要补充和有机组成部分。最后,要进一步加大对社区养老服务的支持力度,应通过土地、财政、税收等方面的支持措施增加社会力量参与社区养老服务的积极性,丰富社区养老服务供给;加强社区养老服务人才培养和就业岗位支持。特别是应加强对农村社区养老服务业的支持,要积极引导各类社会力量参与农村养老服务,切实补上农村社区养老服务这块短板中的短板①。

(五)重点突破,尽快总结试点经验出台统一的长期护理保险制度

长期护理保险制度通过社会共济,可有效分担参保人的长期护理费用,从而降低服务使用人的支付负担,可快速提升老年人的支付能力和服务购买力,将极大促进养老服务需求的满足,带动养老服务业繁荣发展,是打通养老服务各环节的关键政策,对于应对人口老龄化和推动服务业发展具有积极的意义。目前,长期护理保险试点已经超过5年,不宜时间过长。这是因为:试点期过长会导致各地制度定型,造成制度分割,将来统一难度大;试点城市较少、覆盖范围有

---

① 林宝:《加快社区养老服务体系建设》,《中国国情国力》2019年第2期。

第二部分 举措分析篇

限,不能满足其他地区更多群众的长期护理需求。当前应该总结经验,尽快出台一个统一的福利性、普惠性和强制性长期护理保险制度,为国民提供标准化的基本护理保障。参考国际经验和试点经验,建议在参保对象上,以目前城镇职工基本医疗保险、城乡居民基本医疗保险的覆盖范围为基础,将大部分在职人员和全部老年人纳入参保范围;在资金筹措上,建立多源合一的筹资机制,以保险缴费为主要资金来源,以政府补贴和使用者负担为补充;在需求评估上,建立全国统一的护理需求分级和评估制度,统一评估老年人护理需求等级并以此确定服务标准;在保险给付上,根据不同情况采用实物支付、现金支付和混合支付等多种支付方式,实现支付效用最大化[1]。在制度起步阶段,考虑长期护理保险将节约部分医疗康复费用,可以考虑从医疗保险基金中划拨部分资金,还可以从国有资产中划拨部分资金。考虑到中国"未富先老"的现实,长期护理保险可以从低水平起步,坚持宽费基、严受益的原则,先把制度建立起来,解决最为亟须的失能老人的护理保障问题,然后再根据社会经济发展条件和人口状况变化进行调整和完善[2]。

---

[1] 林宝:《对中国长期护理保险制度模式的初步思考》,《老龄科学研究》2015年第5期。
[2] 林宝:《中国长期护理保险筹资水平的初步估计》,《财经问题研究》2016年第10期。

第六章 推进医养结合的新举措及建议[*]

人口平均预期寿命延长与自理能力下降紧密联系，即老龄化与失能化往往同时发生[①]，老年人的健康与养老服务需求不断提高。从各个国家应对人口老龄化的经验来看，适应老年人多样化需求、推进以人为本的综合性、连续性服务，已成为老龄化先行国家应对人口老龄化的主要举措。因此，利用政策创新与模式创新，实现医疗和养老资源的有效整合，推动"医养结合"服务体系的建设，已经成为新形势下中国积极应对老龄化、满足老年人群美好生活的重要举措[②]。近年来，在"健康中国"和积极应对人口老龄化国家战略的背景下，医养结合政策密集出台，医养结合模式不断创新，渐成体系。

一 医养结合政策密集出台的现实背景

（一）老龄社会背景下人的需求更加多元

不断提高的人口老龄化与持续较低的生育水平表明，中国将在较长一段时期内处于快速发展的老龄社会已成为基本国情。这一基本国情

---

[*] 本章作者为王莉莉。作者简介：王莉莉，研究员，中国老龄科学研究中心老龄经济与产业研究所副所长，研究方向为老龄政策、老龄服务、老龄产业。

[①] 谷应雯、尚越：《中国失能老人照护模式选择及其影响因素分析——基于非正式照护与正式照护的关系》，《卫生经济研究》2021年第1期。

[②] 郝晓宁、薄涛、塔娜、刘志：《我国医养结合的展望和思考》，《卫生经济研究》2016年第11期。

第二部分　举措分析篇

对中国政治、经济、社会、文化的影响是全面、深入且持久的，具体在服务供给方面，则更加复杂与多元。日益增长的老年人群在规模不断扩大，需求不断增加的同时，也面临着需求层次的变化与升级。对于中高龄老年人群来讲，健康、医疗、康复、护理等服务已经成为刚性需求，他们不仅需要生活照料、长期护理，对医疗卫生服务的需求也更加强烈。而对于低龄老年人，或者即将进入老年期的准老年人来讲，他们在筹谋晚年生活时，更加需要的是健康管理、疾病预防、慢性病管理等服务，他们对于老年生活的品质需求更高，对相关医疗卫生服务的需求更加多元。因此，早在2011年国务院印发的《中国老龄事业发展"十二五"规划》中，就明确提出要"推进养护、医护型养老机构建设"，即已经开始在老龄服务中强调医疗和养老的服务结合。

（二）医疗与养老服务的融合发展与供给是必然趋势

从供给端来看，为了满足人们老年期的医疗、养老服务需求，目前中国老年健康服务与养老服务都在快速发展。一方面，医疗结构在开展养老服务方面"捉襟见肘"。许多医疗机构本身业务工作繁忙，无力开展养老服务，而老年人长期住院造成的"压床"现象也会造成医疗资源的过度占用与浪费，他们亟须向专业的长期照料机构分流"压床患者"，以提高病床的周转率和机构效益。另一方面，养老机构在提供医疗服务方面却"有心无力"。对于大部分养老机构，特别是中小型养老机构来讲，拥有专业的医疗设施与医护人员队伍是需要投入较大成本，且存在一定实际困难的，大部分医护人员去养老机构工作的意愿并不强烈。同时，养老机构对专业性的医疗卫生服务指导以及医保定点的需求日益强烈。因此，在老龄社会不断发展、老年人口的医疗、照料、康复需求日益增长的背景下，医疗与养老服务资源的融合发展已经成为大势所趋。

（三）"医养结合"是健康中国战略下积极应对人口老龄化的重要内容

根据以往学者的研究，目前中国老年人口的残障期正在不断扩张，功能缺损寿命在余寿中的比重不断扩大，从而使老年人对照料和护理的需求进一步增大。同时，伴随着老龄化程度的不断加深和老年人口数量的不断提高，中国人口的疾病谱系也在发生着重大的变化，已经开始由传染性疾病为主的模式转向以慢性病为主的模式。根据中国老龄科学研究中心2015年"中国城乡老年人口生活状况抽样调查"的数据显示，中国城市老年人当中患有慢性病的比例高达82.0%，农村老年人患有慢性病的比例则高达83.4%，同时患有两种及以上慢性病的老年人比例达50.5%，在80岁及以上老年人中，患有一种及以上慢性病的比例高达88.3%[1]。疾病谱系的变化，使老年人健康管理、疾病预防、康复护理等方面的服务需求不断提高，医疗费用开支不断膨胀，这已经成为大多数国家面临的现实问题。因此，健康国家战略已经成为世界发展趋势，中国也于2016年10月25日发布了《"健康中国2030"规划纲要》，提出了普及健康生活、优化健康服务、完善健康保障、建设健康环境、发展健康产业五个方面的战略任务。其中，医养结合已成为其中的重要内容之一。

二 医养结合政策的发展脉络

中国的医养结合政策体系是伴随着中国老龄化进程而逐渐完善的，总体来看，中国的医养结合政策前后大致经历了四个阶段。

（一）酝酿萌芽阶段

随着人口老龄化程度的不断加深，老年人照料和护理问题日渐突出。在家庭养老功能日渐式微的背景下，为了满足人民群众日益增长的养老服务需求，中国于2011年提出了加快建立以居家为基础、社

---

[1] 陈俊聪等：《老年人健康管理现状及对互联网+老年健康管理App的使用意向调查与分析》，《中国医药导报》2020年11月25日。

区为依托、机构为支撑的社会养老服务体系①。2011年12月印发了《社会养老服务体系建设规划（2011—2015年）》，提出机构养老要具备为老年人提供突发性疾病和其他紧急情况的应急处置救援服务能力，鼓励老年养护机构中内设医疗机构，并提出重点推进医护型养老设施建设。紧接着，国务院办公厅又印发了《社区服务体系建设规划（2011—2015年）》，指出开展面向全体社区居民的包含医疗卫生在内的服务项目，满足老年人、残疾人等社会全体的服务需求，开展老年人保健服务。

事实上，中国对于医养结合政策的发展，是伴随着我们国家人口老龄化的过程中，对于老年人养老和医疗服务需求的不断深化认识中发展起来的。从2011年国务院办公厅出台的这两个规划来看，尽管在规划中没有明确提出医养结合的概念，但事实上，在服务内容方面已经开始涉及养老、医疗、康复等服务的融合，医养结合的理念已经处于萌芽状态。

（二）正式确立阶段

"十二五"时期，中国社会养老服务体系初步建立，老龄事业和产业取得快速发展。但同时，老龄服务市场化不足、供需失衡等问题也日益明显。同时，对医疗健康、康复护理、长期照护等服务的需求不断增加，养老与医疗服务的融合发展呼声日益强烈。在此背景下，2013年9月《国务院关于加快发展养老服务业的若干意见》（国发〔2013〕35号）明确提出将"积极推进医疗卫生与养老服务相结合"作为养老服务业发展的六大主要任务之一，成为中国医养结合政策的原点。同年10月，《国务院关于促进健康服务业发展的若干意见》（国发〔2013〕40号）明确提出要"推进医疗机构与养老机构等加强合作"，并提出应在养老服务中充分融入健康理念。

至此，中国的医养结合政策正式确立。体现在政策内容上，由原来单一的养老服务转变为鼓励养老机构内设医疗机构，统筹养老与医

---

① 张涛等：《我国医养结合政策发展历程分析》，《中国医院》2018年第6期。

疗服务资源，加强养老与医疗机构之间的合作，并鼓励多种形式的医养结合服务探索与创新。对于医养结合的概念与认识有了进一步发展，政策内容进一步细化，具体措施进一步明确，对于实际医养结合工作的指导有了进一步的提高。

（三）加速发展阶段

在这一阶段，随着中国老龄化程度的不断提高，老年人的养老、医疗、康复与护理服务需求进一步加大，对医养结合服务的呼声也逐渐增大。因此，国家密集出台了一系列促进医养结合服务发展的政策。2014年9月，国家发展改革委等9个部门共同印发《关于加快推进健康与养老服务工程建设的通知》（发改投资〔2014〕2091号），明确指出养老服务体系包括社区老年人日间照料中心、老年养护院、养老院和医养结合服务设施、农村养老服务设施4类项目。2015年3月，《国务院办公厅关于印发全国医疗卫生服务体系规划纲要（2015—2020年）的通知》（国办发〔2015〕14号）正式明确了"医养结合"的概念，并以专门的篇幅对推进医疗机构与养老机构的合作、发展社区健康养老服务方面提出了明确要求。

2015年5月，《国务院办公厅关于印发中医药健康服务发展规划（2015—2020年）的通知》（国办发〔2015〕32号）从发展中医药健康医疗服务的角度，提出开展中医药健康养老服务试点项目。同年11月，《国务院办公厅转发卫生计生委等部门关于推进医疗卫生与养老服务相结合的指导意见的通知》（国办发〔2015〕84号）明确了"医养结合机构"的概念，并正式对医养结合工作的开展提出了具体目标和任务。这一文件作为指导中国医养结合工作的重要里程碑文件，极大地促进了各地医养结合服务的发展与模式的探索。

（四）深化完善阶段

进入"十三五"之后，中国着力推进"健康中国"战略和积极应对人口老龄化战略，医养结合政策开始进入正式试点实施阶段。

2016年1月，国家卫生计生委印发了《2016年卫生计生委工作

第二部分 举措分析篇

要点》，明确提出启动医养结合项目试点，并将其作为加快推进医药卫生体制改革中的一部分。同年2月，《国务院关于印发中医药发展战略规划纲要（2016—2030年）的通知》（国发〔2016〕15号），提出发展中医药健康养老服务，促进中医医疗资源进入养老机构、社区和居民家庭，探索设立中医药特色医养结合机构，建设一批医养结合示范基地。同年4月，《国家卫生计生委办公厅关于印发医养结合重点任务分工方案的通知》（国卫办家庭发〔2016〕340号）、《民政部　卫生计生委关于做好医养结合服务机构许可工作的通知》（民发〔2016〕52号）进一步推动医养结合工作的落地实施与流程简化。同年5月，《国家卫生计生委办公厅　民政部办公厅关于遴选国家级医养结合试点单位的通知》（国卫办家庭发〔2016〕511号）正式启动国家级医养结合试点工作。同时，在这一阶段发布的《"十三五"卫生与健康规划》《"十三五"健康老龄化规划》等专项规划中，都对医养结合服务的工作提出了明确要求，特别是从市场的角度提出了发展医养结合等新兴消费，支持社会力量提供医养结合服务等精神。

2017年5月，《国务院办公厅关于支持社会力量提供多层次多样化医疗服务的意见》（国办发〔2017〕44号）明确提出推动发展多业态融合服务，促进医疗与养老融合，支持兴办医养结合机构。同年11月，国家卫生计生委办公厅又印发《关于养老机构内部设置医疗机构取消行政审批实行备案管理的通知》（国卫办医发〔2017〕38号），推进医疗领域放管服改革，对部分养老机构内设医疗机构取消行政审批，实行备案管理。2019年10月，国家卫生健康委等部门就进一步推进医养结合工作，专门印发了《关于深入推进医养结合发展的若干意见》（国卫老龄发〔2019〕60号），提出了包括强化医疗卫生与养老服务衔接、推进医养结合机构"放管服"改革、加大政府支持力度减轻税费负担、优化保障政策等方面[1]，进一步加大了对医养结合工作的政策支持力度，政策导向更加明确，政策措施更加具体，极大地促进了各地医养结合工作的开展。

---

[1] 黄柳：《医养结合有望踏入做强做大之坦途》，《中国医院院长》2021年第3期。

"十三五"之后，中国医养结合政策逐步完善，政策的可行性、可实施不断增强，具体措施与要求也进一步细化，医养结合的工作重点以及负责单位，医养结合的相关标准、规范、监测、评估等工作也开始逐渐推进，相关部门之间的合作也开始更加频繁，在中医药、膳食营养、慢性病防治、医联体建设等方面均开始提出发展医养结合服务。医养结合方面的"放管服"改革进一步加大，相关行政审批程序更加简便，可操作性越来越强，政策指引、支持医养结合服务的效应愈加明显。

三 党的十八大以来推进医养结合的主要举措

（一）完善顶层设计，从战略高度推动医养结合

一是明确了医养结合是中国养老服务体系的重要内容之一。"十二五"时期，根据《中国老龄事业发展"十二五"规划》的要求，中国不断建立完善了"以居家为基础、社区为依托、机构为支撑的养老服务体系"，但在发展过程中，养老对于医疗卫生资源的需求日益明显。因此，在2015年10月30日公布的党的十八届五中全会会议公报上，明确提出了"推进健康中国建设"，"积极开展应对人口老龄化行动，推动医疗卫生和养老服务相结合"。并在2017年2月国务院下发的《"十三五"国家老龄事业发展和养老体系建设规划》，明确提出要构建"居家为基础、社区为依托、机构为补充、医养相结合的养老服务体系"，这是在中国养老服务体系的内容中首次明确提出"医养相结合"的具体要求。二是将医养结合作为促进健康老龄化的重要举措，体现在"健康中国"战略中。2016年12月30日，中共中央、国务院印发了《"健康中国2030"规划纲要》，明确提出要"推动医养结合，为老年人提供治疗期住院、康复期护理、稳定期生活照料、安宁疗护一体化的健康和养老服务"，并"鼓励社会力量兴办医养结合机构"。2017年10月18日，党的十九大报告中明确"实施健康中国战略"，并从国家战略的高度提出要"推进医养结合，加快老龄事业和产业发展"。三是全面加快推进医养结合工作。"十二五"后期，中国医养结

合的工作加快推动，特别是在国家顶层设计不断提出要加强医养结合工作的背景下，中国医养结合政策进一步加快推。2015 年，国务院办公厅转发了卫生计生委等部门《关于推进医疗卫生与养老服务相结合的指导意见》（国办发〔2015〕84 号），于 2016 年在全国范围内正式开启了国家级医养结合的试点工作，并于 2019 年由国家卫健委等部门下发了《关于深入推进医养结合发展的若干意见》（国卫老龄发〔2019〕60 号）。这些文件从发展医养结合的重要性、发展原则与目标、重点任务、重点工作、保障措施等内容，明确了医养结合的路径与步骤，是推进中国医养结合政策与实践的重要文件。

（二）注重实践总结，加快推进医养结合试点工作

为了进一步鼓励和推动地方进行医养结合的模式创新与探索，国家于 2016 年开始在全国范围内开展国家级医养结合试点工作，并于 2020 年启动了老龄健康医养结合远程协同服务试点工作。这些试点机构的选择，在很大程度上推动了地方先行先试，积极探索、创新医养结合的政策与实践，包括：一是体制机制创新，特别是在医疗卫生机构和养老机构分属于不同部门管理的情况下，如何构建有分有合、统分结合的共同管理监督模式，是各地医养结合试点的体制机制创新的重要内容。此外，深化医养结合机构"放管服"改革，简化医养结合机构审批登记，放开市场、鼓励社会力量积极参与发展医养康养产业等，都是地方试点在医养结合实施中的重点内容。二是政策创新，特别是医养结合的优惠扶持政策，包括保障土地供应、加大投入支持、拓宽投融资渠道，特别是在支付端，许多地方都加大了医保支持力度，并结合长期护理保险试点，协同推进医养结合的政策扶持力度。三是模式创新，在原有比较多的医办养、养办医的基础上，进一步创新医疗卫生服务与养老服务资源的融合模式，鼓励更多基层医疗卫生机构拓展、推进康复、护理服务，鼓励公办医院转型、拓展康复、护理服务，鼓励社会力量举办医养结合机构，鼓励在社区、居家层面上的医养融合服务，推进基于信息技术、互联网的远程协同医养结合服务新模式等。

(三）加大扶持力度，进一步放开医养结合市场

在"健康中国"和"积极应对人口老龄化"的国家战略中，健康产业和银发经济已经成为重要内容。党的十九届五中全会明确提出，要加快发展健康产业、发展银发经济，医养结合作为兼具健康产业和老龄产业特点的重要领域，已经成为目前政策扶持和社会力量普遍关注的重要板块。

一是在发展理念上，已经明确树立了政府主导，市场发展的方向。在《健康中国"2030"规划纲要》、《国务院关于加快发展养老服务业的若干意见》（国发〔2013〕35号）、《国务院关于促进健康服务业发展的若干意见》（国发〔2013〕40号）等涉及健康、养老的重要文件中，均对发展健康产业、健康养老服务等内容进行了专门部署，并在投融资政策、土地供应政策、税费优惠政策、补贴支持政策、人才培养和就业政策等方面均作出了具体安排。二是加大"放管服"改革，加快促进医养结合发展。为加快推进医疗领域"放管服"改革，2017年11月发布的《国家卫生计生委办公厅关于养老机构内部设置医疗机构取消行政审批实行备案管理的通知》（国卫办医发〔2017〕38号），明确要求养老机构内部设置诊所、卫生所（室）、医务室、护理站，取消行政审批，实行备案管理。于2019年10月，国家卫生健康委等部门联合下发了《关于深入推进医养结合发展的若干意见》（国卫老龄发〔2019〕60号），进一步提出推进医养结合机构"放管服"改革。鼓励社会力量举办医养结合机构，明确提出政府对社会办医养结合机构区域总量不作规划限制，按照"非禁即入"的原则，不得设置并全面清理取消没有法律法规依据和不合理的前置审批事项，没有法律法规依据不得限制社会办医养结合机构的经营性质[①]。极大地促进了社会力量兴办医养结合机构的积极性。三是进一步加大产业发展的政策扶持力度。鼓励公立医院通过招标方式确定养老服务的收费标准，提高公立医疗机构开展相关养老服务的积极性。

---

① 黄柳：《医养结合有望踏入做强做大之坦途》，《中国医院院长》2021年第3期。

第二部分 举措分析篇

在企业所得税、房产税、城镇土地使用税、小微企业财税、水电气热、行政事业性收费等方面都给予了相关机构一定的优惠政策。不断加大财政投入，将社会福利事业的彩票公益金用于适当支持医养结合服务，并且不断加大金融支持力度，鼓励各地探索不同方式的投融资渠道，用于支持医养结合领域的发展。

（四）推动服务下沉，更加注重社区层面的医养融合

社区一直是中国养老服务体系和医疗卫生体系的重要阵地，但从整体来看，无论是在中国的社会养老服务体系，还是在医疗卫生体系建设中，基层社区的养老服务和医疗卫生服务一直没有得到充分的发展。因此，如何更好地融合社区基层卫生服务机构和养老服务机构的服务资源，一直是政策和实践不断探索完善的方面。一是进一步推进社区卫生服务能力。持续推进以健康档案、健康管理、家庭医生、康复护理等为主要内容的基层医疗卫生服务，明确提出每千常住人口基层医疗卫生机构床位数达到1.2张的目标，实施社区卫生服务提升工程和基层中医药服务能力提升工程等。二是持续加强社区和居家养老服务能力。目前，中国的社区养老服务已经基本达到了基本养老服务全覆盖，基本养老服务设施在城市社区实现全覆盖。2016年民政部等部门开始在全国范围内进行居家和社区养老服务改革试点，进一步探索和完善居家与社区养老服务模式。此外，在税费减免、资金支持、水电气热等优惠措施方面政府也给予了有力保障。在政策鼓励支持下，北京、上海等地在居家、社区养老支持政策以及服务模式等方面都有了许多创新的做法与经验。三是积极推进医疗卫生服务资源和养老服务资源在社区层面的融合发展。包括为65岁以上老年人提供健康管理服务，为困难老年人提供定期体检、上门巡诊、家庭病床、社区护理、健康管理等基本服务。与老年人家庭建立签约服务关系，为老年人提供连续性的健康管理服务和医疗服务等[①]。

---

① 青连斌：《我国养老服务业发展的现状与展望》，《中共福建省委党校学报》2016年第4期。

（五）提升服务质量，加强完善相关标准与规范体系

一是在全国范围内开展养老院服务质量建设专项行动。为落实习近平总书记关于提高养老院服务质量的重要指示精神，自2017年以来，民政部会同有关部门在全国范围内连续实施养老院服务质量建设专项行动，下发了《民政部　住房城乡建设部　国家卫生健康委　应急管理部　市场监管总局印发关于开展养老院服务质量建设专项行动的通知》（民发〔2017〕51号）、《民政部等六部门印发关于做好2020年养老院服务质量建设专项行动工作的通知》（民发〔2020〕46号）等文件，围绕养老院的服务质量、医疗服务、安全管理、服务人员素质、服务监督、业务管理等各个方面进行了持续的专项行动，有效地提升了养老机构的养老与医疗服务能力与水平。二是不断完善老年人需求评估与失能评估标准。2019年，国家卫生健康委员会等部门联合下发了《关于开展老年护理需求评估和规范服务工作的通知》（国卫医发〔2019〕48号），明确了老年人能力评估的标准、护理需求等级评定、护理服务需求评定等标准。2021年，国家医保办公室、民政部办公厅联合下发了《长期护理失能等级评估标准（试行）》，从日常生活活动能力、认知能力、感知能力和沟通能力等不同方面对老年人的失能等级的标准进行了统一规定，建立了全国统一的长期护理失能等级评估标准，为精准服务与精准保障提供了重要的基础。三是不断规范医养结合机构的建设与服务标准。包括国家卫生计生委发布的《养老机构医务室基本标准（试行）》《养老机构护理站基本标准（试行）》《关于印发康复医疗中心、护理中心基本标准和管理规范（试行）的通知》，国家卫生健康委等部门发布的《医养结合机构服务指南（试行）》《医养结合机构管理指南（试行）》，民政部等部门发布的《民政部关于加快建立全国统一养老机构等级评定体系的指导意见》（民发〔2019〕137号）以及《养老机构生活照料服务规范》《养老机构服务标准体系建设指南》《养老机构老年人健康档案管理规范》《养老机构社会工作服务规范》《养老机构服务安全基本规范》等系列文件，分别从机构建设、机构管理、服务项目、服务内

容、服务流程、服务监督、服务满意度等不同方面进行了标准与规范的统一，对建立起精准、有效的医养结合服务体系提供了坚实的保障。

（六）积极鼓励支持，充分发挥中医药在医养结合中的作用

一是将发挥中医药作用提高到"健康中国"战略内容中。近年来，国家开始更加重视发挥中医药在疾病预防、治疗以及康复中的重要作用，《"健康中国2030"规划纲要》中明确提出要充分发挥"中医药在治未病中的主导作用、在重大疾病治疗中的协同作用、在疾病康复中的核心作用"。并且从提高中医药服务能力、发展中医养生保健治未病服务、推进中医药继承创新等不同层面进行了战略部署。二是将中医药服务项目作为医养结合的重要服务内容之一。《关于推进医疗卫生与养老服务相结合的指导意见》中明确指出了在医疗卫生机构和养老机构开展合作时，鼓励医疗卫生机构为养老机构的入住老年人提供包含中医养生保健等在内的多种健康服务，并且鼓励"有相关专业特长的医师及专业人员在养老机构规范内开展疾病预防、营养、中医调理养生等非诊疗行为的健康服务"。并且鼓励养老机构根据需求和自身能力，申办中医医院等医疗卫生机构。三是更加注重中医药在医养结合中的疾病预防、健康管理、康复护理功能。包括发展中医非药物疗法、健全中医医疗保健服务体系、鼓励中医医院与养老机构开展合作，提供中医特色康复服务等，都是政策鼓励和引导的方向。

（七）提升科技助力，积极发挥"互联网＋"在医养结合中的作用

信息化社会的快速发展不断推动着互联网与健康、养老等服务的加速融合。运用互联网、物联网和大数据等信息技术，推动医养结合向信息化、智能化方向发展已成为目前政策引导的又一趋势。一是大力开展智慧健康养老应用试点工作。2017年，《工业和信息化部　民政部　国家卫生计生委关于印发〈智慧健康养老产业发展行动计划（2017—2020年）〉的通知》（工信部联电子〔2017〕25号）明确要求推广智慧健康医疗服务，并提出了包括慢性病管理、居家健康医疗、个性化健康管理、互联网健康咨询、生活照护、养老机构信息化服务等在内的智慧健康养老服务推广工程，并随之在全国范围内开展智慧健康养老应用试点工作。二是积极推动"互联网+"健康服务发展。根据《"健康中国2030"规划纲要》和《国务院关于积极推进"互联网+"行动的指导意见》（国发〔2015〕40号），《国务院办公厅关于促进"互联网+医疗健康"发展的意见》（国办发〔2018〕26号）明确提出要发展互联网与医疗、公共卫生、家庭医生签约、药品供应保障、医疗保障结算、医学教育和科普、人工智能应用等方面的融合服务。2019年，《国家卫生健康委办公厅关于开展"互联网+护理服务"试点工作的通知》（国卫办医函〔2019〕80号），要求在全国范围内开展"互联网+护理服务"的试点工作，重点针对高龄、失能、康复期患者等行动不便人群，依托互联网信息技术平台，由机构注册护士提供慢性病管理、康复护理、专项护理、健康教育、安宁疗护等护理服务，将服务延伸至社区和家庭。三是加快实施"互联网+养老"行动。2019年，《国务院办公厅关于推进养老服务发展的意见》（国办发〔2019〕5号）明确提出要实施"互联网+养老"行动，要求在全国建设一批"智慧养老院"，利用目前的远程智能技术、物联网、互联网等信息技术，建立对老年人"智慧养老"服务模式，提高对老年人服务的效率与安全防护。

（八）多措并举，加快医养结合服务人才培养

一是继续加快养老服务业人才培养。2014年，教育部等9部门联合下发了《关于加快推进养老服务业人才培养的意见》，对养老服务业相关专业的教育体系建设、提高教学质量、加强继续教育以及志愿服务、毕业生就业等进行了专门部署，并配套了相应的扶持政策。同年，还在全国范围内遴选全国职业院校养老服务类示范专业点，很好地促进了养老服务业人才教育与培养的发展。二是加强医疗护理员职业培训与管理。在医养结合不断推进的过程中，加强对医疗护理员的培训与管理，是近年来国家卫生健康委在加强医养结合人才培养中的又一举措。2019年，国家卫生健康委等5部门联合下发了《关于加强医疗护理员培训和规范管理工作的通知》（国卫医发〔2019〕49号），明确了医疗护理员的具体条件与培训内容，要求各地依托辖区内相关机构开展医疗护理员的培训工作，并对培训大纲进行了统一要求。并在《关于深入推进医养结合发展的若干意见》（国卫老龄发〔2019〕60号）中，明确提出医养结合机构要有限招聘培训合格的医疗护理员和养老护理员。三是不断扩大医养结合服务队伍。除了养老护理员和医疗护理员的专业教育、职业培训之外，政策还积极引导与支持医务人员从事医养结合服务，包括支持医务人员到医养结合机构执业、鼓励退休的医务人员到医养结合机构执业、志愿服务组织与医养结合机构结对开展服务等。

四 目前政策制订和实施中存在的主要问题

（一）对医养结合的认识存在误差

一是对"医"的认识存在误差，认为医养结合中的"医"就是医疗的"医"，就是诊疗的"医"，是疾病罹患之后基于诊断、治疗的"医"。二是对"养"的认识存在误差，认为医养结合中的"养"就是养老的"养"，是针对老年人单方面供养的"养"[①]。三是对"医养结合"的认识存在误差，认为医养结合就是简单的医疗+养老，或者养老+医疗。事实上，在"健康中国"战略背景下，这里的"医"已经上升到了健康的范畴，是包含健康管理、疾病预防、疾病诊治、康复护理等全方位、全周期的老龄健康服务。而对于"养"，普遍地已经认为老年人的"养"不再仅仅是一个经济和照料的问题，而是包含了经济、身体、心理、参与等多方面的

---

① 李志宏：《医养结合：问题缘起、实践偏差与破解之路》，《老龄科学研究》2018年第12期。

老年期服务。因此，对于医养结合的认识就不能简单地等同于目前的医疗和养老资源的叠加，而是需要从更大的范围内针对人们在老年期对于健康、养老的服务需求，来进行不同方式、不同程度的服务资源的对接与融合。

（二）政策协调融合性不足

医养结合事实上是一种医疗服务与养老服务资源的深度融合，包括服务内容、管理、标准、人才、服务输送等多方面、多层次的融合，这不仅涉及两个不同体系上服务资源的对接、融合，更涉及政策、标准、规范等方面的衔接与整合，它不仅需要理论、实践上的深层次融合，更需要政策、管理部门上的有效沟通与对接。但从目前的实际来看，医养结合涉及医疗卫生、医疗服务、医疗保障等多块业务，涉及卫健、民政、医保等多个部门，在政策体系、管理理念、服务标准、人才培养、监管体系等方面存在着明显的部门分割与政策碎片，部门间联动机制的形成尚需时日，政策体系间的衔接融合还需要进一步提高。

（三）稳定可持续的支付机制尚未建立

目前中国老年人支付医养结合服务中的资金来源主要是自费和医保报销，商业保险所占的比例还比较小。其中，医保支付的部分的依然主要集中在疾病诊疗阶段，对于康复护理、术后护理的筹资与支付模式依然很不完善。在目前的医养结合运营模式中，对医保的依赖逐渐加重，很多地区的长期护理保险试点与现行的医疗保障制度捆绑在一起，筹资模式单一，资金来源匮乏，可持续性发展不足，不仅给医保制度的可持续运行带来压力，也成为制约医养结合服务长期、稳定、健康发展的重要因素。此外，对于医养结合服务的评估标准、定价机制也缺乏规范，无论是养老机构还是医疗卫生机构，在开设医养结合服务项目时，定价太低，无法兼顾运营成本，特别是难以调动医疗卫生机构积极性，定价太高，大多数老年人及其家庭消费不起，且由于享受的财政补贴不同，是否享受医保报销的情况不同，不同机构在定价方面也缺乏统一规范,整体价格形成机制尚未确立①。

(四) 医养结合服务的模式单一

从目前中国医养结合的发展现状来看,主要的服务模式大都集中在养老机构内设医务室或医疗机构,医疗机构增设长期照护服务或单独开辟养老服务区域;另一种是养老机构与医疗机构开展服务对接,享受医疗机构给养老机构带来的服务便利。且主要的服务对接更多地集中在急病救治、疾病诊疗过程,针对大多数老年人健康管理、疾病预防、术后康复、长期照护过程中医疗与养老服务融合内容较少,且主要集中在机构老年人当中。对于大多数居家、社区的老年人来讲,面临着居家、社区养老服务本身发展滞后、基层医疗卫生机构延伸服务不足的双重困境。

(五) 农村医养结合服务发展滞后

与城市地区不同,农村地区无论是在养老服务还是在医疗卫生服务方面,都存在着明显的短板。一方面,公共服务体系长期以来的城乡、区域差异累积下来的结果;另一方面也与目前社会化养老服务的观念还没有得到广泛普及,特别是在农村地区,无论是老年人还是其家庭成员,对社会化养老服务的接受程度还比较低,在农村养老服务本身就存在短板的情况下,再去融合本就薄弱的基层医疗卫生服务资源,更是捉襟见肘,发展明显滞后。

(六) 相关标准规范体系不统一

中国的医养结合服务目前尚处于探索、试点的过程,医疗卫生系统的服务标准与养老服务系统的服务标准目前仍然处于两种体系内②。尽管近年来中国在养老服务内容、需求评估、服务标准、管理规范等

---

① 聂建亮、曹梦迪、吴玉锋:《深入推进医养结合的障碍与发展策略》,《卫生经济研究》2021年第7期。

② 郝晓宁、薄涛、塔娜、刘志:《我国医养结合的展望和思考》,《卫生经济研究》2016年第11期。

各个方面不断加强标准与规范制定，但总体来讲，仍然处于不断发展、完善的过程当中。在这个过程中，既要兼顾自身发展，又要兼顾与医疗卫生服务体系的服务融合、标准衔接、规范统一，仍然面临着许多现实问题。此外，医养结合服务过程中涉及不同部门、不同供给主体，在政策衔接、财政补贴、土地供应、医保核算、联合监督、业务管理等方面也存在部门衔接、协调统一的问题，这都给医养结合的深入推进带来了诸多现实困难。

（七）专业化的人才队伍缺失

一方面，专业的养老服务人员队伍一直处于人数少、流动性强的缺失状态；另一方面，随着医养结合工作的不断推进，执业医师、执业护士、专业护理人员的缺失状态也日益明显，特别是具有一定专业技能的养老护理员、医疗护理员也存在水平参差不齐，整体素质较低的状态。此外，在管理人员方面，既了解养老机构运营，又了解医疗机构要求的综合型医养结合管理人才更是比较紧缺，大都需要一定基础的专业素养和较长时间的从业经验，才能满足医养结合服务工作的实际需要。

五　对进一步推进医养结合的几点建议

（一）提高医养服务融合认识

目前对医养结合服务的一个比较大的认识或实践误区就是将医疗和养老简单的叠加或者过于强调对于机构硬件的改造与重建，认为医养结合要么是医疗机构增加养老服务，要么是养老机构内设医疗机构，或者投资新建专门的医养结合机构。要正确认识医养结合的内涵，就是要明确医养结合的真正目的在于政策的衔接、制度的完善与服务的融合。一是在"健康中国"战略下，国家明确提出要把健康融入所有政策，即我们在制定任何政策时，都要有全民健康，全生命周期健康的视角。因此，在养老服务的政策制定中要始终有提高老年人健康素养的意识。同样，在积极应对人口老龄化的国家战略内涵中，各项政策的制定也必须有积极老龄观的视角。在这样的背景下，医养结合并不仅仅单纯的是一项具体工作的开展，而是未来较长时间里，相关主要部门在制定、出台政策时，都要有健康和老龄思维。二是医养结合的本质在于服务的融合，是在现有各类公共服务体系不断发展、完善的基础上，将相关资源整合、服务融合，是在医中养，养中医，要将原有的医疗卫生服务扩大至健康服务，再将健康服务延伸至老年人个体、家庭或机构，在这个过程，医院、养老机构、企业、社区，特别是基层卫生/养老机构等各个主体充分发挥不同作用，共同形成一个完整的医养结合服务链。三是要在现有政策、制度的基础上，根据医养结合服务的需求，完善现有政策、标准、规范，出台新的制度，确保各类服务资源的深入融合。

（二）完善医养结合政策体系

一是加快建立长期护理保险制度。目前各地都已经在进行长期照护保险的试点，但总体来讲目前的试点大都与医保捆绑在一起，要加快总结试点经验，拓宽筹资渠道，出台科学可行、稳定可持续的长期护理保险制度。二是完善医养结合服务市场引导与扶持政策。要充分发挥市场作用，进一步放开市场，探索多种方式，包括政府购买、公建/办民营、服务外包等多种形式，鼓励社会力量投入医养结合服务市场，并且在规划、土地、税费优惠等相关政策方面，结合目前已有政策，进一步整合与完善。三是要进一步完善医养结合服务的监督管理机制。进一步明确、统一相关服务内容、服务供给主体、服务需求评估、服务质量评价、服务监督管理的相关标准与规范，责任到部门，不断提高医养结合服务的质量与管理水平。

（三）创新医养结合服务模式

一是要重点推进医养服务资源在社区、居家层面的融合，目前中国大部分老年人实际居住和活动地主要在家庭和社区，居住在医院、养老机构或其他康复护理机构的老年人总体比例还比较少。在健康中国与积极应对人口老龄化战略背景下，政府、市场、社会等需要在政策、产品与服务、宣传舆论与引导等方面发挥作用,但更重要的是要在基层层面提高包括老年人在内的全体居民的健康素养、健康意识,包括营养膳食、疾病预防、健康管理以及老年人术后的康复指导与运动等。因此,要在大力发展居家、社区养老服务、下沉医疗卫生服务资源的同时,进一步加强医疗、养老等各类服务资源在社区、居家层面的融合,这是未来医养结合最重要的内容。二是要进一步发挥地方和基层组织的创新力量,在原有服务模式的基础上,深入发掘不同服务群体的服务需求,整合资源、因地制宜,创造性地探索不同的医养结合服务模式。特别是在农村地区,可以重点依托乡镇卫生院/所、农村敬老院、福利院等机构,扩大健康知识宣讲、提高健康素养认识、加强疾病预防的普及以及慢性病管理的常识宣传,加大对农村地区老年人的术后康复、指导,在提高农村地区医养服务资源的融合上,着力提高农村老年人的健康素养。

(四) 加强专业人才培养力度

一是继续加强全科医生、康复师、养老护理、医疗护理等专业人才的教育、培训与就业支持体系,在宣传引导、学费减免、就业扶持、职业发展等方面进一步优化政策,加大支持力度,扩大医养结合方面的专业人才储备。二是进一步优化医养结合机构内医护人员与养老护理人员的职称评审与晋升机制,从职业发展道路上为从业人员创造更好的环境,能够吸引人才、留住人才、发展人才,逐渐形成稳定的人才队伍。三是要进一步打破职业和行业的限制,特别是要进一步放开医护人员多点执业的限制,在符合行业监管原则和服务安全、质量的基础上,进一步灵活机制,放宽限制,创造更好的有利于医疗、养老从业人员便利服务、有效对接的机制环境。

(五) 建立多部门联动合作机制

一是要成立以主要业务部门,如卫健委、民政部、中医药局、医保局等在内的相关部门的多部门联动合作机制。联合协调、统筹管理,确保业务之间的精准对接,服务的有效融合,监管的权威有力。

二是要进一步完善医养结合服务的标准化体系建设[①],包括医养结合服务的服务内容、需求评估、服务管理、服务标准、服务评价等体系、规范的衔接与统一,促进医养结合服务有据可依、有据可评。三是要加大对医养结合服务的监管力度,在多部门联动合作机制的基础上,以卫健委为牵头单位,形成联合监督机制,在标准、规范统一衔接的基础上,通过不同方式加大监督力度,不断提高医养结合服务的服务水平与服务质量。

---

① 郝晓宁、薄涛、塔娜、刘志:《我国医养结合的展望和思考》,《卫生经济研究》2016年第11期。

第七章 构建养老孝老敬老社会环境的新举措及建议[*]

在人口老龄化挑战日益严峻的时代背景下,动员社会各界力量协力投入积极应对人口老龄化成为必然要求,而构建养老孝老敬老社会环境则必须有赖于各社会主体的共同参与。党的十八大以来,有关构建养老孝老敬老社会环境的一系列政策、法律和制度密集出台,有关举措在全国范围内加快推动实施,成为积极应对人口老龄化国家战略的一项重要内容和一大重要推动力量。

一 党的十八大以来构建养老孝老敬老社会环境的进展

党的十八大以来,党和国家高度重视构建养老孝老敬老社会环境,在完善老年人权益保障的法律体系、支持家庭发挥养老功能和构建老年友好型社会等方面均取得了明显进展。

(一)党和国家高度重视构建养老孝老敬老社会环境

党的十八大以来,党和国家陆续出台的重要文件中都提到构建养老孝老敬老社会环境。2017年,党的十九大报告提出:"积极应对人

---

[*] 本章作者为王磊。作者简介:王磊,中国社会科学院人口与劳动经济研究所副研究员,中国社会科学院应对人口老龄化研究中心副秘书长,中国社会科学院大学副教授、硕士生导师,中国人口学会理事,主要研究方向为人口社会学。

口老龄化，构建养老、孝老、敬老政策体系和社会环境。"

2019年，《国家积极应对人口老龄化中长期规划》（以下简称《规划》）指出："构建养老、孝老、敬老的社会环境。"与党的十九大报告相比，《规划》仅保留了"构建养老、孝老、敬老社会环境"，"政策体系"成为构建养老孝老敬老社会环境的一个有机组成部分。就如何构建养老孝老敬老的社会环境，《规划》指出："强化应对人口老龄化的法治环境，保障老年人合法权益。构建家庭支持体系，建设老年友好型社会，形成老年人、家庭、社会、政府共同参与的良好氛围。"

2021年，《国民经济和社会发展第十四个五年规划和二〇三五年远景目标纲要》（以下简称《纲要》）提出："实施积极应对人口老龄化国家战略。完善养老服务体系。构建养老、孝老、敬老的社会环境，强化老年人权益保障。"《纲要》表明，构建养老孝老敬老社会环境是实施积极应对人口老龄化国家战略的一项重要内容。实施积极应对人口老龄化国家战略，要在政府主导下，支持家庭承担养老功能、巩固家庭养老的基础地位，引导市场主体和社会力量广泛参与，建设继承传统美德、具有时代特征的孝亲敬老文化，构建老年友好型社会，实现各尽其责、各得其所，打牢积极应对人口老龄化国家战略的坚实社会基础[①]。从更广的视角看，以上关于如何实施积极应对人口老龄化国家战略的论述也可视为构建养老孝老敬老社会环境所需要遵循的总体思路和具体路径。

（二）完善老年人权益保障的法律体系，筑牢养老孝老敬老社会环境的法治基础

目前，中国已形成以《中华人民共和国宪法》（以下简称《宪法》）为统领，以《中华人民共和国老年人权益保障法》（以下简称《老年人权益保障法》）为综合性法律，以中国特色社会主义法律体系各法律部门中的相关法律为基干，以及相关的国务院行政法规、地

---

① 李纪恒：《实施积极应对人口老龄化国家战略》，《光明日报》2020年12月18日。

方性法规、规章等多层次的老年人权益保障法律制度体系①。党的十八大以来，从筑牢法治基础看，构建养老孝老敬老社会环境在以下三个主要方面取得了明显进展。

1. 完善老年人权利保障的法律体系

首先，《宪法》是中国老年人从国家获得养老支持的根本法律保障，也是构建养老孝敬老社会环境的最根本法律依据。《宪法》是国家的根本大法，拥有最高法律效力。2018年3月11日，第十三届全国人民代表大会第一次会议通过了现行《宪法》的第五次修正②。《宪法》规定："中华人民共和国公民在年老、疾病或者丧失劳动能力的情况下，有从国家和社会获得物质帮助的权利。国家发展为公民享受这些权利所需要的社会保险、社会救济和医疗卫生事业。成年子女有赡养扶助父母的义务。禁止虐待老人。"这些法律规定是保障老年人合法权益的《宪法》依据。

其次，《中华人民共和国民法典》（以下简称《民法典》）为保护老年人权益提供基本法律保障。2021年1月1日，中国开始施行《民法典》。《民法典》在中国法律体系中的地位仅次于《宪法》。《民法典》保护老年人的财产权、人身权和婚姻权等合法权益。具体而言，《民法典》对老年人权益的法律保护体现在以下四个方面：一是规定了成年子女对于父母的赡养、扶助和保护义务；二是保护老年人包括婚姻家庭关系在内的合法权益，强调敬老是家庭成员的应尽义务；三是保护老年人被赡养的权利，特别保护了缺乏劳动能力或生活困难的父母从成年子女处获取赡养费的权利，同时，也明确了在特定条件下有负担能力的孙辈对于祖辈的赡养义务；四是保护老年人的婚姻权利，规定老年人被赡养权利或子女对父母的赡养义务不因老年父母婚姻状态的变化而终止。

再次，《老年人权益保障法》是构建养老孝老敬老社会环境的直

---

① 李连宁：《完善老年人权益保障立法的当务之急》，《人民论坛》2020年第33期。
② 中华人民共和国成立后，曾于1954年9月20日、1975年1月17日、1978年3月5日和1982年12月4日通过四个《宪法》，现行《宪法》为1982年《宪法》，并历经1988年、1993年、1999年、2004年、2018年五次修正。

接法律保障。《老年人权益保障法》是为了保障老年人合法权益，发展老龄事业，弘扬中华民族敬老、养老、助老的美德而制定的法律。老年人权益保障法律制度的一个最大特点就是将分散在国家法律体系各部门的与法律有关的规定合成了基本的老年人权益保障法律制度[①]。党的十八大以来，党和国家高度重视老年人权益保障，已连续三次对《老年人权益保障法》进行修正[②]。《老年人权益保障法》明确界定了各个社会主体在构建养老孝老敬老社会环境中的法律责任和实现途径："国家建立多层次的社会保障体系、逐步提高对老年人的保障水平，国家建立和完善以居家为基础、社区为依托、机构为支撑的社会养老服务体系。倡导全社会优待老年人。保障老年人合法权益是全社会的共同责任。国家机关、社会团体、企业事业单位和其他组织应当按照各自职责，做好老年人权益保障工作。基层群众性自治组织和依法设立的老年人组织应当反映老年人的要求，维护老年人合法权益，为老年人服务。"

最后，《中华人民共和国反家庭暴力法》（以下简称《反家庭暴力法》）强调给予老年人特殊保护，是构建养老孝老敬老社会环境的必要法律组成。2016年3月1日，《反家庭暴力法》施行，第5条规定："未成年人、老年人、残疾人、孕期和哺乳期的妇女、重病患者遭受家庭暴力的，应当给予特殊保护。"

2. 加大普法宣传教育力度，鼓励老年人依法维护自身合法权益

尽管中国具有较强的家庭养老文化传统，但是，伴随着社会经济发展和文化观念改变，孝文化和孝行为不可避免地发生变化，家庭代际关系不和谐、子女逃避或推脱赡养老年人责任，甚至虐待老人已不是个别现象。老年人不愿或不能通过法律途径维护合法权益的情况也并不罕见，老年人在获得法律帮助方面存在一定困难。这需要国家加

---

① 李连宁：《完善老年人权益保障立法的当务之急》，《人民论坛》2020年第33期。
② 2012年12月28日第十一届全国人民代表大会常务委员会第30次会议修订、自2013年7月1日实施；2015年4月24日第十二届全国人民代表大会常务委员会第十四次会议通过第二次修正；2018年12月29日第十三届全国人民代表大会常务委员会第七次会议通过第三次修正。

大普法宣传教育力度，倡导全社会保护老年人合法权益，鼓励和支持老年人依法维护自身合法权益。

一方面，国家加大了人口老龄化的宣传教育力度。《"十三五"国家老龄事业发展和养老体系建设规划》（国发〔2017〕13号）提出："利用春节、清明节、中秋节、重阳节等传统节日，开展创意新、影响大、形式多的宣传教育活动，推动敬老养老助老教育进学校、进家庭、进机关、进社区。继续开展'敬老月'和全国敬老爱老助老评选表彰活动。"2018年1月，《关于开展人口老龄化国情教育的通知》（全国老龄办发〔2018〕6号）明确面向全社会开展人口老龄化形势、老龄政策法规、应对人口老龄化成就、孝亲敬老文化和积极老龄观等五方面教育内容。2018年12月，全国老龄办组织编写出版了《人口老龄化国情教育知识读本》，介绍了中国人口老龄化态势及应对情况，以及老年人社会保障、养老服务、健康支持、精神关爱、社会参与、宜居环境和孝亲敬老文化等方面内容。

另一方面，国家通过立法的方式来加强老年人权益保障的宣传教育工作。《老年人权益保障法》明确界定了各个社会主体参与国情教育的方式与手段：（1）国家进行人口老龄化国情教育，增强全社会积极应对人口老龄化意识；（2）全社会应当广泛开展敬老、养老、助老宣传教育活动，树立尊重、关心、帮助老年人的社会风尚；（3）青少年组织、学校和幼儿园应当对青少年和儿童进行敬老、养老、助老的道德教育和维护老年人合法权益的法制教育；（4）广播、电影、电视、报刊、网络等应当反映老年人的生活，开展维护老年人合法权益的宣传，为老年人服务；（5）每年农历九月初九为老年节；（6）各级人民政府和有关部门对维护老年人合法权益和敬老、养老、助老成绩显著的组织、家庭或者个人，对参与社会发展作出突出贡献的老年人，按照国家有关规定给予表彰或者奖励。

3. 健全老年人权益保障机制，加强老年人法律服务和法律援助

当前社会生活中，老年人权益保障机制还不完善，老年人在合法权益受到损害时缺乏使用法律武器的意识、意愿和能力，亟须法律服务或法律援助。党的十八大以来，国家主要在以下两方面采取措施予

第二部分 举措分析篇

以应对。

一方面，建立老年监护制度，依法打击欺老和虐老等违法行为。《老年人权益保障法》规定了老年人监护人的产生办法："具备完全民事行为能力的老年人，可以在近亲属或者其他与自己关系密切、愿意承担监护责任的个人、组织中协商确定自己的监护人。监护人在老年人丧失或者部分丧失民事行为能力时，依法承担监护责任。老年人未事先确定监护人的，其丧失或者部分丧失民事行为能力时，依照有关法律的规定确定监护人。"老年监护制度在法律层面确认了老年人权益保障的直接责任人，从而有力保障了老年人的合法权益不受侵害。

另一方面，加强针对老年人的法律服务与法律援助，保护老年人合法权益。与《老年人权益保障法》的规定一致①，《国务院办公厅关于制定和实施老年人照顾服务项目的意见》（国办发〔2017〕52号）要求："贫困老年人因合法权益受到侵害提起诉讼的，依法依规给予其法律援助和司法救助。鼓励律师事务所、公证处、司法鉴定机构、基层法律服务所等法律服务机构为经济困难老年人提供免费或优惠服务。"另外，该意见提出："进一步推动扩大法律援助覆盖面，降低法律援助门槛，有条件的地方可适度放宽老年人申请法律援助的经济困难标准和受案范围。"这些举措降低了老年人使用法律武器维护自身权益的门槛，增加了老年人通过法律途径来维护自身合法权益的便利性。

（三）支持家庭发挥养老功能、巩固家庭养老基础地位

家庭支持是中国老年人经济支持、生活照料和情感慰藉的最重要来源，但在家庭结构小型化、社会观念转变等影响下，中国家庭养老功能被削弱。为此，《纲要》提出："支持家庭承担养老功能。"具体

---

① 《中华人民共和国老年人权益保障法》第五十六条 "老年人因其合法权益受侵害提起诉讼交纳诉讼费确有困难的，可以缓交、减交或者免交；需要获得律师帮助，但无力支付律师费用的，可以获得法律援助。鼓励律师事务所、公证处、基层法律服务所和其他法律服务机构为经济困难的老年人提供免费或者优惠服务。"

看来，党的十八大以来，支持家庭发挥养老功能的举措主要包含以下三个方面。

1. 完善《老年人权益保障法》，支持家庭发挥养老功能

《老年人权益保障法》详细规定了家庭成员的赡养责任和老年人的被赡养权利。第一，《老年人权益保障法》明确了居家养老的基础地位和家庭成员尊重、关心和照料老年人的基本义务。

第二，《老年人权益保障法》对赡养人满足老年人经济供养和生活照料等方面需求的义务及实现途径作出了详细规定："赡养人应当使患病的老年人及时得到治疗和护理；对经济困难的老年人，应当提供医疗费用。对生活不能自理的老年人，赡养人应当承担照料责任；不能亲自照料的，可以按照老年人的意愿委托他人或者养老机构等照料。赡养人应当妥善安排老年人的住房，不得强迫老年人居住或者迁居条件低劣的房屋。老年人自有的或者承租的住房，子女或者其他亲属不得侵占，不得擅自改变产权关系或者租赁关系。老年人自有的住房，赡养人有维修的义务。"可以发现，这些规定的标准并不高，《老年人权益保障法》主要从法律层面、在行为底线上确认了赡养人对老年人的赡养责任。

第三，《老年人权益保障法》明确规定了赡养人满足老年人精神需求的义务及实现途径："家庭成员应当关心老年人的精神需求，不得忽视、冷落老年人。与老年人分开居住的家庭成员，应当经常看望或者问候老年人。用人单位应当按照国家有关规定保障赡养人探亲休假的权利。"在全面建成小康社会的今天，老年人精神需求得不到充分满足是家庭养老功能弱化的突出表现之一。《老年人权益保障法》规定能够在一定程度上强制家庭成员积极履行满足老年人精神需求的义务。

第四，《老年人权益保障法》保障了老年人的被赡养权利及实现途径："赡养人不得以放弃继承权或者其他理由、拒绝履行赡养义务，赡养人不履行赡养义务、老年人有要求赡养人付给赡养费等权利，赡养人不得要求老年人承担力不能及的劳动；赡养人的赡养义务不因老年人的婚姻关系变化而消除。"《老年人权益保障法》规定将赡养人

的赡养义务与继承权等区分开来，明确规定了赡养人不可推卸的赡养义务。

第五，《老年人权益保障法》明确了国家对家庭养老的支持政策及具体举措："国家建立健全家庭养老支持政策，鼓励家庭成员与老年人共同生活或者就近居住，为老年人随配偶或者赡养人迁徙提供条件，为家庭成员照料老年人提供帮助。"当今社会，人口流动迁移频率提高，老年人与子女异地居住的情形显著增多，《老年人权益保障法》规定有助于缩小老年人与成年子女的居住距离，从而提高成年子女有效赡养老年人的可能性和便利性。

2. 完善家庭支持体系，巩固家庭养老基础地位

中国家庭养老占据基础地位，在家庭养老功能弱化现实情况下，完善家庭支持体系是支持家庭发挥养老功能的重要途径。完善家庭支持体系包括优化家庭发展环境、完善家庭支持政策和推动家政服务提质扩容三个方面。

一是完善了家庭支持政策。首先，国家建立和完善包括独生子女家庭在内的计划生育特殊困难家庭扶助政策。《关于进一步做好计划生育特殊困难家庭扶助工作的通知》（国卫家庭发〔2013〕41号）要求对60周岁以上的失独家庭成员，特别是其中的失能老年人，积极做好居家和社区养老服务，优先安排入住政府投资兴办的养老机构。《国务院办公厅关于制定和实施老年人照顾服务项目的意见》（国办发〔2017〕52号）提出了针对失独家庭老年人在内的20项照顾性服务项目。《关于加强农村留守老年人关爱服务工作的意见》（民发〔2017〕193号）旨在加强包括失独老年人在内的关爱服务工作。《"十三五"国家老龄事业发展和养老体系建设规划》（国发〔2017〕13号）提出要着力保障包括计划生育家庭在内的特殊困难老年人养老服务需求，确保人人能够享有基本养老服务。其次，国家探索建立长期护理保险制度。《人力资源社会保障部办公厅关于开展长期护理保险制度试点的指导意见》（人社厅发〔2016〕80号）探索建立长期护理保险制度。长期护理保险制度将有效降低家庭护理难度，为家庭养老提供切实帮助。最后，推进幸福家庭创建，营造良好

家风。《关于进一步加强家庭家教家风建设的实施意见》要求："以社会主义核心价值观引领家庭家教家风建设，升华爱国爱家的家国情怀、建设相亲相爱的家庭关系、弘扬向上向善的家庭美德、体现共建共享的家庭追求。"

二是推动家政服务提质扩容。一方面，为了推动家政服务供给侧结构性改革，促进家政服务业提质扩容和家政企业专业化、规模化、网络化、规范化发展，《家政服务提质扩容行动方案（2017年）》（发改社会〔2017〕1293号）提出的重点任务包括：引导家政企业做大做强；健全职业培训制度，大力提升职业化水平；完善家政服务标准和服务规范；强化监管，进一步优化市场环境。另一方面，《关于进一步加强家庭家教家风建设的实施意见》指出："将家庭家教家风建设与'我为群众办实事'实践活动相结合，聚焦'一老一小'等家庭所需所急。为孤寡老人、空巢老人、失能老人、失独家庭提供生活关爱、精神文化抚慰、健康监测、防诈骗、智能技术运用等服务。"家政服务提质扩容为家庭发挥养老功能提供了有力社会支持，巩固了家庭养老基础地位。

3. 建立居家探访制度，支持老年人居家养老

首先，建立农村留守老年人定期探访制度。《关于加强农村留守老年人关爱服务工作的意见》（民发〔2017〕193号）（以下简称《意见》）对留守老年人探访制度做了详细规定："要发挥村民委员会在农村留守老年人关爱服务中的权益保障作用，以电话问候、上门访问等方式，定期探访留守老年人，将存在安全风险和生活困难的留守老年人作为重点帮扶对象，村民委员会要及时通知并督促其子女和其他家庭成员予以照顾。"《意见》提出建立信息台账与定期探访制度："建立农村留守老年人定期探访制度，及时了解或评估农村留守老年人生活情况、家庭赡养责任落实情况，将相关信息及时更新到留守老年人信息台账，并为留守老年人提供相应援助服务。"

其次，建立面向全体老年人的居家探访制度。近年来，中国老年人探访制度在不断扩展和深化，正处于由针对城乡特困老年人的探访制度逐步向服务于全体老年人的居家探访制度转变的过程中。《民政

部办公厅　财政部办公厅关于开展第五批居家和社区养老服务改革试点申报工作的通知》（民办函〔2019〕126号）在"试点任务及重点领域（三）积极培育居家养老服务"中提出"全面建立居家探访制度"。

最后，完善特殊困难老年人探访制度。2021年，《纲要》指出："完善特殊困难失能留守老年人探访关爱制度。"《民政部关于巩固拓展民政领域脱贫攻坚成果同乡村振兴有效衔接的实施意见》（民发〔2021〕16号）指出："持续做好农村'三留守'人员关爱服务工作。开展'三留守'人员定期探访，完善以农村空巢、留守老年人和留守儿童为重点的定期探访制度。"《"十四五"民政事业发展规划》（民发〔2021〕51号）提出："以重残、失能、留守、空巢、计划生育特殊家庭等特殊困难老年人为重点，建立特殊困难老年人定期探访制度、农村留守老年人关爱服务制度。"

（四）以老年人宜居环境建设等举措为主要抓手，推进老年友好型社会建设

除了完善保护老年人权益法律体系和支持家庭发挥养老功能，推进老年友好型社会建设是构建养老孝老敬老社会环境的重要内容。具体看来，建设老年友好型社会包括且不限于以下六项举措。

1. 打造老年宜居环境，普及公共基础设施无障碍建设

党的十八大以来，国家大力推进老年宜居环境建设。首先，明确了老年宜居环境建设的发展目标和重点任务。《关于推进老年宜居环境建设的指导意见》（全国老龄办发〔2016〕73号）（以下简称《意见》）指出："到2025年，安全、便利、舒适的老年宜居环境体系基本建立，'住、行、医、养'等环境更加优化，敬老养老助老社会风尚更加浓厚。"《意见》也明确了老年宜居环境建设的五项重点任务："（一）适老居住环境：推进老年人住宅适老化改造，支持适老住宅建设；（二）适老出行环境：强化住区无障碍通行，构建社区步行路网，发展适老公共交通，完善老年友好交通服务；（三）适老健康支持环境：优化老年人就医环境，提升老年健康服务科技水平；

（四）适老生活服务环境：加快配套设施规划建设，加强公共设施无障碍改造，健全社区生活服务网络，构建适老信息交流环境，加强老年用品供给，大力发展老年教育；（五）敬老社会文化环境：营造老年社会参与支持环境，弘扬敬老、养老、助老社会风尚，倡导代际和谐社会文化。"

其次，指出推进老年宜居环境建设的主要方面，开展老年宜居环境建设示范行动。《"十三五"国家老龄事业发展和养老体系建设规划》（国发〔2017〕13号）明确提出了推进老年宜居环境建设的三个主要方面：推动设施无障碍建设和改造、营造安全绿色便利生活环境和弘扬敬老养老助老的社会风尚。与《关于推进老年宜居环境建设的指导意见》（全国老龄办发〔2016〕73号）相比，《"十三五"国家老龄事业发展和养老体系建设规划》（国发〔2017〕13号）提出了更加明确的任务及执行计划——开展老年宜居环境建设示范行动，其具体内容和目标是："完善老年宜居环境建设评价标准体系，开展'老年友好型城市'和'老年宜居社区'建设示范行动，继续开展全国无障碍建设城市创建工作。到2020年，60%以上城市社区达到老年宜居社区基本条件，40%以上农村具备老年宜居社区基本条件，大部分老年人的基本公共服务需求能够在社区得到满足。"

最后，加快推进公共场所、社区与家庭的适老化设施改造。《关于制定和实施老年人照顾服务项目的意见》（国办发〔2017〕52号）提出："推进老年宜居社区、老年友好城市建设。提倡在推进与老年人日常生活密切相关的公共设施改造中，适当配备老年人出行辅助器具。加强社区、家庭的适老化设施改造，优先支持老年人居住比例高的住宅加装电梯等。"

2. 丰富老有所乐的精神文化生活，完善老年精神关怀服务体系

老年人友好型社会不仅要求打造老年宜居环境，还要求为老年人提供精神文化生活服务。《国务院办公厅关于制定和实施老年人照顾服务项目的意见》（国办发〔2017〕52号）（以下简称《意见》）指出："大力弘扬敬老养老助老社会风尚，做好老年人照顾服务工作，提升老年人的获得感和幸福感。"《意见》提出了20项重点任务，其

中以下两项重点任务与丰富老有所乐的精神文化生活或完善老年精神关怀服务体系有直接关系。一是深化敬老月活动，各级党委和政府坚持每年组织开展走访慰问困难老年人活动，发挥基层服务型党组织和工会、共青团、妇联等群团组织以及城乡基层社会组织的优势，开展经常性为老志愿服务活动。二是支持老年人开展文体娱乐、精神慰藉、互帮互助等活动，鼓励和支持为乡镇（街道）、城乡社区综合服务设施、为老服务机构和组织因地制宜配备适合老年人的文体器材，引导有条件的公共图书馆开设老年阅览区域，提供大字阅读设备、触屏读报系统等。

3. 树立孝老敬老的道德风范，传承弘扬养老孝老敬老的中华民族传统美德

党的十八大以来，国家连续出台政策措施，大力弘扬养老孝老敬老的中华民族传统美德，大力推进孝老敬老社会氛围的形成。党的十九大报告指出："深入实施公民道德建设工程，推进社会公德、职业道德、家庭美德、个人品德建设，激励人们向上向善、孝老爱亲。"2017年2月，《"十三五"国家老龄事业发展和养老体系建设规划》（国发〔2017〕13号）提出："弘扬敬老养老助老的社会风尚把敬老养老助老纳入社会公德、职业道德、家庭美德、个人品德建设，纳入文明城市、文明村镇、文明单位、文明校园、文明家庭考评。"

2018—2019年连续两年中央"一号文件"都关注农村社会道德问题，针对农村"孝道式微、老无所养"问题提倡"孝老爱亲"。2018年《中共中央 国务院关于实施乡村振兴战略的意见》提出："深入挖掘乡村熟人社会蕴含的道德规范，结合时代要求进行创新，强化道德教化作用，引导农民向上向善、孝老爱亲、重义守信、勤俭持家。"2019年《中共中央 国务院关于坚持农业农村优先发展做好"三农"工作的若干意见》指出："对婚丧陋习、天价彩礼、孝道式微、老无所养等不良社会风气进行治理。"

2019年3月，《中共中央宣传部、中央文明办等6部门关于评选表彰第七届全国道德模范的通知》指出："将孝老爱亲模范纳入第七届全国道德模范评选，要持之以恒地关心关爱道德模范，认真落实

《帮扶生活困难道德模范实施办法（暂行）》（文明办〔2007〕9号），深入了解新当选道德模范的工作生活情况，对于存在实际困难的给予资助，树立好人好报、德者有得的价值导向。"

《老年人权益保障法》将农历九月九日定为老年节之后，全国老龄工作委员会每年就举办全国"敬老月"发布通知。全国"敬老月"大力开展孝老敬老各项活动。《全国老龄工作委员会关于深入开展2020年全国"敬老月"活动的通知》（全国老龄委发〔2020〕4号）要求各地方老龄工作委员会"着力弘扬中华民族孝老爱亲传统美德"。《全国老龄工作委员会关于开展2021年全国"敬老月"活动的通知》（全国老龄委发〔2021〕2号）的一项重要活动内容是"加强宣传倡导，营造敬老爱老助老社会氛围"。

4. 营造老年友好型社区，推动社会力量共同参与老年友好型社会建设

党的十八大以来，国家大力推动社会力量参与营造老年友好型社区建设。《民政部关于鼓励和引导民间资本进入养老服务领域的实施意见》（民发〔2012〕129号）、《社区老年人日间照料中心设施设备配置》（2017年5月实施）和《民政部办公厅 财政部办公厅关于开展第四批居家和社区养老服务改革试点申报工作的通知》（民办函〔2019〕57号）相继出台，国家对社区养老设施建设的各项指标进行了较为细致的规定，大力完善社区照料服务功能，为各地加强社区养老设施建设提供了规范和引导。

《关于开展示范性全国老年友好型社区创建工作的通知》（国卫老龄发〔2020〕23号）提出："探索建立老年友好型社区创建工作模式和长效机制。到2025年，在全国建成5000个示范性城乡老年友好型社区，到2035年，全国城乡实现老年友好型社区全覆盖。"同时，该通知明确指出了包括改善老年人的居住环境、方便老年人的日常出行、提升为老年人服务的质量、扩大老年人的社会参与、丰富老年人的精神文化生活和提高为老服务的科技化水平在内的六方面工作任务。《全国老龄工作委员会关于开展2021年全国"敬老月"活动的通知》（全国老龄委发〔2021〕2号）的活动内容包括："认定首批

全国示范性老年友好型社区。"2021年8月31日,国家卫生健康委发布公示:"国家卫健委、全国老龄办拟命名北京市东城区朝阳门街道新鲜社区等993个社区为全国示范性老年友好型社区。"

5. 逐步健全老年人社会优待制度体系

老年优待制度是一项具有悠久中国传统文化特色的制度,是弘扬孝老敬老助老社会风尚的重要载体。实施积极应对人口老龄化国家战略,要打造老年宜居环境,健全老年优待制度,提倡与老年人日常生活密切相关的服务行业为老年人提供优先、优惠服务,积极支持老年人融入社会①。《"十三五"国家老龄事业发展和养老体系建设规划》(国发〔2017〕13号)明确提出:"推进非本地户籍常住老年人与本地户籍老年人同等享受优待。到2020年,老年人优待制度普遍建立完善。"2018年,《老年人权益保障法》第七次修正,第五十三条至第六十条专门就"老年人社会优待"作出全面、详细的规定。总体看来,老年人的社会优待体现在获取各种物质帮助、法律援助、优先与优惠服务、方便就医或优先就医、交通客运优待或照顾、公共文化场所与设施免费或优惠开放、农村老年人不承担兴办公益事业的筹劳义务等诸多方面。

6. 帮助老年人更好融入当今智能信息化社会

当今社会智能信息化发展日新月异,老年人在运用智能技术方面存在突出困难,这种情况对构建养老孝老敬老社会环境产生负面影响。《国务院办公厅印发关于切实解决老年人运用智能技术困难实施方案的通知》(国办发〔2020〕45号)聚焦老年人日常生活涉及的出行、就医、消费、文娱、办事等7类高频事项和服务场景:"一是做好突发事件应急响应状态下对老年人的服务保障;二是便利老年人日常交通出行;三是便利老年人日常就医;四是便利老年人日常消费;五是便利老年人文体活动;六是便利老年人办事服务;七是便利老年人使用智能化产品和服务应用。"《全国老龄工作委员会关于开展2021年全国"敬老月"活动的通知》(全国老龄委发〔2021〕2

---

① 李纪恒:《实施积极应对人口老龄化国家战略》,《光明日报》2020年12月18日。

号）的一项活动内容是"聚焦实际需求，开展'智慧助老'行动"。"智慧助老"行动的具体内容包括：在全国范围内开展老年人运用智能技术宣传推广活动，让更多老年人用得上、愿意用、用得好智能技术，帮助老年人更好地适应信息社会的发展；开展"社区青春行动"，引导青年社会组织、青少年事务社工等帮助老年人学习使用电脑、智能手机等电子设备，掌握出示健康码、扫码支付、出行、就医等生活便利化技能；在医疗卫生、金融服务、政务服务、交通出行、文化和旅游等重点行业服务场所，保留部分人工窗口和志愿服务岗，为老年人提供便利，优化网约车软件，增设方便老年人使用的"一键叫车"功能。

二 党的十八大以来构建养老孝老敬老社会环境的特点

养老孝老敬老一直被中国历朝历代统治者所重视。尽管各朝各代在养老孝老敬老措施的具体内容方面存在差异，但其方式都基本承袭下来：一是注重以礼仪仪式、荣誉恩赐来礼遇高年，教化民众孝老敬老；二是依靠刑律手段惩戒不孝行为，利用优惠政策减免老年人及其侍奉子孙的赋税徭役，以引导民众孝养老人；三是借助物质恩赐、机构收养等方式帮扶赡养老年群体，以保证老年人的基本生活需要得到满足①。党的十八大以来，中国在构建养老孝老敬老社会环境方面，既传承和延续了中国历史文化传统的精华，也剔除了糟粕，体现出鲜明的时代特征和实践特点。

（一）构建养老孝老敬老社会环境的相关举措具有较强的全面性和系统性

党的十八大以来，国家一直强调构建养老孝老敬老社会环境的重

---

① 林闽钢、康镇：《构建中国养老、孝老、敬老社会政策体系》，《人口与社会》2018年第4期。

要性。2017年,党的十九大报告指出:"积极应对人口老龄化,构建养老、孝老、敬老政策体系和社会环境。"2019年,《规划》指出:"构建养老、孝老、敬老的社会环境"。2021年,《纲要》指出:"构建养老、孝老、敬老的社会环境,强化老年人权益保障。"同时,国家通过实施全面系统的举措来构建养老孝老敬老社会环境:制定或完善《宪法》《民法典》《老年人权益保障法》和《反家庭暴力法》等立法措施,巩固了构建养老孝老敬老社会环境的法治基础;完善《老年人权益保障法》和家庭支持体系、建立居家探访制度等途径,支持老年人居家养老、支持家庭发挥养老功能、巩固家庭养老地位。总体来看,党的十八大以来,国家有关构建养老孝老敬老社会环境的相关政策和法律法规不断完善,从中央到地方、在各部门的协调配合下,相关举措被大力推进实施。

(二)重视老年人合法权益的保护,完善法治以构建养老孝老敬老社会环境

保护老年人合法权益是构建养老敬老孝老社会环境的应有之义和底线要求。完善法治将有力保障老年人的合法权益。党的十八大以来,党和国家在加强应对人口老龄化的法治环境、完善老年人权益保障法律制度方面取得明显进展。除了《宪法》对老年人基本权益的保障,2016年3月1日起开始施行《反家庭暴力法》;2018年12月29日完成了《老年人权益保障法》的第三次修正;2021年开始实施中华人民共和国历史上的第一部《民法典》。通过上述立法和修法举措,中国应对人口老龄化的法治环境得到明显改善。随着《宪法》《民法典》《老年人权益保障法》和《反家庭暴力法》等一系列法律的出台、修正和完善,中国构建养老孝老敬老社会环境的法治基础更加巩固。

(三)重视敬老孝亲等优良道德与文化的规范和引领作用

构建养老孝老敬老社会环境需要包括每个个体在内的各社会主体都树立孝老敬老的道德风范。孝亲敬老是中国优良传统文化,国家鼓励公民积极弘扬具有时代特征的孝亲敬老文化，弘扬"百善孝为先"等传统美德。党的十九大报告指出："深入实施公民道德建设工程，推进社会公德、职业道德、家庭美德、个人品德建设，激励人们向上向善、孝老爱亲。"同时，针对农村社会孝老敬老氛围弱化的现实情况，国家采取各种手段来扭转这样的不利局面，从正反两方面挖掘孝老爱亲作为乡村社会道德规范的道德教化作用。2018年，《中共中央　国务院关于实施乡村振兴战略的意见》指出："提升乡村德治水平。深入挖掘乡村熟人社会蕴含的道德规范，结合时代要求进行创新，强化道德教化作用，引导农民向上向善、孝老爱亲。"2019年，《中共中央　国务院关于坚持农业农村优先发展做好"三农"工作的若干意见》指出："加强农村精神文明建设。对孝道式微、老无所养等不良社会风气进行治理。"

（四）重视并大力推进老年宜居环境建设和老年友好型社区建设

老年宜居环境不仅是构建养老孝老敬老社会环境的必然要求，也是构建养老孝老敬老社会环境的必要方法与途径。党的十八以来，国家大力推进老年宜居环境建设和老年友好社区建设。《关于推进老年宜居环境建设的指导意见》（全国老龄办发〔2016〕73号）指出："到2025年，安全、便利、舒适的老年宜居环境体系基本建立，'住、行、医、养'等环境更加优化，敬老养老助老社会风尚更加浓厚。"在提出"推进老年宜居环境建设"之后，国家继续提出"创建老年友好型社区"。《关于开展示范性全国老年友好型社区创建工作的通知》（国卫老龄发〔2020〕23号）提出："到2035年，全国城乡实现老年友好型社区全覆盖。"可以认为，老年友好型社区是老年宜居环境建设的重要载体之一。老年宜居环境建设和老年友好型社区创建之间存在诸多共同之处，二者都强调老年人的居住环境、日常出行、健康服务、养老服务、社会参与、精神文化生活等方面的便利。比较而言，老年宜居环境建设强调环境优化和养老敬老助老社会风尚浓厚，而老年友好型社区建设强调社区对老年社区各方面养老需求的满足。

（五）强调支持家庭承担养老功能，巩固家庭养老的基础地位

中国长期存在老年人居家养老、家庭养老的文化传统。然而，改革开放以来，伴随着城市化、工业化和现代化进程，家庭生育子女数量减少，成年子女因工作和上学导致亲代与子代异地居住的情况显著增加，老年空巢家庭和独居现象逐渐增多。与传统社会相比，家庭代际关系发生深刻变化，传统孝文化和孝道的影响在减弱。老年人，尤其是农村老年人能够获得的养老支持在减少，家庭养老功能在减弱，部分地区甚至存在严重的农村老年人自杀问题[①]。为解决这些问题，在新的时代背景和社会环境下，重视孝文化、提倡孝道，支持家庭承担养老功能，发挥家庭养老基础作用是一项可能且可行的应对之道[②]。党的十八大以来，国家通过完善老年人权益保障相关法律、完善家庭支持政策、推动家政服务提质扩容和建立完善老年人居家探访制度来支持家庭发挥养老功能。同时，国家大力弘扬养老孝老敬老的中华民族传统美德，大力推进孝老敬老社会氛围的形成。由此，构建养老敬老孝老社会环境的法律、政策、制度和文化基础得以加强，家庭养老的基础地位得以巩固。

（六）与时俱进，不断满足老年人的新需求

面对日益加重的人口老龄化程度和日新月异的社会经济生活现实条件，有效满足老年人需求、构建养老敬老孝老社会环境是一个动态过程。党的十八以来，国家不断完善法治，提倡新时代的孝亲敬老道德风范，加强家庭支持体系建设、老年宜居环境建设和老年友好型社区建设，并采取有力举措全面加强人口老龄化国情教育，帮助老年人适应信息化社会，动员全社会共同参与积极应对人口老龄化。这些举措表明：构建养老敬老孝老社会环境是必须与时俱进、不断满足老年

---

① 刘燕舞、王晓慧：《农村老年人自杀的地域差异与文化分析》，《云南师范大学学报》（哲学社会科学版）2013年第4期。

② 牛冠恒：《建设具有时代特征的孝老爱亲文化》，《社会治理》2020年第11期。

人新需求的长期社会工程。

三 进一步优化养老孝老敬老社会环境的建议

党的十八以来,中国构建敬老养老孝老社会环境取得了明显进展,但也存在一些问题。未来,建议在以下若干方面采取措施以促进养老孝老敬老社会环境的构建。

(一)完善老年人权益保障法律制度,提高构建养老孝老敬老社会环境的法治水平

党的十八大以来,立法、修法等完善法制工作取得明显进展,构建养老孝老敬老社会环境的法制基础在巩固。但是,除了《老年人权益保障法》以外,其他有关老年人权益保障的立法大多数是各立门户,相互衔接不够。有关老年人权益保障法律制度的系统性、协调性、针对性和可操作性仍有待加强。例如,《老年人权益保障法》的法律强制力不足,《反家庭暴力法》强调对遭受家庭暴力的老年人予以特殊保护,但并未明确特殊保护的具体含义和措施。建议对老年人权益保障相关法律制度进行全面梳理,归并重复交叉的内容,协调化解冲突抵触的内容,补充立法空白,修改不适应发展新情况的内容。

(二)统筹协调推进老年宜居环境建设、老年友好型社区营造和老年友好型社会建设

党的十八大以来,2016年《关于推进老年宜居环境建设的指导意见》、2019年《国家积极应对人口老龄化中长期规划》和2020年《关于开展示范性全国老年友好型社区创建工作的通知》(国卫老龄发〔2020〕23号)分别提出推进老年宜居环境建设、建设老年友好型社会和开展老年友好型社区创建工作。这三项工作既有密切联系,也存在一定差别。其中,《规划》显示,"打造老年宜居环境"是"建设老年友好型社会"的重要组成部分。老年友好型社区与老年宜居环境也存在交叉和重叠。三者都是既包含物质文明建设,也包含精神文明建设。建议在未来的工作中，进一步厘清三者的内涵与关系，统筹协调推进老年宜居环境建设、老年友好型社区营造和老年友好型社会建设。

（三）完善家庭支持体系，巩固家庭养老的基础地位

党的十八大以来，构建养老孝老敬老社会环境强调支持家庭承担养老功能，巩固家庭养老的基础地位、发挥家庭养老的基础作用。不过，完善家庭支持体系的建设力度仍有待加强。建议国家采取更加有力的举措保障公民孝敬老人的权利，具体举措包括且不限于：赡养人探亲休假的权利，带薪休丧假的权利，赡养老人支出免税的权利，投靠子女落户的便利条件，对困难人群赡养父母提供物质帮助，提供养老送终方便，对到一定年岁的老人免除其独生子女服兵役的义务，对子女与父母同住送终视情况减免遗产税等①。伴随着第一代独生子女父母步入老年，成年与子女与父母异地居住或居住距离较远，家庭养老功能持续弱化的风险较大。未来，建议在以下方面完善家庭支持体系、支持家庭承担养老功能：探索推进家庭照护者培训，采取切实举措支持和鼓励成年子女与老年父母共同生活或者就近居住，减轻家庭照顾老年人的负担和压力。

（四）加强老龄化国情教育工作，发挥老年人在构建养老孝老敬老社会环境中的主体作用

实施积极应对人口老龄化国家战略是需要全社会的共同投入，需要老年人、家庭成员、社会、市场和政府等都发挥主体作用。然而，党的十八以来，老年人主要被视为构建养老孝老敬老社会环境的客体，老年人的主体作用尚不明显。建议采取切实的系统举措，充分发挥2.6亿老年人在构建养老孝老敬老社会环境中的主体作用和积极性，特别是"要发挥老年人优良品行在家庭教育中的潜移默化作用和对社会成员的言传身教作用，发挥老年人在化解社会矛盾、维护社会

---

① 郭忠：《试论"孝老"权利的法律化》，《学术界》2019年第4期。

稳定中的经验优势和威望优势，发挥老年人对年轻人的传帮带作用。要为老年人发挥作用创造条件，引导老年人保持老骥伏枥、老当益壮的健康心态和进取精神，发挥正能量，作出新贡献"①。

（五）鼓励各地因地制宜、构建各具特色的养老敬老孝老社会环境

引导各地根据实际的人口老龄化程度、社会经济发展水平和文化风俗特点，制定和实施各具特色的举措。当前，中国人口经济社会发展不均衡的特点仍然突出，构建养老孝老敬老社会环境的投入力度、执行过程和实际效果存在较大的城乡与地区差异。建议根据人口老龄化水平、经济社会发展水平和文化观念特征等方面的差异，在落实中央有关构建养老孝老敬老社会环境的主要举措以外，鼓励和支持各地根据实际情况采取差异化和个性化的政策、制度和具体举措，因地制宜，构建各具特色的养老孝老敬老社会文化环境。

---

① 2016年5月27日，习近平总书记在中共中央政治局举行的关于我国人口老龄化的形势和对策第三十二次集体学习上的讲话。

第八章　促进人口均衡发展的新举措及建议[*]

促进人口均衡发展既是积极应对人口老龄化的重要目标，也是应对人口老龄化的重要举措。党的十八大以来，面对不断变化的人口形势，党中央不断调整和完善生育政策，作出了一系列促进人口长期均衡发展的重大决策，极大地推动了积极应对人口老龄化的各项工作。

一　人口均衡发展政策的内涵

中国人口均衡发展的理论形成于2010年前后，其背后有深刻的人口变动因素。虽然中国仍然是世界第一的人口大国，但人口增速已经快速下降，生育率也降至较低水平，人口结构问题逐渐上升为人口与社会经济发展之间的主要矛盾，人口老龄化背景下的"未富先老"忧虑正在加深，人口与资源、环境的紧张关系仍未缓解，出生性别比长期失衡和独生子女家庭的养老问题也被广泛讨论。政府和社会充分认识到过去追求人口规模控制的单一、非均衡式人口政策不再合乎时宜，建立人口均衡型社会变得十分迫切。

学者们对"人口均衡""人口均衡发展""人口均衡型社会""人口长期均衡发展"的相关含义和内容都进行了明确的界定。"人口均

---

[*] 本章作者为杨舸。作者简介：杨舸，中国社会科学院人口与劳动经济研究所副研究员，中国社会科学院应对人口老龄化研究中心副秘书长，中国社会科学院大学副教授、硕士生导师，研究领域为人口与社会发展。

衡"是指人口自身实现良性发展,包括适度的人口规模、人口结构趋于优化、人口素质全面提升、人口分布合理布局;并且人口的发展与社会经济发展相协调,与资源环境承载力相适应的平衡发展状态[①]。张俊良和郭显超从力量均衡的角度解释了"人口长期均衡发展",指人口自身及相关因素达到力量相对平衡,人口变动净趋向为零的状态,同时人口实现了"变量均衡"和"行为均衡",即具备了协调性和可持续性[②]。人口长期均衡发展课题组认为,"人口均衡"是特定社会生产方式条件下和特定价值取向下的人口供需间实现均等且可持续的状态,人口供给由人口数量、质量、结构、分布等内部关系决定,人口需求则由人口系统与经济、社会、资源、环境系统等外部关系决定[③]。

总体来说,"人口长期均衡发展"包含"两部分"或"三部分"含义。"两部分"是指"人口内部均衡"和"人口外部均衡"。从内部来说,人口规模、素质、结构等内部要素之间相互作用,力量平衡且处于自身理想状态;从外部来说,人口与外部各方面因素的力量相平衡,人口发展既不能落后于经济、社会、资源、环境等因素的发展,也不能超出经济、社会、资源、环境等因素所能承受的范围[④]。这两个均衡会使得人口再生产、质量、结构和分布等向着更高级均衡状态发展[⑤]。"人口均衡型社会"是在实现人口"内部均衡"的基础上探求"外部均衡"的社会发展模式[⑥]。"三部分"理论又加入了"人口总均衡"概念,具体指:不断实现人口规模适度、人口质量优

---

① 翟振武、杨凡:《中国人口均衡发展的状况与分析》,《人口与计划生育》2010年第8期。
② 张俊良、郭显超:《人口长期均衡发展的理论与实证模型研究》,《人口研究》2013年第5期。
③ 人口长期均衡发展课题组、马力、桂江丰:《以科学发展为主导 构建人口均衡型社会》,《人口研究》2010年第5期。
④ 翟振武、杨凡:《中国人口均衡发展的状况与分析》,《人口与计划生育》2010年第8期。
⑤ 李建民:《论人口均衡发展及其政策涵义》,《人口与计划生育》2010年第5期。
⑥ 陆杰华、朱荟:《建设人口均衡型社会的现实困境与出路》,《人口研究》2010年第4期。

第二部分 举措分析篇

良、人口结构优化、人口分布合理的"人口内部均衡";实现经济发展、社会和谐、资源节约、环境友好的"人口外部均衡";"人口总均衡"是促进人口系统与其他系统相互匹配的过程中,实现总体效益最大化,以人的全面发展作为最终目标,构建人口均衡型社会①。

另有学者从"人文取向"界定了"人口均衡发展"的目标,包含生命尊严至上(维护婴儿的平等出生权、生存权和发展权)、家庭幸福是求(保障家庭的生育权、发展权、幸福权和养老权)、社会和谐自来(人口与社会关系均衡)和持续发展可待②。陆杰华和黄匡时总结梳理了人口均衡型社会相关的理论框架包括四个方面:一是一般均衡理论、内外均衡理论等经济学理论;二是涉及人口、资源和环境等诸多因素的可持续发展理论;三是适度人口理论、人口安全观、大人口观和"两个统筹"思想等人口理论;四是和谐社会理论和科学发展观等社会建设理论③。

经过十多年的发展,我们正在形成一整套人口长期均衡发展的政策体系,体现了以下四方面的政策内涵。

第一是包容性。包容性是指社会主体能够包容客体的特性,通常是指社会多元化,人与人、人与社会、人与自然和谐共处的状态。"十四五"规划文件提出"要增强生育政策的包容性",包容性人口政策意味着不追求单一目标的实现,而是共享发展的成果,维护社会的平等和公平,保护弱势群体,维持社会和经济协调发展,保护生态环境,从而最终实现人口的可持续发展。

第二是全面性。人口与社会经济环境、资源生态环境均为相互作用、相互影响的关系,人口政策也不应是孤立的政策,应该在国民经济、社会体制、产业规划、城镇化布局、资源利用和环境保护等社会经济发展综合战略中充分考虑人口因素的影响和对人口发展的作用,

---

① 人口长期均衡发展课题组、马力、桂江丰:《以科学发展为主导 构建人口均衡型社会》,《人口研究》2010年第5期。
② 穆光宗:《论人口均衡型社会》,《中国人口报》2010年6月28日。
③ 陆杰华、黄匡时:《关于构建人口均衡型社会的几点理论思考》,《人口学刊》2010年第5期。

才能实现人口与外部要素的协同发展。

第三是长期性。人口的变化需要漫长的发展过程，具有明显的规律性和依赖性。人口政策的调整也需要经历较长时间才能看到效果。因此，人口政策必须具有前瞻性，用长远观点来审视人口政策的影响，提前预警人口安全问题，及时调整人口政策方向。

第四是可持续性。随着人口转变的完成，中国已经追随发达国家的脚步进入后人口转变时代，人口面临负增长的风险加大。但各国间的传统文化观念、经济发展水平、人口与社会的互动关系均存在较大差异。人口政策的调整不能照搬国外经验，必须符合经济发展的国情，适应社会主流价值观念，才具有可持续性的能动力。

二 党的十八大以来促进人口均衡发展的主要举措

当前，中国实现了全面建成小康社会的百年目标，在社会、经济、科技等领域均取得了重大成就，中国特色社会主义进入新的发展时期。同时，中国人口发展也进入重要转折期，人口发展的内在机制和外在环境发生了深刻变化，党中央始终坚持把握人口发展的科学规律，不断完善生育政策及相关配套政策，积极应对人口老龄化，促进人口长期均衡发展。

（一）促进人口均衡发展政策思路的转变

党的十八大以来，中国不仅实施了近30年来最重要的生育政策调整，从"单独二孩"到"全面二孩"，再到"三孩政策"，也将人口因素纳入整个社会经济政治的框架下，不断健全和完善人口相关的政策体系，将积极应对人口老龄化提升至国家战略层面。这一时期的人口政策转变主要体现在以下几个方面。

一是调整认识，转变方向。自20世纪七八十年代开始，中国将计划生育政策定为基本国策，政府和社会几乎一边倒地倾向"人口负担论"，当时人口过快增长和国内出现的粮食、资源等供应不足问题，促成了对人口规模的焦虑。进入2000年后，随着人口结构问题逐渐

第二部分 举措分析篇

出现，有了对严格生育政策进行反思的声音，社会对人口观和生育政策的讨论或辩论也空前激烈，但多年形成了固有政策思维并不容易改变。直至党的十八大后，中国开始全面调整对人口负担的认识，人口结构问题已经成为人口与社会经济发展不协调的主要矛盾，如果不及时调整生育政策，恐加速人口结构的恶化。中国把握了生育政策调整的窗口期，在总和生育率为 1.6—1.7 时①，及时逐步调整了生育数量的限制，改变了生育控制的方向，为避免生育水平的进一步下滑。

二是大胆创新，小步慢走。尽管调整生育政策逐渐成为共识，但如何调整以及何时调整依然存在争论，如果立刻废止计划生育政策中限制生育的条款，转而鼓励生育率提升，有可能出现较大程度的出生堆积现象。出生人口的大幅波动会带来医疗、教育等公共资源压力的波动，不利于资源合理配置，对儿童的就医、升学，乃至后面的就业均会产生不利影响。中国选择了逐步放宽生育限制的路径，从"单独二孩"政策过渡到"全面二孩"政策。但没有选择部分省市试点，然后扩展到全国的方案，也是考虑到生育政策调整的紧迫性，在有条件的情况下，缩短政策过渡的时间。

三是由点及面，全面发展。长期以来，我们容易局限性地把人口政策与生育政策画等号。但人口是社会、经济、文化、政治、生态等环境系统的重要参与者，人口规模、结构等因素对外部环境产生正面或负面影响，外部环境也会对人口再产生和发展变动产生作用。因此，不论是为实现适度人口规模、人口素质提高、人口结构优化、人口合理分布等人口内部均衡目标，还是实现人口与社会、经济、资源、环境等协调发展，都需要全面性、系统性的政策体系。党的十八大以来，人口政策从生育政策的狭义解释中脱离出来，围绕人口年龄结构老化的突出问题，上升为"积极应对人口老龄化"的国家战略，形成涵盖卫生、医疗、托幼、教育、就业、产业、社保、税收、住房等众多领域的政策集合。

四是辩证思维，协调发展。辩证思维贯穿了中国共产党人治国理

---

① 陈卫、段媛媛：《中国近 10 年来的生育水平与趋势》，《人口研究》2019 年第 1 期。

证的历史进程。我们要学会运用辩证法,善于"弹钢琴",处理好局部和全局、当前和长远、重点和非重点的关系,着力推动区域协调发展、城乡协调发展①。党的十八大以来,不论是处理人口与社会、人口与经济、人口与环境的关系,还是协调新型城镇化与乡村振兴,最终实现人口长期均衡发展,均是在运用辩证思维处理人口系统内部和外部所产生的问题。单线思维无法有效处理人口与外部体系发展中的复杂问题,既要解决当前的突出矛盾,也要着眼长期影响;既要了解局部问题,也要意识到系统性风险,人口政策的终极目标始终是实现人的全面可持续性发展。

(二) 促进人口均衡发展政策的具体举措

党中央发布了一系列重要的政策文件,从放宽生育限制、改革计生职能部门、促进优生优育、支持家庭生育养育、构建人口监测预警等角度实施促进人口均衡发展的长期战略。

1. 放宽生育限制

在过去十年,为了规避可能出现的生育堆积问题,中国采用循序渐进的方式放宽了生育数量限制。2013 年 11 月,十八届三中全会通过了《中共中央关于全面深化改革若干重大问题的决定》,启动"实施一方是独生子女的夫妇可生育两个孩子的政策"。2015 年 12 月,第十二届全国人民代表大会常务委员会第十八次会议表决通过《中华人民共和国人口与计划生育法修正案(草案)》,"全面二孩"政策于 2016 年 1 月 1 日起施行。2021 年 5 月 31 日,中共中央政治局审议通过《关于优化生育政策促进人口长期均衡发展的决定》提出,实施一对夫妻可以生育三个子女政策及配套支持措施。同年 8 月 17 日,《中华人民共和国人口与计划生育法修正案(草案)》提请十三届全国人大常委会第三十次会议审议。

2. 改革职能部门

伴随着生育政策的调整,相关职能部门的改革也势在必行。2013

---

① 《不忘初心:坚守中国共产党人的精神家园》,人民出版社 2016 年版,第 75 页。

年 3 月,国务院将卫生部与计划生育委员会职能合并,组建国家卫生和计划生育委员会。同年 6 月,根据《国务院办公厅关于印发国家卫生和计划生育委员会主要职责内设机构和人员编制规定的通知》(国办发〔2013〕50 号),合并后的卫生和计划生育委员会取消了"全国计划生育家庭妇女创业之星、全国十佳自强女孩评选等达标、评比、评估和相关检查活动";同时要"加强对基层计划生育工作的指导,促进出生人口性别平衡和优生优育,提高出生人口素质"。新机构保留了原计划生育委员会的部分职能,包括:完善、组织和实施生育政策、出生性别平衡政策、优生优育或提高人口素质政策、生殖健康促进政策等,监督和指导地方计划生育工作,规范和检查执法行为,落实流动人口计划生育服务管理,以及建设国家人口基础信息库和计划生育困难家庭扶助等。此次机构改革是为"单独二孩"政策的出台和实施奠定基础。

根据党的十九届三中全会审议通过的《深化党和国家机构改革方案》和第十三届全国人民代表大会第一次会议批准的《国务院机构改革方案》。2018 年 3 月,国务院整合国家卫生和计划生育委员会、国务院深化医药卫生体制改革领导小组办公室、全国老龄工作委员会办公室等部门职责,组建国家卫生健康委员会,主要承担卫生、健康、家庭、养老等相关职能。其中保留与人口计划生育有关的职责包括:"负责计划生育管理和服务工作,开展人口监测预警,研究提出与生育相关的人口数量、素质、结构、分布、家庭发展方面的政策建议,促进生育政策和相关经济社会政策配套衔接。"相应地,仅保留一个司局级部门(人口监测与家庭发展司)负责相关职责。而拟定国家人口发展战略、人口长期均衡发展规划和人口政策等则由国家发展和改革委员会负责和统筹。此次机构改革不仅是对"全面二孩"政策的回应,也是中国全面生育政策转型的开始。而在基层政府,计划生育工作由管理型向服务型转变,生育登记和生育审批的传统职能被置于次要地位,而生殖健康、妇幼保健等公共服务被列为主要职能。

3. 继续强化优生优育

21 世纪初开始，中国开始尝试将计划生育管理向计划生育服务转变，基层相关部门不仅要监督检查计划生育法规的执行情况，也需要为育龄群众提供计划生育服务，2003 年发布的《中国 21 世纪初可持续发展行动纲要》提出，"全面提高人口素质，建立完善的优生优育体系和社会保障体系"，"加强计划生育技术服务网络建设"[1]。同时，《人口发展"十一五"和 2020 年规划》和《卫生事业发展"十一五"规划纲要》均将优生优育列入重要工作内容，不仅"全面实施出生缺陷干预工程"，将"婚前和孕前保健、孕产期保健、产前筛查和诊断、产后访视、新生儿疾病筛查和康复等工作"纳入常规工作内容[2]，还将"孕产妇死亡率""婴儿及 5 岁以下儿童死亡率""出生缺陷发生率"作为重要考核指标[3]。随着流动人口规模的扩大，相关部门推动了流动人口计划生育基本公共服务均等化试点工作，为"流动人口在现居住地获得与户籍人口同等的宣传倡导、计划生育、优生优育、生殖健康、奖励优待等方面的基本公共服务"[4]。

党的十八大以后，"优生优育"从降低出生缺陷向全面提高人口素质转变，人口政策向健康和教育领域延伸。

首先，加强贫困地区的优生优育服务，补齐农村母婴健康的短板。《国务院办公厅关于印发国家贫困地区儿童发展规划（2014—2020 年）的通知》（国办发〔2014〕67 号）提出将"孕产妇死亡率下降到 30 万/10 万，婴儿和 5 岁以下儿童死亡率分别下降到 12‰和 15‰"，"5 岁以下儿童生长迟缓率降低到 10%以下，低体重率降低到

---

[1] 《国务院关于印发中国 21 世纪初可持续发展行动纲要的通知》（国发〔2003〕3 号），http://www.gov.cn/zhengce/zhengceku/2008-03/28/content_2108.htm。
[2] 《国务院办公厅关于印发人口发展"十一五"和 2020 年规划的通知》（国办发〔2006〕107 号），http://www.gov.cn/zhengce/zhengceku/2008-03/28/content_6512.htm。
[3] 《国务院批转卫生事业发展"十一五"规划纲要的通知》（国发〔2007〕16 号），http://www.gov.cn/zhengce/zhengceku/2008-03/28/content_6193.htm。
[4] 《国家四部委印发关于创新流动人口服务管理体制推进流动人口计划生育基本公共服务均等化的指导意见》（人口流管〔2010〕69 号），http://www.nhc.gov.cn/rkjcyjtfzs/zc-wj2/201306/c0ebb2558dde4cc09e33d7b8ceea59cf.shtml。

第二部分 举措分析篇

5%以下，贫血患病率降低到12%以下"，作为2020年的规划目标。工作措施包括：通过免费的孕前健康检查、孕期产期保健和新生儿疾病筛查等项目综合防治出生缺陷；对农村孕产妇住院分娩进行财政补助，加强高危孕妇、早产儿的管理、预防和干预，提高孕产妇和新生儿健康水平；实施贫困地区困难家庭婴幼儿营养改善项目，完善农村义务教育学生及学龄前儿童营养改善项目；将儿童健康体检纳入基本公共卫生服务或学校公用经费开支范围；使城乡居民基本医疗保险覆盖全体儿童。

其次，优生优育向全生命周期健康扩展。2016年8月中共中央政治局审议通过《"健康中国2030"规划纲要》，围绕"提高人民健康水平"，从"普及健康生活、优化健康服务、完善健康保障、建设健康环境、发展健康产业"[1]出发，把健康因素纳入所有政策前提。此后，优生优育也从孕产期、婴幼儿期的健康促进向更高的养育阶段扩展。2019年《国务院关于实施健康中国行动的意见》（国发〔2019〕13号）提出，不仅要继续健全孕育和养育的健康促进体系，防治出生缺陷，也要加强儿童早期教育、婴幼儿照料和育龄妇女生殖健康；同时促进中小学生身心健康，将学生体质、近视、肥胖等健康情况纳入考核指标[2]。2021年9月国务院发布的《中国儿童发展纲要（2021—2030年）》全面囊括了儿童的健康、安全、教育、福利、环境、法律保护六大方面，其中对于儿童健康的关注，由出生缺陷防治、适龄儿童免疫，扩展到儿童早期发展、健康生活方式、心理健康、性教育等方面；对于儿童安全的关注，由预防暴力、意外和伤残，扩展到儿童用品安全、治理儿童欺凌和干预网络沉迷[3]。

最后，完善和细化母婴安全和儿童健康的管理体系。2018年4

---

[1]《中共中央 国务院印发〈"健康中国2030"规划纲要〉》，http://www.gov.cn/zhengce/2016-10/25/content_5124174.htm。

[2]《国务院关于实施健康中国行动的意见》，http://www.gov.cn/zhengce/zhengceku/2019-07/15/content_5409492.htm。

[3]《国务院关于印发中国妇女发展纲要和中国儿童发展纲要的通知》（国发〔2021〕16号），http://www.gov.cn/zhengce/content/2021-09/27/content_5639412.htm。

月，为了落实《"健康中国2030"规划纲要》，国家卫生健康委制订了《母婴安全行动计划（2018—2020年）》和《健康儿童行动计划（2018—2020年）》，从国家医疗卫生系统建立了常规化的母婴安全和儿童健康管理方案，医疗卫生机构要强化备孕指导、妊娠风险评估、生育全程服务、高危人群管理、完善救治预案等工作，并做好儿童健康管理、新生儿保健和救治、防治出生缺陷、规范儿童早期发展服务、防治儿童重点疾病等工作。除此之外，从教育部门的工作范畴，也加强了儿童营养健康和体育运动的保障。2017年，中国疾病预防控制中心在国内8个省份的部分中小学启动"营养校园"的试点工作。国家卫健委办公室发布了《营养与健康学校建设指南》，弥补了此前的相关指南在膳食均衡、食品安全、健康教育和体育运动方面的缺项[1]。精准扶贫项目也将贫困地区学生的营养膳食补助纳入常规支出。国家卫生健康委会、教育部等相关部门制定的《儿童青少年肥胖防控实施方案》[2]和《儿童青少年近视防控光明行动工作方案（2021—2025年）》均明确指出，要为儿童参加户外活动和体育锻炼提供条件和基础设施[3]。除此之外，国家卫健委发布的《关于倡导无烟家庭建设的通知》提出，"从促进生殖健康和优生优育出发，以保护孕妇和儿童健康为突破口"，鼓励育龄家庭加入健康无烟家庭[4]。人类辅助生殖技术服务体系的规范和建设也列入了优生优育政策的范畴，《中共中央 国务院关于优化生育政策促进人口长期均衡发展的决定》中提出，要加强人类辅助生殖技术服务监管，开展专项公关，

---

[1] 《关于印发营养与健康学校建设指南的通知》（国卫办食品函〔2021〕316号），http://www.gov.cn/zhengce/zhengceku/2021-06/24/content_5620557.htm。

[2] 《关于印发儿童青少年肥胖防控实施方案的通知》（国卫办疾控发〔2020〕16号），http://www.gov.cn/zhengce/zhengceku/2020-10/24/content_5553848.htm。

[3] 《教育部办公厅等十五部门关于印发〈儿童青少年近视防控光明行动工作方案（2021—2025年）〉的通知》（教体艺厅函〔2021〕19号），http://www.gov.cn/zhengce/zhengceku/2021-05/11/content_5605840.htm。

[4] 《关于倡导无烟家庭建设的通知》（国卫规划函〔2020〕438号），http://www.gov.cn/zhengce/zhengceku/2020-11/27/content_5565378.htm。

严格规范相关技术应用，达到供需平衡和合理布局①。

4. 治理出生性别比偏高

"出生性别比"偏高是困扰中国多年的人口问题②。由于传统文化一直存在"男孩偏好"，再加上生育数量的限制和胎儿性别鉴定、终止妊娠技术的普及，国内人口出生性别比从偏高到严重偏高。从1990年开始，出生人口性别比高出正常范围，达到111，1994年以来，出生人口性别比始终在115以上，2004年达到最高峰121③。中国开始重视治理出生性别比偏高问题。2005年，国务院办公厅转发人口计生委等部门《关于广泛开展关爱女孩行动综合治理出生人口性别比偏高问题的行动计划》（国办发〔2005〕59号），利用超声技术和其他技术手段进行非医学需要的胎儿性别鉴定和选择性别人工终止妊娠被严格禁止。经过几年的打击"两非"行动，2009年成为出生性别比下降的拐点，2013年下降到117.6，2020年出生人口性别比降至111.3④，接近合理区间。

但是，历史上的出生性别比偏高问题正在当前逐步转化成为突出的社会问题。首先，婚育适龄期（20—30岁）男性可能面临越来越严峻的择偶竞争，并向相邻年龄组传导；其次，受婚配梯次结构的影响，偏远地区、低收入群体的男性将受到更大的婚姻挤压，从而产生"光棍"聚集效应，对当地的社会治理产生影响。根据推算，2030年有约10%⑤适婚男性的择偶需求无法得到满足，可能引发一系列社会问题。因此，治理出生性别比偏高的政策重点转向了引导性别平等、

---

① 《中共中央 国务院关于优化生育政策促进人口长期均衡发展的决定》，http://www.gov.cn/zhengce/2021-07/20/content_5626190.htm。
② 按照自然规律和生物特征，一个人口的出生性别比一般为103—107（103—107个男婴对应100个女婴）。
③ 侯佳伟、顾宝昌、张银锋：《子女偏好与出生性别比的动态关系（1979—2017）》，《中国社会科学》2018年第10期。
④ 金融界：《人口性别结构持续改善！人口七普出生人口性别比较2010年下降6.8》，https://www.163.com/dy/article/G9N8S86A0519QIKK.html。
⑤ 杨舸：《我国"十四五"时期的人口变动及重大"转变"》，《北京工业大学学报》（社会科学版）2021年第1期。

规范婚育行为和破除积恶陋习等方面。"十二五"时期的人口发展规划指出，要将性别平等全面纳入法律法规和公共政策，消除性别歧视[1]。《国务院办公厅关于印发中国反对拐卖人口行动计划（2021—2030年）的通知》（国办发〔2021〕13号）指出，在农村要确保妇女权益写入村规和村约，农村女性平等享有土地承包权、宅基地使用权及其他集体经济组织成员的权益。针对近年部分地区出现的天价彩礼问题，为了引导适婚人口建立健康的家庭观和婚恋观，破除旧的婚俗制度，河北、内蒙古、辽宁、吉林、黑龙江、江苏、河南、湖南、广东、重庆、四川、陕西等地开始试点婚俗改革实验区，2021年4月，民政部在官网上发布《民政部关于同意将河北省河间市等单位确认为全国婚俗改革实验区的批复》（民函〔2021〕33号）。

5. 支持生育和养育

面对生育率不断下降的风险，中国稳妥推进生育政策改革，但"三孩政策"能否起到提升生育率的作用，关键还在于生育友好型社会的构建。"友好"作为动词来看是指对待某事物的亲近友善，但"生育友好"不仅要包含对生育行为的友善，还应该包含对两性婚育、儿童成长和家庭建设的友好支持。

欧盟早在二三十年前就开始倡导成员国实施家庭友好政策，包括育儿假期、免费幼儿照护、儿童津贴等方面的政策支持，旨在提升女性就业率和生育率。联合国儿童基金会发布的《家庭友好政策：重塑未来工作场所》指出，"政府、用人单位和社会团体"应该在提倡和实施家庭友好政策中发挥重要作用，政策应该"贯穿妊娠期到儿童正式入学的整个阶段"，支持"家长和家庭对于照料幼儿的时间、资金和服务需求，同时让他们可以履行工作职责、值守工作岗位、提升工作技能和提高工作效率"。这套政策包含照顾幼儿的带薪育儿假、支持母乳喂养、可负担与可及的优质婴幼儿照料服务、儿童津贴四个部分。

---

[1] 《国务院关于印发国家人口发展规划（2016—2030年）的通知》（国发〔2016〕87号），http://www.gov.cn/zhengce/zhengceku/2017-01/25/content_5163309.htm。

第二部分　举措分析篇

2021年6月26日,《中共中央　国务院关于优化生育政策促进人口长期均衡发展的决定》(以下简称《决定》)预示着中国生育政策进入全面转型时期,包含两个层次:一是生育权利的回归,取消社会抚养费及相关处罚措施,将个人生育状态与入户、入学、入职等全面脱钩,将生育决策权还给家庭和女性;二是系统性建立生育友好的制度环境,推动其他经济社会政策的配套衔接,《决定》发布的10条配套支持措施涵盖卫生、医疗、托幼、教育、就业、保险、税收、住房等众多民生领域,几乎实现了全生命周期的覆盖。为了应对不断下降的生育率,降低生育、养育成本,提高年轻人的生育意愿,党的十八大以来政策对生育和养育的支持具体体现在以下几个方面。

一是建设普惠型婴幼儿照料和学前教育体系。教育部自"十三五"时期开展的"学前教育行动计划"使得公共财政补贴的幼儿园覆盖率达到80%,显著降低了学前教育的费用。《中国儿童发展纲要(2021—2030年)》进一步提出要逐步全面普及学前教育,特别是在农村地区、欠发达地区、民族地区等加强普惠性学前教育的覆盖。自2018年开始,政策扶持由普惠性学前教育扩展到普惠性托育服务行业,2019年5—10月,国务院连续印发两个相关文件《国务院办公厅关于促进3岁以下婴幼儿照护服务发展的指导意见》(国办发〔2019〕15号)和《国家卫生健康委关于印发托育机构设置标准(试行)和托育机构管理规范(试行)的通知》(国卫人口发〔2019〕58号),根据政策要求,要加强对家庭婴幼儿照料的指导,拓展社区幼儿照料服务,构建多层次、多元化的婴幼儿照料托育机构体系,给予相关行业和产业发展提供政策、土地、信息和人才等支持,同时规范机构设置标准和管理制度。2020年,随着"三胎"政策的出台,降低养育成本成为政策重点,《国务院办公厅关于促进养老托育服务健康发展的意见》(国办发〔2020〕52号)特别强调,要"综合运用规划、土地、住房、财政、投资、融资、人才等支持政策,扩大服务供给",在城乡均建立消费得起、方便可及的托育体系。《中国儿童发展纲要(2021—2030年)》提出将托育服务纳入社会经济发展规划，支持用人单位、社会力量参与提供普惠托育服务，完善托育服务的从业人员职业资格准入制度和机构监管制度①。

二是推进教育均衡，降低教育成本。早在十多年前，中国就逐步对西部地区农村、中东部地区农村和全部城市地区的义务教育阶段中小学生免除学杂费，从2008年秋季学期开始，全民免费义务教育正式开始实施。但随着市场经济的繁荣，家庭对子女教育的投入并未因此减少，反而越来越大，家长的教育"焦虑"到了影响生育意愿的程度，均衡教育成为关键的"减负"领域。大城市的校外培训、学区房乱象显著增加了家庭教育负担。由于城乡教育资源分配不平衡，农村基础教育仍然薄弱，经济条件宽裕又重视教育的农村家庭不断把子女送入当地县城或中心城市就读，老人陪读现象普遍，致使学区房效应向小城市传导。推动政府主导和市场化改革的双轨制，既要实现资源优化配置，又要保证基础公共服务的公平共享。政府必须认真履行监管、监督职责，从行业规范、教育评价、从业准入、升学改革等多角度"标本兼治"地推动教育均衡。

2021年是推动教育均衡政策力度空前的一年。4月30日，中央政治局召开工作会议，明确提出"坚持房子是用来住的、不是用来炒的定位"，"防止以学区房等名义炒作房价"，调控学区房上升成为国家政策，北京、上海、广州、深圳、重庆、成都、合肥等多个城市相继发布教育改革政策，实施多校划片、名额到校、教师轮岗等措施推进基础教育均衡发展。7月24日，中共中央办公厅、国务院办公厅印发了《关于进一步减轻义务教育阶段学生作业负担和校外培训负担的意见》，不仅要求学校提升课内教学质量，提供多样化的课后服务；还要从严打击校外培训的乱象，整顿和规范校外培训行业②。

三是完善生育保险、女性劳动权益保障和育儿休假制度。保障和平衡女性的生育权和就业权是对家庭重要的生育、养育支持，应以促

---

① 《国务院关于印发中国妇女发展纲要和中国儿童发展纲要的通知》（国发〔2021〕16号），http://www.gov.cn/zhengce/content/2021-09/27/content_5639412.htm。

② 《关于进一步减轻义务教育阶段学生作业负担和校外培训负担的意见》，http://www.gov.cn/zhengce/2021-07/24/content_5627132.htm。

进就业为目的推动劳动权益保障，职业父母就业政策的完善应该包含劳动权益保障和就业促进两个方面。2012 年向社会公开征求意见的《生育保险办法（征求意见稿）》指出，中国生育保险待遇包括生育津贴和生育医疗待遇，旨在通过向职业妇女提供生育津贴、医疗服务和产假，帮助她们恢复劳动能力，重返工作岗位。自 2016 年实施"全面二孩"以来，各地均调整了职工法定产假时长，例如，北京的女职工享受额外生育奖励假 30 天，如单位同意还可延长 1—3 月产假；黑龙江、广东、海南等地区则在国家法定 98 日产假的基础上，给职工额外 60—80 日的产假；西藏的女性职工最多可以申请 1 年产假。此外，中国正在探索建立弹性育儿假，健全和完善对职业女性在孕期、哺乳期和育儿期的劳动保护法律法规，促进父亲在育儿方面承担合理份额，还鼓励有条件的单位和社区开展多样化的托管和照料服务，满足职工育儿需求。《中国妇女发展纲要（2021—2030 年）》第一次提出在制定家庭政策的过程中促进男女平等和妇女全面发展，不仅要推动税收、劳动保障、产假、照料等政策来减轻家庭生育、养育、教育负担，还要促进男女平等分担家务，督促用人单位落实配偶陪产假，实施灵活休假和弹性工作制度，支持男女职工共同履行家庭责任[1]。

四是执行向育儿家庭倾斜的公共资源分配政策。国家正在试图将公共资源优先分配给儿童或育儿家庭，从住房、税收、交通等方面着手。从税收方面来说，2019 年开始实施的个税新政已将子女教育花费列入专项附加扣除范围，正在研究将 3 岁以下婴幼儿照料抚养费也纳入个税扣除范围。从住房政策来说，一些城市正在试点，将家庭子女数量和家庭负担情况作为申请公租房和保障性住房的重要考虑因素，在户型选择方面给予照顾。从交通等其他公共资源来说，北京等城市推出了小汽车指标的家庭摇号或排号政策，有子女或多子女的家庭将获得更高的优先序号。未来将会有更灵活多样的生育、养育补贴和支持制度。

---

[1]《国务院关于印发中国妇女发展纲要和中国儿童发展纲要的通知》（国发〔2021〕16 号），http：//www.gov.cn/zhengce/content/2021-09/27/content_ 5639412.htm。

6. 促进人口合理分布

改革开放以来，中国城乡人口分布发生了翻天覆地的变化，2020年第七次全国人口普查数据显示，城镇化率已经达到63.89%。党的十八大以来，国家促进人口合理分布的政策分三步走。

第一步，建设新型城镇化。2014年9月，国务院发布《国家新型城镇化规划（2014—2020年）》对全国的城镇体系规划和户籍制度改革作出了战略性的顶层设计和全面规划。规划目标提出：到2020年，常住人口城镇化率达到60%左右，户籍人口城镇化率达到45%左右，努力实现1亿左右农业转移人口和其他常住人口在城镇落户。为此，中央和各级政府主要从两个方面推动改革：首先是推动基本公共服务均等化，确保教育、就业、养老、医疗、住房等城镇基本公共服务覆盖全部常住人口；其次是调整落户制度，实现小城市落户的全面放开、中等城市落户的逐步放开和大城市落户的合理放宽。随着政策的落地，城乡统一的户口登记制度、新型居住证制度和中小城市的"零门槛"落户制度在全国全面铺开；大城市不断放宽落户门槛，一线城市也以积分落户形式加入户改行列。除此之外，中国的城市群、都市圈建设也取得较大进展，中西部城市群在吸纳就业人口、引领经济增长方面发挥越来越大的作用。

第二步，乡村振兴战略。党的十九大报告提出了乡村振兴战略。2018年，中共中央、国务院印发了《乡村振兴战略规划（2018—2022年）》，全面提出了农村、农民、农业的全新发展格局。乡村振兴战略包含以下方面：从城乡布局、分类发展、脱贫攻坚等角度构建乡村振兴格局；从耕地保护、农业装备、转型升级、经营体系、科技支撑、农业保护等角度加快农业现代化；从产业融合、农民参与、创新创业等角度壮大乡村产业；从清洁生产、人居环境、生态修复等角度建设生态乡村；从道德建设、文化产业、文化生活等角度繁荣乡村文化；从基层党建、自治法治、创新管理等方面健全乡村治理；从基础设施、劳动力就业、公共服务供给等角度改善农村民生。随着政策和财政支持的不断增大，乡村振兴取得明显进展，执行框架和政策体系基本形成，2021年2月，国务院直属机构国家乡村振兴局正式挂牌。

第三步，城乡融合发展。新型城镇化和乡村振兴战略最终是为了实现城乡协调、融合发展，人才、土地、资本等要素在城乡之间双向自由、活跃流动，人口实现合理分布，使得城市发展和谐有序，农村发展充满活力。2019年5月，《中共中央 国务院关于建立健全城乡融合发展体制机制和政策体系的意见》指出，城乡融合主要包含三个方面的统筹和融合。一是城乡之间劳动力、人才、土地、财政、金融、科技等要素的合理配置；二是教育、卫生、文化、社保、救助、基础设施等公共服务或设施的城乡一体规划；三是城乡市场经济的同步繁荣和城乡居民收入的共享增长。只有推动城市和乡村发展的双驱动，实现城乡的高质量增长，才能最终实现中国特色的社会主义现代化。

7. 增强人口监测预警

人口发展具有规律性和可预判性的特点，为了尽可能减少人口对社会经济发展的冲击，必须对人口发展的远期风险进行提前预警，因此，有必要建立系统完善的人口监测预警体系，深化人口发展战略研究，为健全人口与发展综合决策机制提供参考。党的十八大以来，政府主要开展了以下三方面的工作。

首先，构建和整合国家人口基础信息库。建立完整的、权威的、有代表性的人口信息库是实现人口监测预警的基础。由于行政登记或抽样调查而收集的人口数据分散在教育、公安、民政、就业、卫生、计生、统计等部门，不仅造成重复收集、管理和维护而浪费公共资源，而且会因遗漏、更新频率低、维护不足等原因降低数据有效性。《国务院关于印发国家人口发展规划（2016—2030年）的通知》提出，各部门数据之间逐渐实现互联互通，由统一机构维护运行，实现动态更新，最终达到综合利用，为"就学升学、户籍管理、婚姻家庭、殡葬事务、就业创业、生育和健康、人口普查和抽样调查"[①]而服务。近年来，不同来源人口数据的互联互通取得了较大进展，以公安部户籍人口数据为基础的国家人口基础信息库已经收集超过14亿

---

① 《国务院关于印发国家人口发展规划（2016—2030年）的通知》（国发〔2016〕87号），http://www.gov.cn/zhengce/zhengceku/2017-01/25/content_5163309.htm。

条人口有效信息，在2020年第七次全国人口普查工作中，该数据库为降低漏报率发挥了重要作用。七普的调查员使用电子终端进行信息登记，同时收集身份证信息，使得普查录入系统与公安部的身份证信息系统实时连接，自动比对结果，可以做到及时发现错误；人户分离的人口往往是漏报的"重灾区"，大数据的基础摸底和跨区域比对，有利于将漏报降到最低。同时，以卫生、计生、流动人口和户籍人口数据为基础的全员人口信息系统的建设也取得了初步进展。

其次，建立生命登记预报制度。在2015年实施"全面二孩"政策之初，《中共中央 国务院关于实施全面两孩政策改革完善计划生育服务管理的决定》提出，要建立出生人口监测制度，"实现国家与省级人口和计划生育信息互联互通，实现户籍管理、婚姻、人口健康、教育、社会保障等信息共享"[1]。对政策可能引起的出生人口波动进行预警，提前对公共资源供给和布局进行预案。针对人口登记较常出现的出生漏报和死亡漏报等问题，国家又提出了利用教育、公安、民政、卫生和社保等行政记录数据完善国家生命登记管理，实现对全人口、全生命周期的人口监测，观察人口变动[2]。中国在人口预测技术的开发和应用推广方面也取得进展，中国人口与发展研究中心牵头的PADIS-INT研发成果上线，为各地或各国的政府部门提供人口预测服务，推动人口指标纳入区域政策和规划的重要考量要素。

最后，建立重要人口政策的影响决策机制。中国生育政策在近10年经历了数次重大调整，每次政策调整都可能带来出生人口的大幅波动，影响公共资源的供给和公共政策的实施，甚至对长期社会经济发展产生效应。中国已经建立起了人口政策调整的咨询机制。《中共中央 国务院关于优化生育政策促进人口长期均衡发展的决定》也提出要"加强新时代中国特色人口学科和理论体系建设，发展人口研究高

---

[1] 《中共中央 国务院关于实施全面两孩政策改革完善计划生育服务管理的决定》，http://www.gov.cn/gongbao/content/2016/content_5033853.htm。

[2] 《中共中央 国务院关于优化生育政策促进人口长期均衡发展的决定》，http://www.gov.cn/zhengce/2021-07/20/content_5626190.htm。

端智库"[1]。同时，也要加强相关社会政策的配套与衔接，分析人口因素在社会、经济、城市发展等重大决策、重大工程中的影响效应[2]。

三 人口均衡发展面临的问题

中国已经进入"后人口转变"时代，总和生育率下降到更替水平以下，并仍然在持续降低，人口增速、结构、分布均已发生巨大转变，本节主要利用国家统计局公布的2020年第七次全国人口普查数据[3]，以及之前历次人口普查公报的数据，总结当前的人口状况对人口长期均衡发展可能产生的负面影响，主要体现在以下几方面。

（一）人口规模保持低速增长，"负增长"节点恐提前

中国2020年总人口达到14.1亿，近十年的人口年均增长率为0.53%，人口增速处于新中国成立以来的最低水平。从20世纪90年代开始，中国人口总和生育率开始低于更替水平（一般为2.1左右），具有内在负增长潜力。根据过去的预测，中国人口从2027年前后开始负增长，但这还取决于生育率的变化。七普数据显示，2020年的出生人口约为1200万，由此推算的总和生育率仅为1.3左右，这意味着人口负增长可能更快到来，我们必须为此做好充足的准备。

（二）人口抚养比仍较低，但老龄化进程明显加快

一般来说，当一国人口抚养比较低时，劳动力供应充足，人口负担轻使得社会保障支出少，社会财富累积较快，储蓄率高转化为投资率高，能为经济快速增长创造条件。人口总抚养比低于50%的阶段

---

[1] 《中共中央 国务院关于优化生育政策促进人口长期均衡发展的决定》，http：//www.gov.cn/zhengce/2021-07/20/content_5626190.htm。
[2] 《中共中央 国务院关于实施全面两孩政策改革完善计划生育服务管理的决定》，http：//www.gov.cn/gongbao/content/2016/content_5033853.htm。
[3] 国家统计局国务院第七次全国人口普查领导小组办公室：《第七次人口普查公报（第1—8号）》，http：//www.stats.gov.cn/tjsj/tjgb/rkpcgb/qgrkpcgb/。

可以称之为"人口红利期"。2020年,中国0—14岁、15—64岁、65岁及以上人口所占比重分别为17.95%、68.55%、13.50%,人口总抚养比为45.88%,仍然处于"人口红利期"。但受历史上第二次人口出生高峰(1962—1970年)的影响,60岁及以上的老年人口比例的提升速度将明显加快,将使得社会养老负担快速增长。

(三) 家庭规模小型化,年轻人婚育观念显著改变

中国正处于社会转型期,家庭出现了以下变化趋势:一是家庭规模缩小,1990年家庭户规模为平均每户3.96人,2000年、2010年、2020年分别下降到每户3.44人、3.10人和2.62人;二是家庭成员减少,家庭结构趋向单一化,多代家庭解体为单人家庭或核心家庭,空巢家庭、单人家庭越来越普遍。年轻人的婚育观念也出现了明显转变。从婚姻方面来说,中国人口的离婚率、初婚年龄、同居率均呈现上升趋势;从生育方面来说,妇女的初育年龄不断推迟,约每12年推迟1岁,社会整体的生育意愿也明显下降。家庭和婚育观念的变化对养老和生育均可能产生不利影响。

(四) 人口出生性别比下降,但结构矛盾正在加深

由于传统文化存在"男孩偏好",再加上生育数量的限制和胎儿性别鉴定、终止妊娠技术的普及,中国人口出生性别比在过去20年一直严重偏高,2004年曾达到峰值121。到目前为止,2020年出生人口性别比降至111.3,较2010年下降6.8,接近合理区间。但是,历史上的出生性别比偏高问题正在转化成社会领域的突出问题。从结构上来看,特定年龄段(如20—30岁)或特定区域(如偏远农村)的婚育挤压矛盾将不断加深,到2030年,约10%的适婚男性将面临明显择偶困难,男性婚姻竞争加剧将引发高价彩礼、拐卖妇女、婚姻诈骗等其他社会问题。

(五) 人口迁移流动持续活跃,对社会服务体制构成挑战

2020年,中国城镇化率已经达到63.89%,比2010年提升了

14.21个百分点，反映了人口城镇化的巨大进步。人口城镇化与工业化、现代化是相辅相成的，人口由农村向城市迁移，不仅是劳动力由农业转入非农部门，而且带动了消费、收入水平的提升，以及思想观念的革新和生活方式的现代化。不仅如此，2020年，中国流动人口规模高达3.7亿，比2010年增长了近70%。人口迁移流动的活跃对于市场经济的完善、合理城市体系的构建和区域的协调发展都具有重要的正面意义；但是，大规模流动人口为以户籍为基础的就业、社保、住房、教育等社会管理体制带来了巨大的挑战。

（六）劳动力供给下降，但人口素质红利潜力较大

中国劳动力数量先于总人口开始负增长进程，劳动年龄人口规模自2012年开始下降。15—59岁劳动年龄人口规模由2010年的9.4亿下降为2020年的8.9亿，占总人口的比例由70.14%下降为63.35%。国内正处于经济结构转型、产业升级的关键时期，劳动力数量的萎缩使得原有经济发展模式受阻。可喜的是，劳动力的受教育结构正在明显改善，每10万人中具有大学文化程度的人数由2010年的8930人上升为2020年的15467人，15岁及以上人口的平均受教育年限由2010年的9.08年提高至2020年的9.91年。"人口红利"的来源由劳动力总量转变为劳动力素质，迎合了中国的产业转型升级，为经济发展提供新的动力源。

（七）人口分布"南强北弱"，区域性人口流失严重

人口分布与产业布局息息相关，由于中国经济东强西弱、南强北弱的特点，人口分布也呈现相关联的变化。2010—2020年，东部地区人口比重上升2.15个百分点，人口增长最多的5个省分别是广东、浙江、江苏、山东、河南，人口减少最多的5个省（自治区）分别是黑龙江、吉林、辽宁、山西、内蒙古，反映出巨大的东西差异和南北差异。值得注意的是，在生育率下降和人口迁出的双重因素叠加下，人口老龄化将出现显著的区域分化，意味着部分地区的人口负面效应将更加严重，对当地社会经济产生的影响将更深刻。2010—2020年，

东北三省总人口减少了 1101 万。

四 促进人口均衡发展的政策建议

面对国内人口形势的全面转变,人口政策的转型既是必要之举,也是必然之路。构建人口长期均衡发展的政策体系不仅体现了国家治理能力与治理体系现代化转变,也是中国建成社会主义现代化强国,实现中华民族伟大复兴的重要保障。面对中国仍然存在人口均衡问题,相关政策仍有进一步完善的空间。

(一)构建生育支持体系

生育数量限制的改变,并不能改变人们的生育意愿,生育不是孤立的人口事件,是社会经济发展的综合结果。中国要避免生育率进一步下滑,必须系统性建立生育友好的制度环境和社会支持体系,要推动生育政策与产业、税收、社保、住房、交通等其他社会经济政策配套衔接。

第一,坚持儿童优先原则,建立生育友好型社会。1990 年,中国成为联合国《儿童权利公约》的缔约国,之后在儿童教育、健康、救助、保护、环境、福利、文化等方面取得了突出进展,政策不断完善,公共投入不断增长,相关指标持续改善。但是,落实儿童优先原则依然存在诸多短板需要补足。在当前绝大多数的民生保障和公共建设政策中,儿童群体在各级政府年度预算中仍没有获得优先关注。同时,在人口高度城镇化的今天,中国儿童基础设施的建设和规划在城市发展中长期缺位,城市中的儿童可达空间严重割裂且高度碎片化,城市中心的商厦和写字楼鳞次栉比,可靠舒适的母婴空间却难觅踪影。因此,将"儿童优先"贯彻到城市发展、公共政策、社会治理、环境规划等方面还需要更广泛的社会共识。

第二,构建家庭支持计划,倡导性别平等的家庭观念。家庭是社会的基本单位,构建涵盖婚恋、生育、就业、照料、教育等多角度全方位的家庭支持计划,不仅是提升生育意愿的需要,也是提升全体国民基础福利水平的基本要求。首先应该进一步推动家庭抚育责任的"社会化",完善普惠性学前教育和托幼服务,履行政府监督职责,建立有效的监管和评价体系,促进相关产业健康发展。其次应该继续支持家庭平衡职业发展和育儿责任,鼓励父亲、母亲平等共享育儿责任,保障孕产妇劳动权益,建立职工弹性育儿假,促进多种形式的儿童照料服务体系发展。除此之外,中国历来重视两性在劳动参与、政治参与、教育机会等公共领域的平等地位,但家庭责任方面的性别平等却有所欠缺。如果社会对女性育儿责任的期望远高于男性,会导致女性比男性更难平衡家庭与职业发展的关系,便会在就业市场受到显性或隐形的歧视,不仅有生育计划的女性可能在招聘环节被排除在外,已育女性也可能在晋升环节受阻,这种风气反过来降低了女性的生育意愿。劳动法规在立法和落实方面对母亲的劳动权益保护是任重而道远的。性别平等的社会文化环境建设需经过法律、舆论、教育共同作用的长期过程。

(二)促进人口分布与区域协同发展体系

七普数据显示,中国人户分离人口高达4.9亿,占全国人口的约35%,其中市内人户分离人口和流动人口分别较2010年增长193%和69%。人户分离现象对现有以户籍为基础的社会管理体制形成较大挑战。

第一,创新社会治理体制,继续深化户籍制度改革。属地化管理是应对人户分离问题的有效措施,必然成为中国社会体制创新的方向。首先,全面及时掌握人户分离人口信息是做好人口服务的基础,需要在地区间和部门间形成统筹管理和协调机制,形成统一的信息收集、更新、整理机制,进而为面向实有人口的公共政策和公共资源分配提供依据;其次,推行属地化管理应该将户籍与附加利益分开,根据地区的实际人口规模来配置医疗、教育、消费、警力等公共资源,才能更好为人户分离人口提供公共服务,实现社会治理的高效化;最后,继续降低各类城市的落户门槛,通过新型居住登记制、积分落户制、城市群内"户籍管理同城化"等措施深化户籍制度改革,消除劳动力流动障碍，扩大劳动力市场规模，提高城市经济的全要素生产率，推动人口红利的经济效率转化。

第二，促进区域协调和城乡融合发展，实现人口合理布局。人口流动的根源是区域间、城乡间发展的不平衡。尽管大规模的人口流动体现了劳动力的优化配置，却也给落后地区造成了人才、劳动力流失的困扰。在人口老龄化和人口流出的双重压力下，区域性人口严重失衡会影响人口净流出地区的社会经济发展。中国劳动年龄人口规模下降已经是必然趋势，随着人口负增长时代的开启，劳动力供给总量将进一步减少，劳动参与率也将随着人口老龄化出现下滑。要实现人口的合理布局，就需要全面促进区域协调和城乡融合，促进各类要素在城乡之间、区域之间的合理流动和平等交换深化区域合作、区域互助和区际补偿机制，给予落后地区平等发展机遇，让先发展地区带动后发展地区，最终实现区域协调和城乡融合发展。

（三）构建人口经济协调发展体系

促进人的全面发展是人口均衡发展的最终目标。在人口的老龄负担不断加重的背景下，劳动力供给下降对经济增长产生负面影响，需要以劳动力素质提升来对冲和弥补，以提高劳动生产率换取劳动投入的下降，依靠科技创新来阻止产业竞争力可能的被削弱。

第一，提高人口素质，政策重心向健康、教育领域延伸。人口素质不仅包括体能健康素质，还包括智能科教素质和精神文明素质。当前，要继续完善优生优育全程服务，加强孕前孕产期健康服务，提高出生人口质量，还要围绕"健康中国行动"，提升包含儿童、老人在内全体国民的健康素质。从教育方面来说，除了继续巩固和优化基础公共教育服务体系外，中国未来将加强在职业教育、产教融合、一流大学等方面的建设，打造面向社会经济发展需求的高质量教育体系。第四次科技革命带来国际竞争格局的重新洗牌，未来综合国力的较量也是科技实力的竞争和知识型人才的比拼，全面提升人口素质是中国建成社会主义现代化强国的基本保证。

第二，促进"人口红利"向"人才红利"转化，实现人的全面发展。随着人口结构的转变,受益于中国在高教育、职业教育等方面的长期、持续努力,中国劳动力受教育水平迅速提高,"人才红利"潜力巨大。促进"人口红利"向"人才红利"转化,需要建立创新型的产业结构。"十二五"时期以来,在经济发展环境和要素供给条件发生深刻变化的背景下,中国不断推进供给侧结构性改革,产业结构已经逐步从劳动密集型、资源加工型、重化工型转向资金、技术、知识密集型。传统工业正在加紧技术改造和升级,先进制造业、高新技术产业的规模和水平也在持续提升,人工智能、量子信息、深海空天开发等前沿科技领域均有实现"弯道超车"的潜力。我们必须要与人口老龄化赶进度,加大科技和教育投入,优先投资于人的全面发展,不断提升人力资本积累,实现人才、产业、科技协同发展,让知识型、创新型经济引导国家竞争力的全面提升。

(四) 完善人口管理和服务体系

随着社会经济的发展和人口老龄化的推进,有必要建立完善的人口管理体系,在科学认识人口与社会经济互动关系的基础上,作出人口与发展的综合决策,在此基础上建立人口基础服务体系,应对不断增长的儿童和老年群体的基础服务需求。

第一,创新人口统计监测,健全人口与发展综合决策机制。掌握人口基础数据是人口政策制定和实施的基础。人口流动、隐私观念等因素的作用下,传统人口调查方法不容易准确掌握人口统计的信息。但是,大数据、云计算等科学技术的发展带来了人口统计时效性和准确性的大跨越,依托新型数据开发技术和平台,整合各部门行政登记数据,创新人口统计监测方法,实现人口基础信息的及时更新和整合,可以有效弥补传统数据的不足。在此基础上,一方面,要建立长期人口监测和风险评估体系,科学认识经济增长、社会发展与人口的相关关系,提前做好政策预判,规避人口远期风险;另一方面,各地政府应该重视人口要素在区域规划中的作用,在国民经济、社会体制、产业规划、城镇化布局、资源利用和环境保护等社会经济发展综合战略中充分考虑人口因素的影响和对人口发展的作用。

第二,政府主导和市场配置相结合,推动"一老一小"服务体系发展。中国正在推动"一老一小"服务体系的发展和构建,既要满足全民兜底的基础服务需求,也要满足差异化的服务需求。对于教育、医疗、住房、养老等民生领域的改革,要在公共服务配置中发挥政府对市场的调节作用,实现资源优化配置的同时,保证基础公共服务的公平共享。过去,中国在推动住房、医疗、教育等市场化改革过程中,出现过政府缺位错位和市场越位错位并存的状况,当前的改革思路是厘清政府、社会与市场的各自边界,寻找最有利于社会进步的平衡点。在"一老一小"服务体系的构建过程中,要以政府为主导,一方面发挥政府投资和政策引导的作用,通过完善土地、住房、财政、金融、人才等支持政策,引导社会力量积极参与;另一方面政府要承担监管、监督责任,通过市场配置探索多层次的差异化服务。

第九章　促进就业和劳动参与的新举措及建议[*]

人口老龄化对就业和劳动参与将产生重要影响。就业是最大的民生，也是经济发展最基本的支撑。党的十八大以来，随着中国经济发展全面步入新常态，经济发展呈现出"速度变化、结构优化、动力转换"三重特征，做好促进就业工作机遇和挑战并存。党中央、国务院坚持把就业放在经济社会发展的优先位置，深入实施就业优先战略和更加积极的就业政策，着力缓解结构性就业矛盾，在经济转型升级中实现稳定和扩大就业，以更加充分更高质量就业支撑经济高质量发展。

一　党的十八大以来促进就业和劳动参与的主要举措

（一）坚持经济发展就业导向，推动新就业形态积极发展

解决就业问题的关键是促进经济发展。通过深入实施就业优先政策，坚持经济发展就业导向，加快培育经济发展新动能，增强经济发展创造就业岗位能力，促进产业结构、区域发展与就业协同，推动大

---

[*] 本章作者为陆旸、冯扬。作者简介：陆旸，中国社会科学院人口与劳动经济研究所研究员、《中国人口年鉴》编辑部主任，中国社会科学院大学教授、博士生导师。2019年入选中组部第四批国家"万人计划"青年拔尖人才。主要研究方向为人口转变和经济增长、就业和失业、环境规制和贸易。冯扬，中央财经大学经济学院博士研究生，研究方向为宏观经济学、劳动经济学。

众创业、万众创新,鼓励发展新就业形态,构建经济增长与促进就业的良性循环,为经济高质量发展夯实稳就业基础。

1. 积极培育壮大新动能,推动稳定和扩大就业

经济新常态后,中国经济面临增长速度开始放缓、产业结构亟待调整升级、传统人口红利逐渐消失以及科学技术加快改变生产生活方式等多重变化,经济下行压力加大,就业形势也受各方面影响而愈加严峻。为了更好地适应转变经济发展方式的客观需求,以及满足人民群众日益增长的美好生活需要,党中央、国务院立足新发展阶段,贯彻新发展理念,构建新发展格局,深化供给侧结构性改革,推动经济发展质量变革、效率变革、动力变革,积极培育壮大新动能,促进经济增长与扩大就业联动,产业结构优化与就业转型协同推进,以高质量发展推动稳定和扩大就业。

党的十八大以来,随着企业、居民和政府部门对服务业需求日趋增长,服务业对经济增长的贡献率持续提升,服务业也成为中国吸纳就业最多的产业,在就业方面起到重要的"稳定器"和"蓄水池"作用。然而,中国服务业发展质量仍然有待提高,生活性服务业不能较好地满足人民群众多样化和高品质的消费需求,生产性服务业对制造业支撑和引领作用也尚待挖掘。为了解决服务业不能适应经济社会发展需要的突出矛盾和问题,充分发挥服务业吸纳就业的主渠道作用,《国务院关于印发服务业发展"十二五"规划的通知》(国发〔2012〕62号)、《国务院关于进一步做好新形势下就业创业工作的意见》(国发〔2015〕23号)、《国务院关于印发"十三五"促进就业规划的通知》(国发〔2017〕10号)、《国务院关于做好当前和今后一段时期就业创业工作的意见》(国发〔2017〕28号)、《国务院关于印发"十四五"就业促进规划的通知》(国发〔2021〕14号)等文件强调把"发展服务业与扩大就业、提高劳动者素质相结合,支持生产性服务业和服务外包创新发展,鼓励发展就业容量大、门槛低的家政护理等生活性服务业,加快发展现代服务业,扩大服务业开放,提高服务业就业比重"。这段时期的就业政策主要遵循两条思路推动服务业发展带动就业:一方面以工业转型升级和农业现代化需求

第二部分 举措分析篇

为导向,进一步推动电子商务、快递物流、服务外包等生产性服务业发展,促使金融业更好地服务实体经济,优化企业融资环境,加快建立人力资源服务体系,缓解劳动者素质与经济社会发展需求不匹配产生的结构性矛盾,为高质量发展提供人力资源支撑,从而有助于提升实体经济带动就业能力。另一方面围绕满足人民群众多层次多样化需求,顺应消费升级和服务便利化趋势,加快发展健康、养老、旅游、体育、文化、家政服务等生活性服务业,引导夜间经济等消费服务业态健康发展,营造良好市场环境氛围,提高服务供给和服务质量,创造更多灵活就业机会,持续扩大就业容量。

2010年后,钢铁、水泥、煤炭等行业因盲目扩张出现了产能过剩和重复建设问题,政府在采取相应的政策措施进行调控后有效化解了产能严重过剩,但是在淘汰过剩产能过程中由于政策"一刀切"、后续政策没有及时跟上等原因,导致部分企业经营困难、用工需求锐减,由此引发的下岗失业人员再就业在经济下行压力的情况下对稳定和扩大就业造成了较大的压力。同时,以化解过剩产能为开端的产业结构调整加速了中国经济去工业化,抑制了工业投资的增长,这一方面放大了新旧增长动力转换不能有效接续的问题;另一方面产业结构的大幅转变加剧了劳动者素质对经济社会发展需要的不适应性,以上两点都增加了稳就业工作的难度。针对高质量发展背景下结构性就业矛盾突出、劳动力供给与制造业发展需求不匹配等问题,《国务院关于印发服务业发展"十二五"规划的通知》(国发〔2012〕62号)、《国务院关于进一步做好新形势下就业创业工作的意见》(国发〔2015〕23号)、《国务院关于印发"十三五"促进就业规划的通知》(国发〔2017〕10号)、《国务院关于做好当前和今后一段时期就业创业工作的意见》(国发〔2017〕28号)、《国务院关于进一步做好稳就业工作的意见》(国发〔2019〕28号)、《国务院办公厅关于应对新冠肺炎疫情影响强化稳就业举措的实施意见》(国办发〔2020〕6号)、《国务院关于印发"十四五"就业促进规划的通知》(国发〔2021〕14号)等文件强调,"着力改善劳动力要素质量,大力发展新一代信息技术、高端装备、新材料、生物、新能源汽车、新能源、节能环保、数字创意等战略性新兴产业,加快新一代信息技术与制造业的深度融合,发展服务型制造新模式,支持吸纳就业能力强的劳动密集型行业发展,充分挖掘第二产业就业潜力"。基于深化创新驱动发展战略,加快5G、人工智能、工业互联网等战略性新兴产业基础设施投资和产业布局,打造先进制造业产业集群,积极发展服务型制造新模式新业态,推动传统制造业转型升级赋能、延伸产业链条,促进吸纳就业能力强的劳动密集型行业发展,推动制造业降本减负,积极培育制造业就业增长点。此外,通过优化产业空间布局,明确重要产业规划带动就业目标,引导符合市场需求和比较优势的制造业向中西部和东北地区有序梯度转移,帮助欠发达地区、产业衰退地区、资源枯竭地区发展劳动密集型制造业等产业,拓宽就地就近就业渠道,促进就业机会均衡分布,更好地推进实现共同富裕。

有关数据显示,以中小微企业为主体的民营经济贡献了中国50%以上的税收、60%以上的GDP、70%以上的技术创新、80%以上的城镇就业、90%以上的市场主体数量[①]。然而,中小微企业在实际经营中却普遍面临融资难、融资贵、运营成本偏高的窘境,在经历新冠肺炎疫情后许多中小微企业更是因现金流储备不足而选择裁员、缩小经营规模,或是遭遇资金链断裂而被迫倒闭。面对经济增长放缓、就业压力加大、规模性失业风险增加的形势,《国务院关于进一步做好新形势下就业创业工作的意见》(国发〔2015〕23号)、《国务院关于印发"十三五"促进就业规划的通知》(国发〔2017〕10号)、《国务院关于做好当前和今后一段时期就业创业工作的意见》(国发〔2017〕28号)、《国务院关于做好当前和今后一个时期促进就业工作的若干意见》(国发〔2018〕39号)、《国务院关于进一步做好稳就业工作的意见》(国发〔2019〕28号)、《国务院关于印发"十四五"就业促进规划的通知》(国发〔2021〕14号)等文件强调,"优

---

① 《刘鹤主持召开国务院促进中小企业发展工作领导小组第一次会议研究部署推动中小企业高质量发展》,中国政府网,http://www.gov.cn/guowuyuan/2018-08/20/content_5315204.htm。

第二部分 举措分析篇

化中小微企业发展生态，持续减轻中小微企业和个体工商户负担，加大对中小微企业和个体工商户融资支持力度，激发中小微企业和个体工商户活力，增强就业岗位创造能力"。通过扩大市场准入范围、减负降税、加强知识产权保护等措施促进中小微企业发展，切实降低企业用工成本，加大中小微企业纾困帮扶力度，借助政府融资支持、普惠金融服务等手段改善中小微企业融资约束，多渠道增强其吸纳就业能力，有效发挥中小微企业在稳就业工作中的重要作用。

2. 推动新就业形态规范发展，发挥创业带动就业作用

近年来物联网、云计算、大数据、人工智能等新一代信息技术的发展和应用逐渐成熟，推动了数字经济、平台经济、共享经济的蓬勃发展，新经济的快速崛起也催生了网约车、外卖送餐、线上教育培训等新就业形态的不断涌现，也为深入推进大众创业、万众创新营造了良好的生态环境。在新就业形态迅猛发展、从业人员规模持续扩大的同时，劳动报酬纠纷、社会保障缴纳不足、职业伤害频发等现象时常发生，劳动者权益保障仍有待加强。亟须引导新就业形态规范发展，为大众创业、万众创新搭建孵化平台和提供政策支持，持续激发市场活力，推动新业态新模式健康发展，充分释放创业带动就业"倍增效应"。

新就业形态的突出特点是去雇主化、平台化的就业模式，并主要体现在雇佣关系灵活化、工作方式弹性化、员工身份多重化等方面。新就业形态为经济发展注入了全新的活力，也为促进就业创造了更大的发展空间，但同时也为保障劳动者权益提出了更高的要求。为做好稳就业工作，促进新就业形态规范发展，推动就业政策与新就业形态发展速度相适应，《国务院关于印发"十三五"促进就业规划的通知》（国发〔2017〕10号）、《国务院关于做好当前和今后一段时期就业创业工作的意见》（国发〔2017〕28号）、《国务院关于进一步做好稳就业工作的意见》（国发〔2019〕28号）、《国务院办公厅关于应对新冠肺炎疫情影响强化稳就业举措的实施意见》（国办发〔2020〕6号）、《国务院办公厅关于支持多渠道灵活就业的意见》（国办发〔2020〕27号）、《国务院关于印发"十四五"就业促进规

划的通知》（国发〔2021〕14号）等文件多处强调，"将鼓励创业创新发展的优惠政策面向新兴业态企业开放，支持多渠道灵活就业和新就业形态发展，明确平台企业劳动保护责任，建立完善适应灵活就业和新就业形态的劳动权益保障制度"。通过创新监管方式，深化"放管服"和商事制度改革，促进数字经济、平台经济、共享经济规范健康发展。加大创业就业培训、创业担保贷款、创业补贴等政策服务供给，激发劳动者创业创新活力，带动更多劳动者依托平台就业创业。加快完善在劳动报酬、劳动强度、职业伤害保障、社会保险等方面适应新就业形态的劳动权益保障制度，创造更多灵活就业机会，发挥新就业形态在拓宽就业渠道、增加就业灵活性、提高劳动者收入的积极作用。

大众创业、万众创新通过调动市场主体的积极性和创造力，为创业者提供了广阔舞台，也通过创业带动就业效应为广大群众拓宽了就业空间，对于对促进经济高质量发展以及稳定和扩大就业发挥着重要作用。为了进一步推进大众创业、万众创新纵深发展，优化创新创业环境，增添就业活力，《国务院关于进一步做好新形势下就业创业工作的意见》（国发〔2015〕23号）、《国务院关于印发"十三五"促进就业规划的通知》（国发〔2017〕10号）、《国务院关于做好当前和今后一段时期就业创业工作的意见》（国发〔2017〕28号）、《国务院关于做好当前和今后一个时期促进就业工作的若干意见》（国发〔2018〕39号）、《国务院关于进一步做好稳就业工作的意见》（国发〔2019〕28号）、《国务院办公厅关于应对新冠肺炎疫情影响强化稳就业举措的实施意见》（国办发〔2020〕6号）、《国务院办公厅关于提升大众创业万众创新示范基地带动作用进一步促改革稳就业强动能的实施意见》（国办发〔2020〕26号）、《国务院关于印发"十四五"就业促进规划的通知》（国发〔2021〕14号）等文件提到，"全面落实创业扶持政策，深化创业领域'放管服'改革，实施支持和促进重点群体创业就业的税收政策，建设特色化、功能化、高质量的创业平台载体，营造有利于创新创业创造的良好发展环境，支持培育吸纳就业能力强的创新型创业企业，发挥创业带动就业效应"。通过破除

第二部分 举措分析篇

制约劳动者创业的体制机制障碍，放宽企业准入环境，鼓励有创业意愿和创业能力的高校毕业生、大中专毕业生、农民工、科研人员、留学归国人员、外国人才等群体投身创业，激发市场活力和社会创造力。建设高质量的创业平台载体，加快推广创新工场、众创空间等新型孵化模式，有效发挥双创示范基地示范带动作用。加大创业担保贷款及贴息政策实施力度，落实承租国有房屋房租减免、一次性吸纳就业补贴等优惠政策和阶段性减免企业社会保险费、缓缴住房公积金等减负政策，发挥多层次资本市场、股权众筹融资、互联网金融、创业担保贷款等融资渠道作用，有效降低初创企业创业成本。多渠道推动创业企业加速发展，增强吸纳就业能力。

（二）促进重点群体就业创业，夯实困难群体就业帮扶

着力促进高校毕业生、农民工等重点群体就业创业，拓宽就业渠道，是稳定就业基本盘的重中之重。切实做好脱贫人口、残疾人等就业困难群体就业帮扶工作，落实基本生活兜底保障，是筑牢民生底线的应有之举。结合经济发展方式转变进程开发更多就业岗位，多项并举支持重点群体就业创业，精准帮扶困难群体就业，确保就业形势总体稳定，实现更充分更高质量就业。

1. 落实就业创业推进行动，促进重点人群就业创业

自高校扩招政策实施以来，在校学生人数呈逐年增长趋势。同时，高校学科布局亟须优化，专业设置不甚合理，知识结构陈旧，导致多数高校毕业生缺乏足够的专业技能，导致劳动力市场竞争力不足。面对高校毕业生就业总量压力加大、学科专业与企业用工不匹配的结构性矛盾等客观现实，《国务院办公厅关于做好 2013 年全国普通高等学校毕业生就业工作的通知》（国办发〔2013〕35 号）、《国务院办公厅关于做好 2014 年全国普通高等学校毕业生就业创业工作的通知》（国办发〔2014〕22 号）、《国务院关于进一步做好新形势下就业创业工作的意见》（国发〔2015〕23 号）、《国务院关于印发"十三五"促进就业规划的通知》（国发〔2017〕10 号）、《国务院关于做好当前和今后一段时期就业创业工作的意见》（国发〔2017〕28

号)、《国务院关于进一步做好稳就业工作的意见》(国发〔2019〕28号)、《国务院办公厅关于应对新冠肺炎疫情影响强化稳就业举措的实施意见》(国办发〔2020〕6号)、《国务院关于印发"十四五"就业促进规划的通知》(国发〔2021〕14号)等文件着重强调,"把高校毕业生就业摆在就业工作首位,拓宽高校毕业生市场化社会化就业渠道,强化高校毕业生就业服务,实施高校毕业生就业创业促进计划,对离校未就业高校毕业生开展实名制帮扶,健全困难高校毕业生就业援助机制"。通过引导高校毕业生就业观念转变,鼓励高校毕业生脚踏实地、求真务实,把个人的理想信念追求融入党和国家事业之中,促进高校毕业生积极投身就业创业。加快高校学科专业调整,积极适应市场需求和知识进步,提升高校毕业生专业能力和就业竞争力。结合国家重大战略布局、现代产业体系建设以及中小企业创新发展步伐,创造更多技术型工作岗位,充分发挥高校毕业生发挥所学知识和专长优势。进一步扩大农村教师特岗计划、"三支一扶"计划等基层服务项目招募规模,完善工资待遇制度,健全激励保障机制,结合乡村振兴战略,拓宽职业发展空间,引导高校毕业生到边远地区和基层就业。充分发挥有为政府作用,加大基层公务员和事业单位岗位招录向高校毕业生倾斜力度,规范国有企业招收高校毕业生流程。加强创业指导培训和创业扶持政策,加大就业见习规模和落实见习补贴保障力度,帮助高校毕业生更好地就业创业。针对离校未就业高校毕业生、困难高校毕业生开展就业帮扶,做好创业扶持、职业技能培训和就业服务工作。

作为城市劳动力的重要补充力量,农业人口向城市转移改善了配置效率,为中国经济发展提供了主要的人口红利来源。随着中国东部地区率先推动产业转型升级,企业用工成本上涨和工作技能要求提升,使得企业招工难与农民工就业难现象积重难返。受制于文化知识水平、户籍制度等因素,农民工在城市求职工作经常面临就业歧视,也难以深度融入城市生活,无法享受平等的劳动、教育、医疗等权益保障。同时,受限于农村经济发展空间,农村劳动力缺乏足够的就地就近就业机会,也使得有返乡意愿的农民工心存顾虑。为稳定和扩大

第二部分 举措分析篇

农民工就业创业，缓解招工难与就业难并存的结构性矛盾，《国务院关于进一步做好为农民工服务工作的意见》（国发〔2014〕40号）、《国务院关于进一步做好新形势下就业创业工作的意见》（国发〔2015〕23号）、《国务院关于印发"十三五"促进就业规划的通知》（国发〔2017〕10号）、《国务院关于做好当前和今后一段时期就业创业工作的意见》（国发〔2017〕28号）、《国务院办公厅关于应对新冠肺炎疫情影响强化稳就业举措的实施意见》（国办发〔2020〕6号）、《国务院关于印发"十四五"就业促进规划的通知》（国发〔2021〕14号）等文件指出，"建立健全城乡劳动者平等就业制度，大力支持农民工等人员返乡下乡创业，推进农村劳动力转移就业，稳定和扩大农村劳动力外出就业规模"。有效推进城乡劳动者平等就业，消除针对农民工的就业歧视和进城落户标准限制，探索城乡双向流动的户口迁移政策，推动农业转移人口市民化，帮助满足条件的农民工拥有真正意义上的城镇居民身份。加强农民工职业培训、就业服务和劳动维权保障，适应新生代农民工就业创业特点，引导新生代农民工从事新产业、新业态就业创业工作。加快推进产业结构梯度转移，推动县域经济、乡村产业发展，有序开展农民工劳务输出。鼓励支持农民工返乡创业，为农村劳动力创造更多就地就近就业机会。积极开发公益性岗位，加大以工代赈实施力度，优先吸纳农村贫困劳动力和低收入群体就业。

城镇青年是高校毕业生、农民工群体的主力军，近年来城镇青年群体就业凸显不稳定性特征，尤其反映在城镇青年择业观念消极落后、缺乏实践经验、专业能力不足等方面，亟须帮扶城镇青年积极投入工作岗位。《国务院关于印发"十四五"就业促进规划的通知》（国发〔2021〕14号）首次着重强调，"高度重视城镇青年就业，强化城镇青年就业帮扶，为城镇困难失业青年提供就业援助，引导城镇青年自强自立"。通过转变城镇青年择业观念，完善城镇青年就业支持体系，提高城镇青年职业发展能力和择业精准度，积极打造家务劳动、社区照料、便民服务等适合城镇青年的就业服务模式，拓宽城镇青年就业渠道，为城镇青年创造多样化的就业机会。

2. 做好特殊群体就业安置，夯实困难群体就业帮扶

除了保障重点群体就业创业外，还需要着重做好退役军人、城镇青年等特殊人群的就业安置工作，落实残疾人、脱贫人口等就业困难群体的就业帮扶，兜住民生底线，凝聚社会力量，为中国经济高质量发展共同奋斗。

退役军人是中国重要的人力资源，也是助推经济社会发展的生力军。由于退役军人对于就业创业政策缺乏足够的了解，缺乏足够的专业技能和学历知识，造成了退役军人在退役后面临就业目标迷茫、就业困难的处境。军人随军家属同样为国防和军队建设作出了重要贡献。为确保退役军人安置工作顺利落实，促进退役军人快速融入社会，以及贯彻落实国家有关优待军人随军家属就业安置法律法规等方面的规定，《国务院办公厅　中央军委办公厅转发民政部总参谋部等部门关于深入贯彻〈退役士兵安置条例〉扎实做好退役士兵安置工作意见的通知》（国办发〔2013〕78号）、《国务院　中央军委关于批转人力资源社会保障部总参谋部总政治部军人随军家属就业安置办法的通知》（国发〔2013〕42号）、《国务院关于进一步做好新形势下就业创业工作的意见》（国发〔2015〕23号）、《国务院关于印发"十三五"促进就业规划的通知》（国发〔2017〕10号）、《关于促进新时代退役军人就业创业工作的意见》（退役军人部发〔2018〕26号）、《关于进一步加强由政府安排工作退役士兵就业安置工作的意见》（退役军人部发〔2018〕27号）、《国务院关于印发"十四五"就业促进规划的通知》（国发〔2021〕14号）等文件多处谈到，"加强退役军人就业保障，改革完善退役军人安置制度，促进退役军人就业创业。保障对军人随军家属就业安置的优待，实现随军家属充分就业"。落实退役军人就业安置工作，明确退役军人在机关、社会团体、企业事业单位招录时享受优待，敦促国有企业承担相应退役军人安置任务。加强就业服务和创业培训，为退役军人提供创业孵化基地、创业园区等创业场所和优惠服务，加大对退役军人的创业担保贷款等金融税收政策的支持力度，鼓励支持退役军人自主就业、自主创业。坚持按级负责、属地管理、专业对口、就地就近的原则，按照社会就业

第二部分　举措分析篇

为主、内部安置为辅的工作思路安置军人随军家属，根据军属随军前就业单位情况合理安置至相应单位，鼓励有用工需求的国有企业根据随军家属专业特长、经历学历等情况择优聘用，借助公益性岗位援助等方式帮扶就业困难的随军家属就业，缺乏社会就业条件部队可通过探索开办营区服务网点等方式进行内部安置。

推动残疾人就业不仅是残疾人参与和融入社会的主要方式，更是帮助残疾人实现自我价值的重要路径。目前中国残疾人就业仍面临许多障碍和困难，残疾人就业不够充分，城乡残疾人家庭的人均收入与社会平均水平仍然存在较大差距。为保障和改善残疾人民生，健全残疾人权益保障制度，《国务院关于加快推进残疾人小康进程的意见》（国发〔2015〕7号）、《国务院关于印发"十三五"加快残疾人小康进程规划纲要的通知》（国发〔2016〕47号）、《国务院关于印发"十四五"残疾人保障和发展规划的通知》（国发〔2021〕10号）等文件陆续强调，"坚持政府扶持、社会帮扶和激励残疾人自强自立原则，维护残疾人就业权益，多渠道扶持残疾人自主创业和灵活就业，大力促进城乡残疾人及其家庭就业增收"。基于普惠性和特惠性制度安排，通过落实按比例就业、集中就业、创业孵化、开发公益性岗位等形式帮扶残疾人就业创业。增加残疾人公共产品和公共服务供给，为残疾人提供职业技能和岗位技能提升培训、创业培训和就业创业服务。消除影响残疾人平等就业的制度障碍，扶持带动残疾人就业能力强的龙头企业，积极创造社区就业、居家就业等就业岗位，落实完善相关启动资金、经营场所等支持政策，大力帮扶残疾人自主创业和灵活就业。推动发展残疾人辅助性就业和多种形式就业，确保实现零就业残疾人家庭至少有一人就业。

在转变经济发展方式和淘汰过剩产能过程中，产生了大批职工遭遇下岗和收入水平下降等问题。经济下行压力增大和就业结构性矛盾的凸显，使得失业人员身陷再就业困境。促进脱贫人口稳定就业，是巩固拓展脱贫攻坚成果和全面推进乡村振兴的重要组成部分。为妥善处理化解过剩产能职工安置，解决失业人员再就业难、脱贫人口就业渠道少和增收困难等问题，《国务院关于进一步做好新形势下就业创业工作的意见》(国发〔2015〕23号)、《国务院关于印发"十三五"脱贫攻坚规划的通知》(国发〔2016〕64号)、《国务院关于印发"十三五"促进就业规划的通知》(国发〔2017〕10号)、《国务院关于做好当前和今后一个时期促进就业工作的若干意见》(国发〔2018〕39号)、《国务院关于进一步做好稳就业工作的意见》(国发〔2019〕28号)、《国务院办公厅关于应对新冠肺炎疫情影响强化稳就业举措的实施意见》(国办发〔2020〕6号)、《国务院关于印发"十四五"就业促进规划的通知》(国发〔2021〕14号)等文件强调,"高度重视化解过剩产能职工安置工作,强化困难群体就业援助,将失业人员纳入社会救助范围,为脱贫人口创造就地就近就业机会,对就业困难人员和零就业家庭实行精准帮扶"。鼓励支持去产能企业通过协商薪酬、灵活工时、培训转岗等方式多渠道分流安置职工,充分挖掘内部安置潜力,同时将符合条件的去产能企业下岗职工纳入现行就业创业政策扶持范围,帮助其尽快实现再就业和投身创业活动。加快推动失业登记常住地服务,落实最低生活保障和临时救助,及时为失业人员提供失业保险以及就业创业优惠政策。支持脱贫地区发展当地比较优势产业和特色产业,结合生态旅游、农村电商等产业发展契机帮助脱贫人口就业增收。有效发挥社会兜底保障作用,借助公益性岗位托底安置和就业援助等举措,确保零就业家庭动态清零。

二 促进就业和劳动参与政策变化的特点和逻辑

上节回顾了党的十八大以来关于促进就业和劳动参与的主要政策内容。通过上述梳理可以发现,这段时期的就业政策呈现"稳、创、保、扶"四大特点。"稳"体现在稳就业,通过坚持经济发展就业导向,积极培育经济新动能,增强经济发展吸纳就业能力,为稳定和扩大就业提供了根本保障。"创"反映在大众创业、万众创新,基于引导数字经济、平台经济、共享经济规范健康发展,为大众创业、万众创新拓宽了发展空间、注入了全新活力,创业带动就业成效显著。"保"侧重于保障重点群体就业,着重突出做好高校毕业生、农民工等重点群体的就业创业工作，确保就业局势总体稳定。"扶"是指精准帮扶困难群体就业，落实残疾人、失业人员、脱贫人群、零就业家庭等就业困难人群就业安置工作，构建就业安全有力保障。基于以上四方面举措，党的十八大以来的就业政策一方面通过加大就业创业支持力度，激发市场活力和创造力，稳定扩大企业用工需求；另一方面通过推动劳动力素质全面提升，增强就业供给能力，有效提高人力资源市场供求匹配能力，为实现高质量就业提供了坚实动力。

党的十八大以来的就业政策遵循着强调就业优先的原则，成功地推进就业规模持续扩大，就业结构优化升级，就业质量不断提高。贯穿这段时期就业政策的主要逻辑是，将重点人群就业创业工作与构建双循环新发展格局、培育经济新动能相结合，精准落实就业帮扶援助以筑牢民生底线，循序渐进扩大就业政策覆盖面，确保就业形势稳定。

党的十八大以来，就业政策始终坚持经济发展带动就业导向，强调在加快构建以国内大循环为主体、国际国内双循环相互促进的新发展格局中，优先发展吸纳就业能力强的产业，注重培育就业新增长极，构建经济增长和促进就业的良性循环，推动就业扩容提质。在推动供给侧结构性改革、产业结构调整升级、居民消费需求逐渐释放、人口老龄化加速等背景下，就业政策更加侧重于发展服务业特别是现代服务业。围绕支撑实体经济发展和促进消费结构升级，推动生产性服务业和生活性服务业发展，充分挖掘服务业就业潜力。首先，随着数字经济、5G、人工智能、工业互联网等技术的日趋成熟，推动着生产性服务业的快速发展，并催生了电子商务、互联网金融、城市物流、软件信息技术服务等新兴业态。生产性服务业的快速发展在激发企业创新活力、助推制造业向价值链中高端攀升的同时，也为经济增长和促进就业提供新的增长点，推动着社会就业总量和居民收入水平的提高。其次，随着居民消费需求升级和老龄化社会的到来，居民消费从生存型消费加快向发展型、享受型消费转变，健康、养老、家政服务、旅游等服务业市场需求孕育经济发展动力和海量就业岗位，直播带货、外卖送餐、线上教育等消费新业态也推动着新就业形态的蓬勃发展，为高校毕业生、城镇青年、农民工等重点群体提供了更多的就业机会。最后，就业政策在突出服务业吸纳就业主渠道功能的同时，也着力强调深化"放管服"改革，创新监管方式，消除不利于服务业发展的行政壁垒和就业歧视，积极引导新就业形态健康发展，切实保障劳动者特别是灵活就业人员在就业创业、劳动报酬、职业安全等方面的权益保障，为劳动者营造良好的就业环境，提高劳动者的就业积极性，使劳动者在工作中有更多获得感、幸福感、安全感。

与服务业相比，制造业在党的十八大以来的就业政策中的地位经历了一个先抑后扬、逐步回调的过程。在2015年之前，就业政策更加强调配合产业结构调整升级步伐，依靠服务业发展带动就业，制造业在培育经济新动能中居于相对次要的地位，就业政策中侧重强调发展新一代信息技术、新材料、新能源等战略性新兴产业，拓展产业发展空间以拓宽就业领域。但由于饱受劳动力成本上涨、化解过剩产能任务约束、融资难融资贵、税收负担重等因素困扰，企业经营成本居高不下，实体经济始终面临较大压力，使得制造业对中国经济增长的贡献率在2015年后出现快速下降，呈现过早去工业化态势，对稳就业工作造成了一定困难。同时，由于服务业发展速度高度依赖当地的经济发展水平和居民的消费能力，但随着中国经济出现"脱实向虚"倾向，经济不确定性增大，经济发达地区相继出现房价和居民生活成本持续上涨，收入分配差距不断扩大等问题，消费者信心和预期为此都受到影响，使得内需增长放缓，并不能完全填补制造业比重下降产生的就业需求空缺，因此导致劳动力市场的供需不平衡加剧，就业结构性矛盾也更加突出。在淘汰过剩产能后缺乏接续产业的欠发达地区，企业深陷经营困境，用工需求相应减少，而居民消费能力有限，服务业发展相对滞后，无法创造足够的工作岗位需求，导致就业总量问题艰巨繁重。为缓解就业总量和结构性矛盾，实现更充分更高质量就业，党中央、国务院适时调整就业政策，高度重视制造业特别是劳动密集型制造业在促进就业中的作用，补充强调积极推动传统制造业转型升级赋能、延伸产业链条，支持吸纳就业能力强的劳动密集型行业发展，引导劳动密集型企业向中西部和东北地区有序转移。结合减

| 第二部分 举措分析篇

税降负、定向融资支持等举措，减轻中小微企业和个体工商户经营负担，释放中小微企业和个体工商户活力，增强吸纳就业能力。上述政策思路的转变不但优化了产业结构布局，凸显各地区产业比较优势，也为高校毕业生、化解过剩产能职工、失业人员、农村劳动力、脱贫人口等群体提供了就业支撑。在新冠肺炎疫情暴发后，制造业在率先复工复产、稳定就业中发挥了无可比拟的关键作用，再次彰显制造业是振兴实体经济、稳就业保民生的中流砥柱。

受到就业结构性矛盾、新冠肺炎疫情暴发等因素的不利影响，高校毕业生面临复杂严峻的就业形势。作为稳就业工作的重中之重，党的十八大以来的就业政策首先是通过启动高校毕业生就业专项行动，大力开展职业技能培训，实施常态化就业信息服务，扩大就业见习规模，增加就业求职补贴等举措，提升高校毕业生对就业信息的了解程度和对工作岗位的适应能力，从供给侧出发提高高校毕业生就业能力。同时积极组织开展线上线下就业服务活动，加大对离校未就业高校毕业生和困难高校毕业生就业帮扶援助力度，提高高校毕业生和用人单位双方的供需匹配效率，促进高校毕业生顺利就业。其次是引导高校毕业生转变就业观念，鼓励高校毕业生投身于边远地区和城乡基层以及中小微企业工作，拓宽高校毕业生就业面。结合扩大基层就业岗位和拓展基层成长空间，敦促国有企业承担社会责任，落实中小微企业吸纳高校毕业生就业补贴，多渠道积极吸纳高校毕业生就业。最后是充分发挥高校毕业生的高素质人才资源优势，实施大学生创业引领计划等行动，重点支持高校毕业生深入参与大众创业、万众创新，提升高校毕业生创业意愿，成为创新创业的主力军。加强对高校毕业生的创业培训和指导，为高校毕业生提供创业担保贷款、一次性创业补贴、场地支持、税收减免等创业扶持政策，鼓励高校毕业生自主创业，放大创业带动就业效应。

中国农民工群体数量庞大，是稳就业工作的重点对象之一。长期以来，农民工面临户籍、学历等诸多就业歧视，又受限于文化水平和职业技能，因此多从事于建筑、零售等体力劳动。随着经济高质量发展的推进，对于劳动力素质的要求也水涨船高，加速暴露了农民工在文化素质的匮乏和职业技能的短板,增加了农民工在城市的就业难度。随着农民工的年龄增长,城市的就业空间越发狭窄,但是返乡就业收入低、就业机会少等问题也阻碍了农民工回流,导致其陷入进退两难的境地。其中,新生代农民工已逐渐成长为农民工主体,由于其缺乏农业生产经验,返乡意愿不强,但市民身份的缺失也使其始终无法真正融入城市。农村转移劳动力既缺乏必要的职业技能,又缺乏稳定的就业岗位。党的十八大以来的就业政策通过四方面举措有力促进农民工和农村劳动力就业:一是面向农民工群体开展职业技能培训,围绕市场紧缺需求和农民工群体特点,着力提升农民工就业技能,增强农民工在劳动力市场的竞争力。二是消除农民工就业歧视,建立城乡平等就业制度,有序放开进城落户标准,推动农民工市民化,帮助新生代农民工获得市民身份,鼓励支持新生代农民工到新产业、新业态就业创业。三是配合乡村振兴步伐,通过降低企业登记注册门槛、给予返乡创业补贴、加强返乡创业培训等扶持政策,推动返乡农民工创业,发挥返乡农民工在城市工作积累的资金、技术和管理经验优势,引导农村一二三产业融合发展,拓宽农村劳动力就业渠道,优先吸纳脱贫人口等就业困难群体,帮助农村劳动力实现就地、就近就业。四是加强劳动力跨区域精准对接,有序组织农村劳动力劳务输出,以高质量转移就业打造农村劳务品牌,稳定外出务工规模,为农村劳动力提供有保障的就业渠道。

随着全面建成小康社会进程的加速,失业人员、残疾人、脱贫人口等困难群体的就业问题在近年来受到了党中央和国务院的高度重视。党的十八大以来的就业政策主要采取了精准帮扶就业和公益性岗位兜底两方面举措,帮扶就业困难群体实现就业创业。一方面,落实失业保险以及针对失业人员的就业创业优惠政策,利用失业保险金、最低生活保障、临时救助等社会保险和社会救助保障失业人员基本生活水平,帮助其尽快再就业;另一方面,基于就业困难群体实名制管理,对零就业家庭人员、残疾人等困难群体进行精细化帮扶,开发公益性岗位进行妥善安置,发挥有为政府"看得见的手"的兜底作用。

三 促进就业和劳动参与相关政策建议

根据现今宏观经济和就业形势来看,新冠肺炎疫情仍然在全球蔓延,各国经济遭受不同程度的严重冲击,中国在统筹推进常态化疫情防控和经济社会发展各项工作后率先实现复工复产,消费强势反弹,经济复苏动力强劲,就业形势总体稳定可控。但是,国内外诸多矛盾仍然存续,宏观杠杆率大幅上升,制造业"卡脖子"问题亟须解决,疫情冲击带来的收入预期下降和失业风险增大使得居民消费倾向趋于保守,加之国际形势日趋复杂,经济不确定性增加,需要警惕防范可能的就业冲击和潜在的规模性失业风险。基于上述分析,本章特此提出以下几点建议。

一是继续坚持就业优先政策,推进制造业发展与稳定和扩大就业的良性互动,保持制造业就业比重基本稳定。考虑到疫情带来的全球产业链重构和制造业去中国化趋势,以及近年来中国去工业化对稳就业工作造成的较大压力,未来时期的就业政策仍然需要继续强调制造业发展带动就业的重要性。通过积极推动战略性新兴产业发展、拓宽就业空间。推动传统产业升级赋能,支持吸纳就业能力强的劳动密集型产业发展,注重发展技能密集型产业,打造更多制造业就业新增长点。推进区域协调发展,帮助中西部承接符合自身比较优势的劳动密集型和环境友好型制造业,提供更多就地就近就业机会。持续实施制造业"降本减负"行动,帮助企业纾困解难,稳定企业用工需求。适应产业转型升级和自动化、智能化浪潮,强化制造业人才技能培训,加快重点产业急缺紧缺人才培养。多渠道增强吸纳就业能力,实现制造业领域高质量就业。

二是推动服务业高质量发展,促进服务业就业提质扩容。随着数字经济、共享经济等新经济的飞速发展,为服务业吸纳就业提供了广阔空间。未来时期的就业政策应当通过大力推动生产性服务业发展,延伸产业链条,支撑制造业向价值链中高端攀升,推动经济高质量发展带动就业,有效扩大就业容量。同时要结合人口老龄化、互联网消费等发展趋势，重点发展贴近服务人民群众生活、需求潜力大、就业带动作用强的生活性服务业，如文化旅游、健康养老、家政服务等，推进消费结构升级，充分挖掘吸纳就业潜力。

三是消除就业歧视和放开户籍管制，保障新就业形态劳动者权益。未来应当消除针对户籍、学历、性别等影响平等就业的歧视现象，加快放开户籍管制，促进城乡劳动者平等就业。提升劳动力就业的积极性和流动性。创新监管方式，敦促平台经济和头部企业履行社会责任，推进平台经济反垄断制度化和常规化，引导新经济业态健康发展。落实灵活用工劳动权益保障，明确新就业形态中的劳动关系，探索建立平台灵活就业人员的职业伤害保障制度，为推进灵活就业提供有力支撑。

四是引导高校毕业生积极择业，支持大学生就业创业。高校毕业生就业是稳就业工作的重心，要不遗余力帮助大学生尽快投身就业创业活动。未来时期的就业政策应当通过帮助高校毕业生端正就业心态，缓解就业焦虑，结合自身特长和条件理性择业，提高大学生的就业满意度。鼓励高校毕业生投身基层、光荣入伍，为祖国富强和国防建设添砖加瓦。加强就业信息服务供给，加大就业创业培训力度，搭建线上线下就业渠道，落实高校毕业生创业补贴等扶持政策，推动高校毕业生多元化多渠道就业。

五是鼓励农民工返乡创业，推动返乡创业带动就业。为促进农民工和农村转移劳动力稳定和扩大就业，未来时期的就业政策应当继续落实返乡农民工就业创业政策扶持，鼓励返乡农民工分享就业创业经验，引导农民工返乡创业带动当地农村劳动力就业，推进乡村振兴，实现共同富裕。组织农村劳动力高质量劳务输出，积极打造劳务品牌，稳步扩大输出劳动力规模，支持农民工就地就近就业。加快美丽乡村建设，发展农村特色经济，优先吸纳脱贫人口就业，巩固拓展脱贫攻坚成果。

六是帮扶困难群众就业，夯实公益性岗位托底保障。未来时期的就业政策要牢记不让一个困难群众掉队的原则，对下岗失业人员、残疾人、脱贫人口等就业困难群体展开精准帮扶。按照自主就业为主、公益性岗位托底为辅的方针,借助失业保险和社会救助保障失业人员基本生活,加大技能培训和创业扶持力度,依托政府和社会力量帮扶困难群众自谋职业、自主创业,支持困难群众多渠道灵活就业。对于通过市场渠道难以实现就业的人员,可通过开发公益性岗位进行托底安置,确保零就业家庭至少有一人就业。

第十章 促进教育和职业培训发展的新举措及建议*

在人口老龄化过程中，劳动年龄人口数量持续下降，青壮年劳动力供给逐步减少，对潜在经济增长率造成不利影响。通过教育和培训的发展，改善各年龄段人口的人力资本水平，对中国来说是积极应对人口老龄化的重要举措。

一 党的十八大以来促进教育发展的主要举措

党的十八大以来，以习近平同志为核心的党中央高度重视教育问题，始终把教育摆在优先发展的战略位置，在学前教育、义务教育、高中教育、职业教育、高等教育等方面出台了一系列重要举措。

（一）实施学前教育三年行动计划，推动学前教育深化改革规范发展

学前教育是终身学习的开端，是国民教育体系的重要组成部分。办好学前教育、实现幼有所育，关系亿万儿童健康成长。党的十八大以来，政府出台多项重要举措，切实办好新时代学前教育，实现幼有所育。

一方面，继续实施三年行动计划。从2011年起，国家分三期实

---

* 本章作者为张立龙。作者简介：张立龙，首都经济贸易大学劳动经济学院副教授、硕士生导师；研究方向为养老保障、人口社会学等。

第二部分 举措分析篇

施了学前教育三年行动计划，旨在中国建立广覆盖、保基本、有质量的学前教育公共服务体系。为了配合三年行动计划，政府也出台了配套措施。2012年，《教育部关于印发〈3—6岁儿童学习与发展指南〉的通知》（教基二〔2012〕4号）从健康、语言、社会、科学、艺术五个领域描述了幼儿学习与发展的特点与规律，提出了3—6岁各年龄段儿童学习与发展目标和相应的教育建议。2016年，教育部制定的《幼儿园工作规程》（中华人民共和国教育部令第39号）的颁布，进一步完善了学前教育规章制度，有力地推进了学前教育治理体系和治理能力现代化的步伐。2017年，《教育部关于印发〈幼儿园办园行为督导评估办法〉的通知》（教督〔2017〕7号）进一步从制度上保证了促进幼儿园规范办园行为。

另一方面，积极推进学前教育深化改革规范发展。2018年11月，为解决学前教育发展不平衡不充分的问题，《中共中央 国务院关于学前教育深化改革规范发展的若干意见》（中发〔2018〕39号）指出，到2035年，全面普及学前教育，建成覆盖城乡、布局合理的学前教育公共服务体系，并提出了优化布局与办园结构、拓宽途径扩大资源供给、健全经费投入长效机制、加强幼儿园教师队伍建设、规范发展民办园、提高幼儿园保教质量等措施。2019年2月，中共中央、国务院印发的《中国教育现代化2035》提出要以农村为重点提升学前教育普及水平，建立更为完善的学前教育管理体制、办园体制和投入体制，大力发展公办园，加快发展普惠性民办幼儿园，全面普及有质量的学前教育；同月，中共中央办公厅、国务院办公厅印发《加快推进教育现代化实施方案（2018—2022年）》更加明确地提出要推进学前教育普及普惠发展，健全学前教育管理机构和专业化管理队伍，加强幼儿园质量监管与业务指导。截至2020年底，普惠性幼儿园覆盖率达到84.74%，学前教育毛入学率85.2%，比2012年增加了20.7个百分点①。

---

① 《2012年全国教育事业统计年鉴》《2020年全国教育事业统计年鉴》。

（二）积极推进城乡义务教育一体化，全面提高义务教育质量

党的十八大以来，国家提出要加快和推进基本公共教育均等化，建立城乡统一、重在农村的义务教育经费保障机制，推进义务教育优质均衡发展，推动建立以城带乡、整体推进、城乡一体、均衡发展的义务教育发展机制。

一是推进县域内义务教育一体化改革发展。2016年7月，《国务院关于统筹推进县域内城乡义务教育一体化改革发展的若干意见》（国发〔2016〕40号）提出了同步建设城镇学校，努力办好乡村教育、科学推进学校标准化建设、实施消除大班额计划、统筹城乡师资配置、改革乡村教师待遇保障机制、改革教育治理体系、改革随迁子女就学机制、加强留守儿童关爱保护等十项举措。二是切实解决义务教育学生失学辍学问题。2017年9月，《国务院办公厅关于进一步加强控辍保学提高义务教育巩固水平的通知》（国办发〔2017〕72号）从坚持依法控辍并建立健全控辍保学工作机制、提高质量控辍避免因学习困难或厌学而辍学、落实扶贫控辍避免因贫失学辍学、强化保障控辍而避免因上学远上学难而辍学等方面进一步加强控辍保学、提高义务教育巩固水平。三是提高乡村义务教育阶段学校的办学条件。2018年4月，《国务院办公厅关于全面加强乡村小规模学校和乡镇寄宿制学校建设的指导意见》（国办发〔2018〕27号），按照"缺什么、补什么"的原则，对办好两类学校作出全面部署。四是全面提升义务教育质量。2019年6月，《中共中央 国务院关于深化教育教学改革全面提高义务教育质量的意见》（中发〔2019〕26号）提出，要从五育并举全面发展素质教育，实施义务教育质量提升工程，保障义务教育财政经费投入、加大教师队伍建设，推进教育教学改革、提高教育质量经费支持力度等方面全面提高义务教育质量。党的十八大以来，中国义务教育取得了举世瞩目的成就，逐步实现了全面普及。截至2020年底，九年义务教育巩固率达到95.2%，比

第二部分 举措分析篇

2012年增加了3.4个百分点①。

(三) 实施高中阶段教育普及攻坚计划，改革普通高中育人方式

办好普通高中教育，对于巩固义务教育普及成果、增强高等教育发展后劲、进一步提高国民整体素质具有重要意义。党的十八大报告指出要基本普及高中阶段教育，党的十九大又明确指出"普及高中阶段教育，努力让每个孩子都能享有公平而有质量的教育"，"使绝大多数城乡新增劳动力接受高中阶段教育、更多接受高等教育"。

党的十八大以来主要措施有：一是实施高中阶段教育普及攻坚计划。2017年，经国务院同意，教育部等4部门印发《高中阶段教育普及攻坚计划（2017—2020年）》（教基〔2017〕1号），明确提出以中西部贫困地区、民族地区、边远地区和革命老区等教育基础薄弱、普及程度较低的地区为攻坚重点，实现到2020年，全国、各省（区、市）毛入学率均达到90%以上的总体目标；教育部还同中西部10个省份签署了《高中阶段教育普及攻坚备忘录》，建立了部省协同推进机制，进一步加大对中西部贫困地区的支持力度。二是将普及高中阶段教育纳入基本公共服务均等化的重要内容。2017年3月，《国务院关于印发"十三五"推进基本公共服务均等化规划的通知》（国发〔2017〕9号）中指出，要加快高中阶段教育普及，重点支持中西部贫困地区尤其是集中连片特困地区高中阶段教育发展；统筹普通高中和中职教育协调发展，继续实施普通高中改造计划、现代职业教育质量提升计划等项目，着力改善中西部高中阶段学校办学条件。三是推进普通高中育人方式改革。2019年6月，《国务院办公厅关于新时代推进普通高中育人方式改革的指导意见》（国办发〔2019〕29号）中指出，构建全面培养体系，优化课程实施、创新教学组织管理、加强学生发展指导等方面提出明确要求，全面提高普通高中教育质量，推进新时代普通高中育人方式改革。截至2020年底，全国高中阶段

---

① 《2012年全国教育事业统计年鉴》《2020年全国教育事业统计年鉴》。

毛入学率91.2%，比2012年增加了6.2个百分点①。

（四）积极推动职业教育改革，建立现代职业教育体系

党的十八大报告明确指出，要"加快发展现代职业教育"，这是党对中国职业教育事业发展提出的新要求，标志着中国职业教育发展已经进入了一个新的历史发展阶段。党的十八大以来，国家高度重视职业教育发展，出台了一系列政策措施。

一是制定了职业教育发展目标。2014年，《国务院关于加快发展现代职业教育的决定》（国发〔2014〕19号）提出，到2020年，形成适应发展需求、产教深度融合、中职高职衔接、职业教育与普通教育相互沟通，体现终身教育理念，具有中国特色、世界水平的现代职业教育体系。同年，教育部等6部门联合出台《现代职业教育体系建设规划（2014—2020）》（教发〔2014〕6号），对建立现代职业教育体系作出了部署，并制定了2020年在校生人数、培训人次、集团参与率、实训基地、双师型教育、数字化等有了非常具体的量化目标。二是实施职业教育改革。2019年1月，《国务院关于印发国家职业教育改革实施方案的通知》（国发〔2019〕4号）中，提出职业教育要实现的三个改变，以政府举办为主向政府统一管理、社会多元办学的格局转变；从追求规模扩张向提高质量转变，从由参照普通教育办学向行业企业参与、专业特色鲜明的类型教育转变；同时提出了通过健全制度、提高质量、多元办学、改善环境来实现中国职业教育教育的目标。三是建立本科层次职业教育专业设置管理制度。2021年，教育部印发《职业教育专业目录（2021年）》（教职成〔2021〕2号），设置247个高职本科专业，并印发《本科层次职业教育专业设置管理办法（试行）》（教职成厅〔2021〕1号），正式建立本科层次职业教育专业设置管理的国家制度。截至2020年底，中国共有职业学校1.13万所，在校生3088万人②。

---

① 《2012年全国教育事业统计年鉴》《2020年全国教育事业统计年鉴》。
② 《2020年全国教育事业统计年鉴》。

（五）积极推进高校"双一流"建设，推动高等教育内涵式发展

党的十八大指出要"推动高等教育内涵式发展"，党的十九大强调"实现高等教育内涵式发展"。高等教育内涵式发展是党中央站在战略全局高度提出的一个重大课题，是中国高等教育实现全面、协调、可持续发展的内在需要。

党的十八大以来为提高高等教育质量、推动高等教育内涵式的举措主要有：一方面加强高校思想政治工作。2015年1月，中共中央办公厅、国务院印发《关于进一步加强和改进新形势下高校宣传思想工作的意见》（中办发〔2014〕59号），为高校如何培养又红又专、德才兼备、全面发展的中国特色社会主义合格建设者和可靠接班人指明了方向。另一方面统筹推进"双一流"建设。2015年10月，《国务院关于印发统筹推进世界一流大学和一流学科建设总体方案的通知》（国发〔2015〕64号），对统筹推进世界一流大学和一流学科建设的总体要求、主要任务、支持举措和组织实施等作出了战略部署。为贯彻落实好《总体方案》，2017年1月，教育部会同财政部、国家发展改革委研究制定了《统筹推进世界一流大学和一流学科建设实施办法（暂行）》（教研〔2017〕2号），对遴选条件、遴选程序、支持方式、管理方式、组织实施等作出具体规定。2018年8月，教育部、财政部、国家发展改革委发布了《关于高等学校加快"双一流"建设的指导意见》（教研〔2018〕5号）从坚持社会主义办学方向、引导学生成长成才、形成高水平人才培养体系、培养拔尖创新人才四个方面给出了指导意见。截至2020年底，高等教育毛入学率达到54.4%，比2012年增加了24.4个百分点[①]。

（六）制定老年教育发展规划，积极推动老年教育事业发展

发展老年教育，是积极应对人口老龄化、实现教育现代化、建设学习型社会的重要举措。党的十八大以来，党和国家积极推动老年教

---

① 《2012年全国教育事业统计年鉴》《2020年全国教育事业统计年鉴》。

育事业发展。2016年10月，《国务院办公厅关于印发老年教育发展规划（2016—2020年）的通知》（国办发〔2016〕74号）提出了发展老年教育的主要目标、任务的具体举措。在老年教育资源供给上，优先发展城乡社区老年教育，完善基层社区老年教育服务体系；建立健全"县（市、区）—乡镇（街道）—村（居委会）"三级社区老年教育网络。探索院校利用自身教育资源举办老年教育（学校）的模式；推动普通高校和职业院校面向老年人提供课程资源，推动开放大学和广播电视大学举办"老年开放大学"或"网上老年大学"。在老年教育发展路径上，探索养教结合新模式，在社区老年人日间照料中心、托老所等各类社区居家养老场所内，开展形式多样的老年教育；推动老年教育融入养老服务体系；关注失能失智及盲聋等特殊老人群体，提供康复教育一体化服务。在老年教育支持服务上，运用信息技术服务老年教育，推动信息技术融入老年教育教学全过程，支持老年人网上学习。在老年教育可持续发展上，鼓励综合类高校、师范类院校、职业院校开设老年教育相关专业；依托有关高校、科研院所、老年教育机构等建立若干个老年教育研究基地。

二 党的十八大以来促进职业培训发展的主要举措

职业技能培训是全面提升劳动者就业创业能力、缓解技能人才短缺的结构性矛盾、提高就业质量的根本举措，是经济转型升级和高质量发展的重要支撑。党的十八大指出，要加强职业技能培训，提升劳动者就业创业能力，增强就业稳定性；党的十九大又明确提出，要大规模开展职业技能培训，建设知识型、技能型、创新型劳动者大军。因此，国家相关政策文件提出要大力推行终身职业技能培训制度，面向职工、就业重点群体、建档立卡贫困劳动力等城乡各类劳动者，大规模开展职业技能培训，加快建设知识型、技能型、创新型劳动者大军，为全面建成社会主义现代化强国、实现中华民族伟大复兴的中国梦提供强大支撑。

第二部分　举措分析篇

（一）建立面向全体城乡劳动者的终身职业技能培训制度

2019年5月，《国务院关于推行终身职业技能培训制度的意见》（国发〔2018〕11号）明确提出建立并推行覆盖城乡全体劳动者、贯穿劳动者学习工作终身、适应就业创业和人才成长需要以及经济社会发展需求的终身职业技能培训制度在。在培训体系构建上，提出完善终身职业技能培训政策和组织实施体系，围绕就业创业重点群体，广泛开展就业技能培训；充分发挥企业主体作用，全面加强企业职工岗位技能提升培训；适应产业转型升级需要，着力加强高技能人才培训；大力推进创业创新培训；强化工匠精神和职业素质培育。在培训体制机制改革上，建立职业技能培训市场化社会化发展机制、技能人才多元评价机制、职业技能培训质量评估监管机制、技能提升多渠道激励机制。在职业技能培训基础能力提升上，加强职业技能培训服务能力建设、职业技能培训教学资源建设、职业技能培训基础平台建设。最终实现职业技能培训的培训对象普惠化、培训资源市场化、培训载体多元化、培训方式多样化、培训管理规范化，大规模开展高质量的职业技能培训。

（二）围绕就业创业重点群体，开展了职业技能提升行动

围绕高校毕业生、农民工、职业农民、"两后生"、退役军人、困难家庭、残疾人等特殊重点群体，开展职业技能提升培训和创业培训。高校毕业生职业技能培训旨在增强其适应产业发展、岗位需求和基层就业工作能力；针对农民工，2019年1月，《人力资源社会保障部关于印发〈新生代农民工职业技能提升计划（2019—2022）〉的通知》（人社部发〔2019〕5号），通过开展就业技能培训、岗位技能提升培训、精准开展技能扶贫培训、开展创业创新培训等带动农民工队伍技能素质全面提升；为确保决战决胜脱贫攻坚，大力提升广大农民工职业技能和就业创业能力，2020年5月，《人力资源社会保障部关于印发农民工稳就业职业技能培训计划的通知》（人社部函〔2020〕48号），对深入实施职业技能提升行动，面向

广大农民工群体，开展大规模、广覆盖和多形式的职业技能培训提出了具体措施。围绕乡村振兴战略，为提升职业农民的技能，开展新型职业农民培育工程和农村实用人才带头人素质提升计划。为提高就业能力，对城乡未继续升学初高中毕业生而开展劳动预备制培训。面向即将退役的军人开展退役前的技能储备培训和职业指导。面向符合条件的建档立卡贫困家庭、农村"低保"家庭、困难职工家庭和残疾人，开展技能脱贫攻坚行动，实施"雨露计划"、技能脱贫千校行动、残疾人职业技能提升计划。对服刑人员、强制隔离戒毒人员，开展以顺利回归社会为目的的就业技能培训。特别是，聚焦深度贫困地区劳动力，持续推进东西部扶贫协作框架下职业教育、职业技能培训帮扶和贫困村创业致富带头人培训，深入推进技能脱贫千校行动和深度贫困地区技能扶贫行动。

（三）加强新职业培训基础建设，大力开展新职业培训

为加快培养大批高素质劳动者和技术技能人才，改善新职业人才供给质量结构，支持战略性新兴产业发展，推动数字经济与实体经济深度融合，2021年4月，《人力资源社会保障部办公厅关于加强新职业培训工作的通知》（人社厅发〔2021〕28号）通知从加快新职业标准制定，组织开展新职业培训，加强新职业培训基础建设，有序开展新职业评价等方面，提出了加快新职业培训的具体措施。要求要根据区域经济社会发展需要，坚持就业导向，大力开展新职业培训特别是数字经济领域人才培养；结合新经济、新产业、新职业发展，建立职业与教育培训专业（项目）对应指引，修订技工院校专业目录，增设与新职业对应的新专业（项目）；创新评价服务模式，探索"互联网+人才评价"的新模式，对于数字技术技能类职业可探索采用在线评价认定模式等。

（四）激发多元化培训主体积极性，增加技能培训的有效供给

在企业培训上，为对接国民经济和社会发展中长期规划，适应高质量发展要求，支持企业开展适应岗位需求和发展需要的技能培训；

支持帮助困难企业开展转岗转业培训；通过政策引导行业、龙头企业和培训机构帮助中小微企业开展职工培训；实施高危行业领域安全技能提升行动计划，对从业人员和各类特种作业人员普遍开展安全技能培训，支持高危企业集中的地区建设安全生产和技能实训基地；发挥失业保险促就业作用，支持符合条件的参保职工提升职业技能。在职业院校培训上，支持职业院校开展补贴性培训，扩大面向职工、就业重点群体和贫困劳动力的培训规模；在院校启动"学历证书＋若干职业技能等级证书"制度试点工作，允许职业院校将一定比例的培训收入纳入学校公用经费。鼓励支持社会培训和评价机构开展职业技能培训和评价工作。在社会机构培训上，不断培育发展壮大社会培训和评价机构，支持培训和评价机构建立同业交流平台，促进行业发展，加强行业自律；民办职业培训和评价机构在政府购买服务、校企合作、实训基地建设等方面与公办同类机构享受同等待遇。在校企合作上，推进产教融合、校企合作，实现学校培养与企业用人的有效衔接，支持企业通过校企合作方式对企业新招用和转岗的技能岗位人员进行系统职业技能培训。

（五）加强公共职业技能培训基础能力建设，完善公共职业技能培训体系

为加快提升中国公共职业技能培训基础能力，不断完善公共职业技能培训体系，2018年9月，国家发展改革委等11部门印发《关于提升公共职业技能培训基础能力的指导意见》（发改就业〔2018〕1433号）。鼓励各地结合主体功能定位、区域产业分布和培训对象数量等实际情况，编制基础平台建设规划，推进公共职业技能培训基础平台建设；通过积极构建培训和就业良性互动机制加强基层就业和社会保障服务平台信息共享，提高培训就业信息共享能力，通过完善数字职业技能培训顶层设计和打造数字职业技能培训公共服务平台，创新数字职业技能培训体系；加强公共职业技能培训教学资源建设和师资队伍建设，提高职业技能培训水平；通过鼓励公共职业技能培训基础平台间资源共享、探索公共职业技能培训基础平台与企业合作和

PPP 模式等，构建多元化投入机制。力争到 2025 年，形成覆盖全国、布局合理、定位明确、功能完善、信息联通、资源共享，能够基本满足实现高质量发展和建设现代化经济体系对技能人才需求的公共职业技能培训基础能力体系。

（六）应对新冠肺炎疫情，支持鼓励劳动者参与线上职业技能培训

党中央、国务院高度重视新冠肺炎疫情防控和重点群体就业工作。为助力打赢疫情防控阻击战，进一步提升劳动者素质和技能水平，2020 年 2 月，国家发展改革委办公厅等 4 部门制定了《关于应对新型冠状病毒感染肺炎疫情 支持鼓励劳动者参与线上职业技能培训的通知》（发改办就业〔2020〕100 号），以加大力度支持鼓励广大劳动者参与线上职业技能培训。具体的举措有：加大对延迟返岗农民工等重点群体参与线上职业技能培训政策支持力度；积极引导鼓励大企业、普通高校、职业院校（含技工院校）、社会培训机构等在疫情期间免费开放线上职业技能培训资源；提升线上职业技能培训资源质量，加大线上职业技能培训扶持力度等。同时，人力资源社会保障部、财政部印发关于实施职业技能提升行动"互联网＋职业技能培训计划"的通知，大力开展线上职业技能培训，丰富线上培训课程资源，并鼓励支持广大劳动者参加线上职业技能培训。同年 3 月，《人力资源社会保障部关于印发百日免费线上技能培训行动方案的通知》（人社部函〔2020〕24 号）针对企业返岗、待岗职工，农村转移就业劳动者、失业人员、高校毕业生、"两后生"、贫困劳动力等城乡各类劳动者，在 2020 年 3 月下旬至 6 月底，集中实施线上培训行动，大规模开展免费线上职业技能培训。实现"百日 515"目标：遴选 50 家以上线上技能培训平台，推出覆盖 100 个以上职业（工种）的数字培训资源，实现线上培训实名注册 500 万人次以上。

三 党的十八大以来教育和培训领域政策的特点

（一）坚持以"保基本、补短板、促公平"教育发展思路，促进基础教育均衡发展，推进教育公平

"保基本"即保证基本公共服务教育体系全覆盖，其中重点在基础教育。"补短板"即要优化教育资源配置，加大对革命老区、民族地区、边远地区、贫困地区基础教育的投入力度，保障贫困地区办学经费，健全家庭困难学生资助体系，逐步缩小区域、城乡、校际差距。"促公平"即通过完善包括机会公平在内的教育公平保障体系，优化教育公平的体制机制，改善公平环境，在更大程度上实现教育公平。以义务教育为例，党的十八大以来，政府通过巩固完善义务教育经费保障机制，扎实推进农村义务教育阶段薄弱学校改造计划和学生营养改善计划、着力提高义务教育阶段师资队伍素质、规范义务教育经费的使用和管理等手段，促进义务教育优质均衡发展，推动建立以城带乡、整体推进、城乡一体、均衡发展的义务教育发展机制。

（二）将教育作为阻断贫困代际传递、实现脱贫致富的根本之策，大力推进教育扶贫

让贫困地区的孩子们接受良好教育，是扶贫开发的重要任务，也是阻断贫困代际传递的重要途径。党的十八以来，政府出台系列措施，补齐贫困地区的教育短板，推动贫困地区教育事业发展，不让一个学生因家庭经济困难而失学，让贫困地区的每一个孩子都有机会接受良好的教育。义务教育有保障是"两不愁三保障"的重要指标，"控辍保学"则是实现目标的重要任务，截至2020年11月底，全国义务教育阶段辍学学生由台账建立之初的60多万人下降至831人，其中20多万建档立卡辍学学生实现动态清零。"职教一人、就业一个、脱贫一家"，通过实施职业教育东西协作行动计划，职业教育在教育扶贫中持续发力，中西部贫困地区孩子实现了"升学有路、就业有门"。党的十八大以来，累计有800多万贫困家庭学生接受中高等职业教育，职业院校70%以上的学生来自农村。高等教育向贫困生倾斜，党的十八大以来，累计有514.05万建档立卡贫困学生接受高等教育，数以百万计的贫困家庭有了第一代大学生，促进了社会的向上流动。与此同时，为发挥中国高校自身特色优势，精准对接贫困县实际需求，促进区域全面发展，高校在教育扶贫上精准施策、精准发力。其中，64所教育部直属高校累计投入和引进帮扶资金超25亿元，培训基层干部和技术人员超46万人，培训贫困地区教师近10万人次，落地实施科研项目1949项，引入企业实际投资额151.6亿元。此外，通过"特岗计划""国培计划"等政策，在扶贫地区已建立起一支"下得去、留得住、教得好"的乡村教师队伍，教师整体素质得到有效提升。

（三）教育领域的综合改革进一步深化，教育体制"四梁八柱"的改革方案基本建立

党的十八大以来，以推进教育治理体系和治理能力现代化为总目标，深化教育领域综合改革，全面推进依法治教，基本形成教育改革的"四梁八柱"架构。在人力培养模式、办学体制、管理体制、保障体制等方面深化教育综合改革取得新进展。围绕考试招生、课程内容、创新人才培养、职业教育人才培养等内容，推进人才培养模式改革；围绕改善民办教育发展环境、完善职业教育产教融合制度、落实高校办学自主权、扩大教育对外开放等方面，推进办学体制改革；围绕完善均衡发展义务教育机制、落实省级政府教育统筹、改革教育监测评价机制、推进教育督导体制改革、完善高校治理结构等方面，推进管理体制改革；围绕教师管理制度、完善投入保障机制、改进教育信息化推进策略等方面，推进保障机制改革。

（四）注重教育的内涵式发展，人才培养质量明显提高

随着城乡义务教育全面普及，从根本上解决了适龄儿童和少年"有学上"的问题，但不同区域、城乡、学校之间办学水平和教学质量的差距逐渐显现，人民群众日益增长的高质量教育需求与供给不足的矛盾不断凸显，注重教育内涵式发展，提供教育发展质量，成为推进中国基础教育的必然选择。党的十八大以来，教育系统进一步树立科学的育人观，坚持正确导向，强化思想引领和价值塑造，突出教育教学，提高教师能力素质，树立以促进人的全面发展、适应社会需要为根本标准的教育质量观，健全以提高教育质量为导向的管理制度和工作机制，内涵发展不断深入。随着改革的不断深化，在进一步提高了义务教育巩固水平和学前教育、高中阶段教育普及水平，历史性地解决了"有学上"问题的基础上，教育公平实现新跨越，逐步实现了人民群众"上好学"的愿望。

（五）为适应新时代的经济社会发展需求，构建终身职业技能培训体系

党的十八大以来，中国经济社会发展步入了新的历史时期，加快转变经济发展方式、调整产业结构、实施创新驱动发展战略、建设创新型国家，都需要一大批高素质技能人才作支撑，为应对这些新挑战，中国的职业技能培训由之前短期技能训练为主逐步转向构建终身职业技能培训体系。终身职业技能培训体系主要体现在以下方面：一是培训对象覆盖全体劳动者，既包括城市劳动者，也包括乡村劳动者；既包括就业者，也包括准备就业者。二是政府职业技能培训补贴覆盖劳动者终身职业生涯，从劳动预备到劳动者实现就业创业，贯穿于学习和职业生涯的全过程。三是技能培训的评价机制覆盖劳动者就业全过程，建立技能人才多元评价机制、技能提升多渠道激励机制，使培训、就业、评价、使用有效衔接。四是提供全方位服务保障，以公共实训机构、职业院校、职业培训机构和行业企业为主要载体，提供全方位职业技能培训服务。终身职业技能培训体系的建立，为中国发展实现从"人口红利"向"人才红利"转变的提供重要支撑。

四 现阶段在教育和培训领域面临的主要问题

（一）基础教育仍发展不平衡、质量有待提高

在学前教育上，学前教育仍是整个教育体系的短板，发展不平衡不充分问题十分突出，表现为：学前教育资源尤其是普惠性资源不足，政策保障体系不完善，教师队伍建设滞后，监管体制机制不健全，保教质量有待提高，存在"小学化"倾向，部分民办园过度逐利、幼儿安全问题时有发生。在义务教育上，城乡义务教育发展呈现出两极分化，农村地区义务教育学校在教育基础设施如教学仪器、网络硬件、文体活动设施等方面仍然存在配置不到位、分布不均衡的问题；师资上则表现为农村地区的师资无论是在数量还是质量上，都与城市地区存在较大差距[1]；城镇化过程中农村地区的生源持续流失，导致农村义务教育学校难以为继，出现了并校或撤销学校的现象。在高中阶段教育上，受历史长期积累和偏向型发展战略的影响，高中阶段教育普及表现出区域间分化、不均衡的问题，城乡分治、重点与非重点高中分治现象明显；高中阶段教育的普及存在城市先行、乡镇跟进、农村滞后的问题，东、中、西部地区高中阶段教育普及水平存在较大差异，不平衡、资源差异大等问题仍较突出，已经成为制约高中阶段教育普及的重要政策议题。高中阶段教师的资源配置也不够科学合理，在新高考改革、学校选课走班的双重背景下，教师总量不足、普通高中一些学科专任教师和中等职业教育"双师型"教师短缺，这是高中阶段教育普及的明显短板[2]。

（二）高等教育同质同构化问题依然存在，高校内涵式发展亟须加强

高等教育规模的逐步扩大带来了提高教育质量的诉求。一方面，

---

[1] 郭欣欣、张铨洲：《城乡义务教育一体化的现实困境及引导策略》，《教学与管理》2021年第7期。

[2] 徐艳、陈玉杰：《新中国职业技能培训70年：历程、经验与趋势》，《中国劳动》2019年第11期。

第二部分 举措分析篇

随着高等教育规模的扩张，公众对优质高等教育资源的需求也日趋增加，对高等教育质量提升的诉求更加强烈，但中国高等教育的扩招和普及化进程的快速推进，带来了师资队伍、教学资源、基础条件建设的不足，从而导致了公众对高等教育质量的担忧。另一方面，中国高等教育的同质同构化问题依然存在，差异化、个性化不足，高校办学特色不鲜明，高等教育对受教育者个性的塑造薄弱，不能很好地满足人民群众千差万别的需求[①]。高等教育功能发挥还存在很多局限，造成中国高等教育培养的一流人才严重不足，高等教育促进经济社会发展的作用还远远不能满足需要。

（三）职业教育质量依然较低，不适应加快转变经济发展方式的要求

随着中国进入新发展阶段，产业升级和经济结构调整不断加快，各行各业对技术技能人才的需求越来越紧迫，职业教育的地位越来越凸显。但与建设现代化经济体系、建设教育强国的要求相比，正如《现代职业教育体系建设规划（2014—2020年）》所述，中国职业教育仍然存在着社会吸引力不强、发展理念相对落后、行业企业参与不足、人才培养模式相对陈旧、基础能力相对薄弱、层次结构不合理、基本制度不健全、国际化程度不高等诸多问题，并集中体现在职业教育体系不适应加快转变经济发展方式的要求上。2019年1月，国务院印发的《国家职业教育改革实施方案》也对职业教育发展中的问题做了基本判断，认为当前职业教育发展存在认识不到位、体系不完善、特色不明显、企业参与不够、社会地位不高等问题。

同时，由于社会公众的重普轻职观念根深蒂固、将低分学生作为兜底分流进入职业学校、通往高层次职业教育的学习通道狭窄、一些地区由于教育经费投入不足使得中职办学条件较差等原因，导致中等职业教育吸引力不足，中职学校和高职院校都面临招生难的困境，学生和家长

---

① 钟秉林、王新凤：《迈入普及化的中国高等教育：机遇、挑战与展望》，《中国高教研究》2019年第8期。

不愿选择职业教育，而用人单位处于技能人才既急需又紧缺的状态。

（四）对学龄人口规模和结构变化趋势的忽视可能会影响未来教育资源的规划和布局的有效性

教育的资源规划和布局与学龄人口的变动存在较强的内在关系，学龄人口的变动对教育资源的规划和布局有着统领作用，人口变动直接关系到对各级各类教育的需求，涉及人力（如师资）、财力（如财政性经费）和物力（如校舍等基础设施）等多种资源的配置问题。因此，如何科学合理地预测人口年龄结构变动对各学段学龄人口的影响，从而为教育事业发展规划提供数据支撑具有重要意义。然而，从目前与教育相关的规划可以看出，规划和相关政策的制定并没有充分考虑未来人口结构可能的变化。例如，现有的教育规划更多地强调了普及率指标，然而某个规划阶段的普及率所形成的学位数，可能会随着人口年龄结构的变动而出现空缺或多余的状况，即出现了普及率所增加或减少的学位数与未来各学段学龄人口规模的冲突，从而出现撤校、并校或学位数不足的情况，因此，需要准确把握未来的人口发展趋势，是更好地制定各学段教育事业发展规划的重要依据。

（五）职业培训政策体系尚不完善，职业技能培训质量与实现高质量就业差距较大

在社会环境氛围方面，社会对职业技能人才认可度偏低，技能就业成才对青年和学生吸引力不够强，企业职工和青年学生学习技能的积极性还有待提高，企业开展职业培训的动力不足，"重学历、轻能力；重装备、轻技工；重理论、轻操作"的观念还没有从根本上得到扭转。在职业培训政策体系方面，中国职业培训工作主要是依靠《中华人民共和国劳动法》《中华人民共和国职业教育法》和《中华人民共和国就业促进法》，缺乏专门的职业培训法，法律保障欠缺[①]；公共实训基地和高技

---

① 徐艳、陈玉杰：《新中国职业技能培训70年：历程、经验与趋势》，《中国劳动》2019年第11期。

能人才培训基地建设及考核评价的政策等都还不尽完善,政策制定存在一定程度的滞后。在职业技能培训质量方面,政府补贴培训绝大部分为初级工、中级工培训,培训层次和水平都较低;国家对职业技能培训的补贴标准偏低,无法解决培训时间长、师资成本高、实训设备折旧成本高等问题;对培训机构能力建设投入少,师资教材建设没有专门的经费支持,中小企业未按规定提取和使用职工教育培训经费的问题比较严重,监管力量不足,资金安全问题不容忽视;企业的培训体系与企业面临的发展需求不符,培训只注重形式,实践效果差。许多企业培训是从人力资源管理职能的角度出发,按照培训流程来安排及搭建培训理论体系,但不能体现培训与企业发展及人员发展的关联性。

五 促进教育和职业培训发展的政策建议

(一) 继续全面提高义务教育质量,促进教育公平,并适当扩大义务教育的范围

义务教育是国家统一实施的所有适龄儿童必须接受的教育,是为终身学习打下良好基础,形成城乡之间和不同收入家庭之间同等起跑线的关键,政府应给予充分的公共资源投入。2020年,中国义务教育巩固率达95.2%,已处于相对较高的水平,但中国实行的9年义务教育与发达国家相比还有很大差距,以某些发达国家为例,美国现行的义务教育年限为12年,英国为11年、法国为11年、德国为13年,随着中国经济社会的发展、综合国力的提升,长期来看,延长义务教育年限,例如将学前教育和高中教育逐步纳入义务教育阶段,这将是提升中国人口素质、发展人力资源的重要途径。

鉴于教育阶段越靠前社会回报率越高,因此学前教育具有最高的社会收益率,这意味着政府买单符合教育规律和使全社会受益的原则,应该首先将学前教育逐步纳入义务教育的范围[①]。在中国当前正

---

① 蔡昉:《发展职业教育要更多地依靠家庭和企业投入》,《职业技术教育》2013年第10期。

在着力提高学前教育入园率，完善普惠性学前教育机制的背景下，政府是普惠性学前教育公共服务提供的责任主体，而通过将学前教育纳入义务教育，建立健全普惠性的学前教育公共服务财政制度，改变财政投入的路径依赖，突破办园体制和编制的藩篱，确保普惠性幼儿园同质同价，这可以为广大人民群众提供更加公平优质的普惠性学前教育公共服务，让每一个适龄幼儿都有途径和机会获得学前教育。

（二）继续推进高中和中等职业教育的协同发展，巩固提升高中阶段教育的普及水平

在高中阶段教育中，职业高中和普通高中的育人目标有所不同，普通教育主要培养研究型和探索型的人才；而职业教育着重培训专业技能型人才，着重解决的是就业。长期以来，重普通教育轻职业教育，无法满足国家对专业技能型人才的需求。为解决这一问题，要积极推进高中和中等职业教育的协同发展。在普通高中教育和中等职业教育的招生渠道上，针对初级中学的学生开展职业生涯规划，帮助初中毕业生合理规划未来，选择适合自身的教育轨道。在普通高中和中等职业教育的培养过程中，实现普通教育、职业教育的课程互选、学分互认、资源共享、教师互通，注重培养普通高中学生的职业能力和职业学校学生的通识知识；同时，积极推进高中阶段教育出口的多样化、选择化，即普通高中学生可以修职业课程并获得职业技能证书，而中等职业教育毕业后可以参加高考，即可以让学生在选择不同的教育轨道后能够根据新情况重新选择[①]。

当前，中国高中阶段普及水平显著提高，但由于当前中西部地区、贫困地区高中阶段教育的基础依然薄弱，是提高高中阶段普及率的重点和难点地区，为解决这一问题：一是中央政府以转移支付、转向经费、特殊项目、对口支援的方式，根据地方和学校的具体需要提供相应支持；同时，持续有效的支持薄弱高中阶段学校、贫困地区高

---

① 薛二勇、傅王倩、李健：《我国普及高中教育的形势、问题与路》，《中国教育学刊》2020年第10期。

中阶段学校的能力建设。二是为保障家庭经济困难学生、残疾学生和进城务工人员随迁子女三类人群的受教育权利，要提高学生精准资助的水平，落实好针对高中阶段学校家庭经济困难学生国家资助政策和普通高中建档立卡等家庭经济困难学生的特殊政策。三是增加高中阶段教育的吸引力。推动学校多样化发展，增强普通高中的选择性和适宜性；职业学校的办学定位要适应当地经济文化和社会发展需要，提升学生就地就业的能力；加强普通教育和职业教育的结合，增强高中阶段教育的可选择性。

（三）为适应产业结构调整所带来的劳动力市场变化，进一步完善现代职业教育体系

职业教育具有直接面向劳动力市场和就业需求的特质，在工业化和城市化过程中由于产业结构的调整和升级所来就业结构的变化，需要一批具有高技能的熟练劳动者队伍来支撑，这需要通过继续大力发展中等和高等职业教育来培养。在职业教育的层次上，着力发展本科层次的职业教育，大力培养中高端技能人才，保证职业教育高技能创新型人才供给，推动"中国制造2025"战略实施。在师资队伍建设上，通过产教融合、校企合作等方式积极引进行业企业和民间的能工巧匠充当兼职教师。在专业和课程设置上，要根据经济社会发展对职业教育提出的新要求和中国战略性新兴产业发展的需要，加快课程改革的步伐。例如，为应对人口老龄化，应积极发展老年教育专业；为适应现代农业发展的需求和农业现代化的具体要求，应培养有技术、会生产、懂经营、留得住的新型职业农民。在职业技能人才社会地位的提升上，继续加强宣传引导，禁止对职业院校毕业生就业歧视的政策，有效维护职业院校毕业生就业合法权益；建立高技能人才技能职务津贴和特殊岗位津贴制度，提高技术技能型人才的经济待遇；加强对高素质劳动者和技术技能型人才的先进事迹和重要贡献的宣传，改变社会对职业教育的偏见，提高职业教育的社会影响力和吸引力。

第十章 促进教育和职业培训发展的新举措及建议

（四）教育事业规划需要考虑人口结构变化，适时调整和优化教育资源配置

准确预测人口变动趋势，正确作出教育发展规划是保障教育资源合理配置、学龄人口学有所教的基础。从目前与教育相关的规划可以看出，规划和相关政策的制定并没有充分考虑未来人口结构可能的变化。根据与人口相关的官方统计数据和人口发展规律，中国或将长期处于相对较低的生育水平，这一较低的生育水平将对教育资源需求变化有着长期的影响。因此，要改变之前教育资源布局规划的思路，在充分考虑中国将长期处于降低生育水平并由此对人口规模和结构影响的基础上，对未来的教育资源规划作出调整。例如，2020—2035年中国或将会出现一个纺锤形学龄人口结构，这一纺锤形的学龄人口结构，会呈现出"两头小、中间大"的特征，这一学龄人口结构的特征，对教育资源供给的弹性和适应性提出了更高的要求。精确科学的把握纺锤形学龄人口的规模结构和变化幅度，对于适时调整和优化教育资源，应对未来各阶段教育学位动态变化需求，统筹前后阶段之间各学段学校建设的平衡衔接具有重要意义。各地要建立预警机制，避免前一时期"一哄而上"式建设学校而造成未来教育资源的浪费，动态配置教育资源[1]。

（五）开展有针对性、多样化的农民工培训，减少"错配"现象

职业培训是农民工稳定就业、收入持续增长和实现市民化的基础。随着新型城镇化、乡村振兴战略的推进，中国经济发展的新格局和就业形势的变化必将重构农民工教育培训的新环境。如何通过教育培训提高农民工适应新环境的能力，以减少农民工教育培训与就业创业和经济社会发展之间的"错配"现象，解决农民工就业技能提升难和稳定就业难的问题是当前农民工培训工作面临的挑战。为应对这

---

[1] 安雪慧、元静、胡咏梅：《"十四五"至2035年高中教育高质量发展要适应人口变动》，《中国教育学刊》2021年第8期。

第二部分 举措分析篇

一挑战:在财政投入上,继续加大对农民工技能培训的支持力度,一方面通过减少农民参加培训的经济顾虑,从而提高参加培训的积极性;另一方面财政投入的增加可以推动雇主落实农民工技能培训的责任。在培训内容上,政府应继续根据市场上农民工岗位需求的紧缺程度,以更充分更高质量就业为导向,在多元化教育培训供给侧结构性改革的基础上,积极开展有针对性、多样化的农民工培训,以满足新环境对农民工就业技能的需求;要加强专业设计的前瞻性和课程设置的自主性,为让农民工适应产业转型的需要,鼓励农民工参加适合自身特点、市场前景好、技术含量适宜,就业收入可观的技能培训。在培训机制上,要通过整合资源构建符合农民工文化水平、应用性比较高的技能培训,这需要不断创新农民工培训模式,继续鼓励职业院校和技能培训机构与行业企业合作,探索符合农民工就业实际需求的培训形式和内容;例如,为解决农民工自由支配时间较少的客观限制,可以利用工休时间开展短期培训或直接把课堂开在工地、企业车间或社区等。

第三部分 ·试点总结篇·

第十一章 居家和社区养老服务试点：进展、经验与展望[*]

加快建立和完善一套符合中国现实国情的养老服务体系，是积极应对人口老龄化国家战略的题中之意，也是当下中国实现现代化社会治理、实现共同富裕的迫切需求。党的十八大以来，党和政府高度关注基本养老服务体系建设，加大对居家和社区养老服务体系的建设和发展，出台了一系列的促进政策，启动了多项旨在增强和提升居家和社区养老服务能力的国家试点。这些试点涉及居家和社区养老服务的方方面面，本章以2016年民政部、财政部共同发起的"居家和社区养老服务改革试点"为主线，对党的十八大以来中国在居家和社区养老服务建设方面取得的成效、存在的问题等进行梳理与总结，对未来该领域的发展提供一些借鉴和建议。

一 居家和社区养老服务发展概况

中国延续千年的家庭养老、邻里守望的文化传统，以及20世纪80年代以来西方"社区照料"（Community Care）、"在地老化"（Ageing in Place）等现代养老理念在中国的传播，使得社区居家养

---

[*] 本章作者为贾云竹、喻声援。作者简介：贾云竹，社会老年学博士，北京协力人口与社会发展研究所所长、研究员；九三学社中央委员会社会建设专门委员会秘书长；长期从事老龄议题研究，专注养老服务体系、特别是居家和社区养老服务领域的政策研究及实践探索。喻声援，公共管理硕士，北京协力人口与社会发展研究所副研究员；深度参与了北京朝阳、通州等区居家和社区养老服务试点工作。

老服务"理所当然"地成为中国养老服务体系的"基础"和"依托",在过去三十多年虽然中央在养老服务体系的指导思想上不断调整,但"居家养老为基础,社区养老为依托"这个基调一直没有动摇。

党的十八大以来,中国养老服务体系建设的加速发展,随着党中央提出更好满足人民对美好生活的向往、更加关注以老年人的需求为中心等新发展理念的日益深入,在"15分钟生活圈"建设、社区基础公共服务设施及服务供给发展,包括现代物流和互联网信息技术的普及等诸多力量的共同推动下,老年人对更高品质的持续、完整照护服务的养老服务需求也更加凸显。党的十九届四中全会与时俱进对养老服务体系的指导思想进行了进一步的完善和调整,提出了"居家社区机构相协调、医养康养相结合"这一新的、更切合时代需求的指导思想,在"十四五"规划中全面采纳了党的十九届四中全会的新指导思想,并成为《"十四五"民政事业发展规划》等养老服务专项规划的重要依据。

(一)居家养老服务相关法规建设情况

法律法规作为现代社会治理的重要工具,是构建现代化社会养老服务体系的重要制度保障。与欧美、日本等老龄化和养老服务发展程度相对较高的国家和地区相比,中国在养老服务领域的法制化建设还处于刚刚起步阶段。长期以来,各级政府推动养老服务体系的建设发展主要是依托专项规划及相关政策文件,法律法规的基础相对薄弱。党的十八大以来,随着养老服务体系建设步伐的加快,特别是国家治理法制化进程的发展,为保障养老服务体系建设的持续长效发展,不少养老服务发展起步较早的地区也开始通过立法来对本地区的养老服务体系建设提供制度的长效支撑和保障。

党的十八大以来,中国对包括社区居家养老服务在内的养老服务法律制度建设力度明显加快。2012年全国人大在新修订的《中华人民共和国老年人权益保障法》中新增了"第四章 社会服务",对居家和社区养老服务在中国养老服务体系的地位、发展保障等作出了明确指导;2013年《国务院关于加快养老服务业发展的若干意见》(国发〔2013〕35号)发布,则将包括社区居家在内的养老服务体系建设推入了快车道,开启了养老服务发展的新篇章。在这一系列重要法律政策的指导下,各省(区、市)加快本地区养老服务体系的相关顶层设计、不少地区陆续以专项条例的方式,对养老服务的发展予以规范和保障。

2014年天津率先出台了《天津养老服务促进条例》,设置了专章对社区居家养老服务的发展进行了规范指导;北京则是出台了《北京市居家养老服务条例》,对居家养老服务的内容、各方主体责任等作出了规范,为北京市随后大力推动的社区居家养老服务工作提供了重要的法律依据,极大地促进了北京市居家社区养老服务相关设施、组织机构的发展。截至2021年6月,全国共有天津、北京、上海等十多个省份出台了养老服务的专项法律,南京、成都、苏州等数十个城市也相继出台了本市的养老服务条例,这些专项法律法规的颁布,为居家和社区养老服务的发展提供了重要的法律基础,成为其全面纳入经济社会发展的重要制度保障。

(二)社区养老服务设施的发展

党的十八大以来,中国养老服务设施呈现出稳步增长的发展势头,得益于对社区居家养老服务扶持力度的加大,社区养老服务设施的增幅显著高于养老机构的增幅。2012—2020年,中央财政累计投入271亿元支持养老服务设施建设。截至2020年底,各类养老机构和设施总数达32.9万个、床位821万张,床位总数比2012年增长了97%。老年人高龄津贴、养老服务补贴、失能老年人护理补贴分别惠及3104.4万、535万、81.3万老年人[1]。民政部官方数据显示[2],全国各类社区养老服务设施从2014年底的5.9万,增至2020年底的

---

[1] 国新办举行扎实做好民政在全面小康中的兜底夯基工作,国新网,2021年9月17日,http://www.scio.gov.cn/xwfbh/xwfbfh/wqfbh/44687/46930/index.htm。

[2] 由于社区养老服务设施的相关数据,仅从2014年才开始发布,2012年、2013年没有对应的数据。

29.1万，6年间增长了23.2万个，增幅达393.2%；显著高于同期养老机构的增长幅度。进一步的分析显示，在社区养老服务设施中，社区养老照料机构的增长更突出，2019年为6.4万个，在2014年的基础上增长了4.5万个，增幅达236.8%；而社区互助型养老服务设施2019年为10.1万个，比2014年增长了6.1万个，增幅为152.5%（见表11-1）。

表11-1　　养老服务机构发展情况（2014—2020年）　　单位：万家

年份	2020	2019	2018	2017	2016	2015	2014
养老机构	3.8	3.4	2.9	2.9	2.9	2.8	3.3☆☆
社区养老照料机构	—	6.4	4.5	4.3	3.5	2.6	1.9
社区互助型养老设施	—	10.1	9.1	8.3	7.6	6.2	4.0
社区养老机构	29.1	16.5	13.6	12.6	11.1	8.8	5.9
合计	32.9☆	19.9☆	16.5☆	15.5	14.0	11.6	9.2

注：☆2020年社区养老机构仅发布了总数，没有分照料机构与互助型养老设施，且总量在2019年的基础上增长了13万左右，应该是统计口径的调整所致。2018年公报发布的养老机构及设施总数为16.8万，2019年为20.4万，与分项合计有出入。☆☆2014年养老机构为3.3万，2015年降至2.8万，数据存在波动，大概率是数据质量问题；2015年后数据相对稳定。

资料来源：民政部：2014—2020年历年《民政事业发展统计公报》，http://www.mca.gov.cn/article/sj/tjjb/sjsj/2020/202004.html。

党的十八大以来，中国养老床位总体呈稳步增长的势头，社区养老床位的增幅显著高于机构养老床位。数据显示，2020年末，全国养老机构的床位达到483.1万张、社区留宿和日间照料床位340.7万张，分别比2014年增加了92.8万张和153.2万张，增幅分别为23.8%和81.7%，社区养老床位的增幅显著高于机构养老床位（见图11-1）。

第十一章 居家和社区养老服务试点：进展、经验与展望

（万张）

[图表：2020年 483.1/340.7；2019年 438.8/336.2；2018年 379.4/347.8；2017年 406.3/338.5；2016年 407.3/322.9；2015年 374.6/298.1；2014年 390.3/187.5 养老机构床位数 / 社区留宿和日间照料床位]

图 11-1　养老机构床位与社区养老床位发展（2014—2020 年）

资料来源：民政部：2014—2019 年历年《民政事业发展统计公报》，http://www.mca.gov.cn/article/sj/tjgb/；2020 年数据：2020 年第四季度民政统计分省数据，http://www.mca.gov.cn/article/sj/tjjb/sjsj/2020/202004.html。

上海是中国最早步入老龄化，也是养老服务起步最早、养老服务体系建设相对而言最完善的地区。近年来，上海的养老服务体系建设力度显著加大，居家和社区养老服务组织、设施在政府的大力扶持和引导下，呈现出稳步快速增长的发展势头（见图 11-2）。

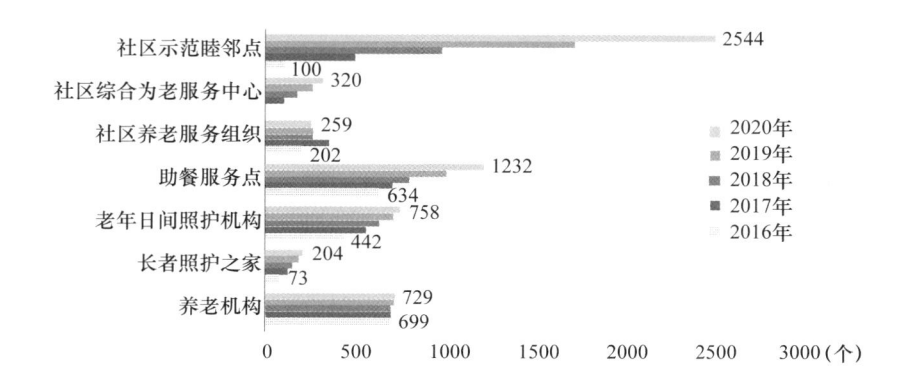

[图表：上海市各类养老服务设施 社区示范睦邻点 2544/100；社区综合为老服务中心 320；社区养老服务组织 259/202；助餐服务点 1232/634；老年日间照护机构 758/442；长者照护之家 204/73；养老机构 729/699　2020年/2019年/2018年/2017年/2016年]

图 11-2　上海市各类养老服务设施发展情况（2016—2020 年）

资料来源：上海市为老服务中心，http://www.shweilao.cn/views/index/headlinesList.jsp?type=7。

二 居家和社区养老服务试点实施基本情况

中国的社区居家养老服务建设，在 2000 年前后已经启动，但由于当时整个社会对人口老龄化的挑战认识还很不足，同时经济社会发展水平等各方面的条件也相对局限，居家和社区养老服务的发展仅限于在部分大城市以专项项目的方式在进行探索和推动。党的十八大后，党中央和国务院将积极应对人口老龄化上升为国家的一项长期战略，加快发展养老服务成为新时代的重要议题，居家和社区养老服务作为具有中国特色养老服务体系的重要基础，也是老百姓需求最迫切和强烈的养老服务，在党的十八大以来受到空前的重视。加快居家和社区养老服务的发展成为"十三五"养老服务体系建设的迫切且艰巨的重要课题。

"十三五"时期，为落实中央提出的"完善养老服务体系"的工作部署，2016 年 7 月，民政部、财政部联合启动了"居家和社区养老服务改革试点"工作，中央财政安排 50 亿元中央专项彩票公益金，通过以奖代补方式，推动各地积极开展居家和社区养老服务改革试点。该试点工作为期 5 年，试点覆盖了全国 70% 的地级市，是"十三五"时期养老服务体系建设相关试点工作中参与地区最多、试点任务涉及面最广的一项试点任务。

（一）试点目标

人口老龄化对于全球各国都是一个极具挑战的新议题，中国作为发展中的人口大国，独特和多样的经济社会文化，注定了中国的养老服务不可能照抄照搬任何一个国家的经验，路只能是自己脚踏实地一步一步走出来。民政部、财政部在设定居家和社区养老服务改革试点的目标中，提出的指导思想也充分体现了中国特色：即要"通过政府扶持、社会力量运营、市场化运作，全面提升居家和社区养老综合服务能力，总结推广居家和社区养老服务发展的可推广、可复制、可持续的经验，引领带动全国居家和社区养老服务发展，巩固居家和社区养老服务在养老服务体系中的基础地位,满足绝大多数有需求的老年人在家或社区享受养老服务的愿望"。简而言之,试点的目标就是要各地试点地区发挥政府主导作用,通过实施各种激励和扶持举措,充分调动社会、市场、家庭各方的力量,八仙过海各显神通、共同探寻居家和社区养老的中国方案。

(二) 试点任务

居家和社区养老服务作为一个新生事物,目前国内无论是理论和实践层面的积累都还很薄弱①,还难以勾画和确定居家和社区养老服务的一个完整框架或体系,试点重点任务的确定主要从经验出发,在前期的试点方案中梳理出了7个居家和社区养老服务发展中的突出问题,要求试点地区重点探索:扩大居家和社区养老服务供给主体;鼓励机构辐射社区居家;智慧养老;人才队伍建设;服务标准化和规范化建设;医养结合;以及养老服务设施建设。随着试点的推进,在及时总结前期试点地区工作的基础上,民政部等也不断调整和完善试点指导方案,在第四批、第五批的试点任务中,强调了对前三批试点地区经验的学习借鉴;试点重点中突出了对特殊困难老人兜底保障制度的探索,并加大了对农村养老,特别是贫困地区试点工作的支持力度。试点的重点任务在前期7个的基础上增至10个:建立试点工作机制(增);优化城市社区养老服务有效供给;积极培育居家养老服务;保障养老服务设施供给;人才队伍建设;建立特殊和困难老年人兜底服务制度(增);发展农村居家和社区养老服务(增);智慧养老;医养结合;服务标准化、规范化建设。

(三) 试点参与情况

试点采取地方自愿申报、各省(直辖市、自治区)推荐的基础上,由民政部、财政部组织专家进行评审后确定入选试点城市。在5

---

① 李兵、张航空、陈谊:《基本养老服务制度建设的理论和政策框架》,《人口研究》2015年第2期。

年的试点期间，按照每年一批，采取循序渐进、稳步扩大的方式，先后遴选出第一批26个、第二批28个、第三批36个、第四批54个、第五批59个，31个省份共计203个地级行政区域参与试点，成为同期各类国家级的试点工作中覆盖面最广的一项（名单见表11-2）。

从5批次试点地区的分布可以看到，前两批试点主要集中在经济社会相对发展较好的东部地区，中西部则主要是湖南、四川和重庆等地参与比较积极；第三批开始中西部地区的城市开始增加，特别是进入第四批后，试点地市数量明显扩大、中西部入围试点的城市也显著增加。

表11-2 民政部、财政部居家和社区养老服务改革试点名单

省份/试点/优秀	一（26/5）	二（28/8）	三（36/10）	四（54/10）	五（59/10）
北京/6/3	石景山、丰台	西城	通州	朝阳	海淀
天津/4/0	河东	南开	—	静海	和平
河北/4/1	石家庄	—	唐山	邯郸	承德
山西/6/1	太原	—	大同、晋城	长治	晋中、吕梁
内蒙古/3/0	—	—	—	呼和浩特	包头、乌海
辽宁/9/1	沈阳	大连、盘锦	辽阳、营口	锦州、鞍山	丹东、抚顺
吉林/6/1	长春	—	延边、通化	吉林	松原、辽源
黑龙江/6/2	哈尔滨	—	双鸭山	鹤岗、齐齐哈尔	七台河、佳木斯
上海/9/4	松江、虹桥	长宁、金山	奉贤、杨浦	闵行	徐汇
江苏/10/6	南京、苏州	徐州、南通	无锡、宿迁	连云港、镇江	常州、淮安
浙江/8/4	杭州、宁波	温州、绍兴	—	湖州、丽水	金华、台州

第十一章 居家和社区养老服务试点：进展、经验与展望

续表

省份/试点/优秀	一（26/5）	二（28/8）	三（36/10）	四（54/10）	五（59/10）
安徽/9/4	<u>铜陵</u>	<u>合肥</u>、<u>安庆</u>	阜阳、淮北	马鞍山、蚌埠、池州	滁州
福建/8/1	—	福州、龙岩	<u>三明</u>、漳州	泉州、厦门、南平	莆田
江西/10/0	南昌	赣州、吉安	新余、抚州	宜春、九江、萍乡	上饶、景德镇
山东/10/3	济南、威海	烟台、<u>济宁</u>	菏泽、潍坊	<u>青岛</u>、日照	泰安、<u>临沂</u>
河南/8/1	—	郑州、许昌	洛阳	鹤壁、商丘	焦作、<u>信阳</u>
湖北/9/0	武汉	—	宜昌、黄石	咸宁、荆门、孝感	襄阳、荆州、黄冈
湖南/10/2	长沙、湘潭	株洲、常德	岳阳、<u>益阳</u>	永州、衡阳、<u>郴州</u>	邵阳、娄底、怀化
广东/5/2	<u>广州</u>	—	—	深圳	惠州、珠海、云浮
广西/5/1	—	—	<u>南宁</u>	北海、柳州	梧州、桂林
海南/2/0	—	海口	—	三亚	—
重庆/8/2	—	九龙坡	<u>渝中</u>、沙坪坝	南岸、大足	北碚、<u>渝北</u>、万州
四川/9/3	成都	攀枝花、遂宁	<u>宜宾</u>	泸州、<u>眉山</u>	南充、<u>广安</u>、乐山
贵州/6/1	—	—	贵阳、六盘水	<u>遵义</u>、毕节	黔南、黔西南
云南/2/0	—	—	—	丽江	大理
西藏/1/0	—	—	—	—	拉萨

续表

省份/试点/优秀	一 (26/5)	二 (28/8)	三 (36/10)	四 (54/10)	五 (59/10)
陕西/8/0	—	—	西安、宝鸡	咸阳、渭南、延安	榆林、铜川、安康
甘肃/5/0	兰州	—	嘉峪关	金昌	白银、临夏
青海/4/1	海东	<u>西宁</u>	—	海北	海西
宁夏/3/0	—	石嘴山	—	固原	银川
新疆/4/0	—	—	—	乌鲁木齐、伊宁	克拉玛依、昌吉、哈密
新疆生产建设兵团/4/0	—	—	第六师五家渠	八师石河子	四师可克达拉、一师阿拉尔

注：下划线为各期试点中获得奖励的优秀地区。
资料来源：根据民政部官方网站相关公告编制。

从各省对试点的参与度看，江苏、江西、湖南、山东4个省参与度最高，共10个地市入围试点；辽宁、上海、安徽、湖北、四川5个省（直辖市）分别有9个地区入围试点；浙江、福建、河南、重庆、陕西5个省（直辖市）分别有8个地区参与试点，上述14个省（直辖市）共计125个地级行政区参与了试点，占到试点总数的61.6%。

进一步的观察发现，这些参与度高的省份，绝大多数都是党的十八大以来积极推进养老服务市场化改革的省份。2014年8月，财政部和商务部联合发布了《财政部办公厅商务部办公厅关于开展以市场化方式发展养老服务产业试点的通知》，中央财政下拨服务业发展专项资金24亿元，支持江西等8省试点市场化方式发展养老服务产业。居家和社区试点参与度较高的江苏、江西、湖南、山东、吉林、安徽、江苏、福建、湖北等省份正是首批建立地方产业引导基金的试点省份（见表11-3）。

表 11-3　　　　部分省级养老产业引导基金设立情况

省份	名称	创建时间	首期/总额（亿元）
浙江	浙江省产业基金有限公司	2015年5月	200
山东	山东省级养老服务业发展专项资金	2015年6月	—
湖南	湖南健康养老产业投资基金	2015年8月	45/100
江西	江西养老服务产业发展基金	2015年12月	30/60
四川	四川省健康养老产业股权投资基金	2015年12月	30.3
吉林	吉林省养老服务产业基金合伙企业（有限合伙）	2015年10月	—
安徽	安徽省健康养老服务产业投资基金	2016年1月	15/45
江苏	江苏省老年产业投资基金	2016年3月	20/100
福建	福建省养老产业投资基金	2017年4月	30/60
甘肃	甘肃省养老服务产业发展基金（有限合伙）	2017年7月	19.38
湖北	湖北养老服务政府引导基金	2018年3月	6
贵州	贵州省养老服务产业发展基金	2021年9月	2.6/10

资料来源：根据上述基金官方网站信息整理。

（四）试点评估和考核结果

为促进试点地区的交流学习、同时也切实推进试点工作，民政部等加强了试点过程的督导，通过要求试点地区定期呈报试点工作进度、试点中期开展自我评估与同批试点地区随机交叉评估、专家督导以及终期行业专家评审、典型案例和经验推荐，以及第三方独立评估等多种方式，督促和指导试点地区开展相关工作。以中期评估为例，民政部等根据试点工作任务要求，制定了详细的量化评分表，从四个方面对各项试点任务逐一打分，分别是组织领导（18分）、工作进展（67分）、资金管理和使用（10分）以及创新/或可推广的经验（5分）。为了保证客观和公正，每个试点地区至少由3名以上专家，分别根据试点地区的相关资料进行独立的评分，根据其综合得分在各批试点中遴选出相对优秀的地区，给予数额不等的资金奖励①。

从最终的评选结果来看，长三角地区无疑是社区居家养老服务的高地，江浙沪皖4个省共36个试点地区，获得了18个优秀名额，优秀率达到50%，占到全部优秀地区的41.8%，充分展示了长三角在居家和社区养老服务领域在全国领军者的实力。从省份的优秀率排名来看，江苏60%位居各省榜首；其次是北京和浙江，优秀率达到50%，上海和安徽的优秀率为44.4%。这些优秀率较高的省（直辖市），具有居家和社区养老服务发展起步较早、配套公共服务基础相对扎实、政策制度创新能力强、养老服务市场化程度相对发育、参与主体相对丰富、服务的体系化、标准规范化程度相对较高等共性的特征。四川、重庆两地近年来在养老领域的发展也在加快，正在成为西南地区居家和社区养老服务的领跑者，江西、湖北、陕西等省份参与度也较高，但总体上无论是政策支持的力度还是实践中的创新发展能力，则都还与长三角等地区存在较大差距，但发展前景可期。

三　居家和社区养老服务试点的主要经验

试点期间，各地围绕试点工作的重点，深入开展探索。在此以试点工作的重点任务中几个取得较突出成效的方面，对试点工作取得的主要经验做一个初步的梳理和总结。

（一）领导重视，强化统筹整合

居家和社区养老服务体系涉及领域广、牵涉部门多，作为政府主导的养老事业必须有一个强有力的领导挂帅，才能有效统筹和整合各方面的力量共同推进。故而试点工作的第一个任务就是要求各试点地区尽可能成立以分管民政工作的市级领导牵头的试点工作领导小组，以确保试点工作顺利推进。从笔者参与的对各地的中期督导来看，的

---

① 各批的奖励总额度均为1000万元，故而第一批各地的奖励额度为200万元，第二批为125万元，第三批、第四批、第五批奖励资金100万元。

确是试点工作小组组长的层级越高,试点工作的成效越显著。所有在试点工作中取得优秀成果的地区,无一不是分管副市长甚至是一把手直接挂帅推动试点工作。上海长宁区作为第二批试点中成效突出的优秀地区,离不开分管副区长对该项工作的深度参与,据长宁区民政局的负责同志介绍,分管领导几乎每周都有工作协调和统筹推进的工作会议安排。地处西部的青海省西宁市,能够在第二批试点城市中脱颖而出,也是在很大程度上得益于市长亲自领军推动试点,这也使得西宁的居家和社区养老服务发展能够获得全市康养领域的优质资源支持。在实施积极应对人口老龄化国家战略的诸多举措中,首要的任务是提升领导干部的老龄问题意识和素养①,因为只有且必须得到领导重视,居家和社区养老服务这一艰巨而复杂的事业才有可能得以顺利推进和更好的发展。

(二) 科学规划,保障设施供给

"兵马未动,粮草先行",要满足老年人越来越多的社区居家养老服务需求,基础服务设施的建设是前提和保障。但在过去20多年城市建设高歌猛进的时期,社区养老服务设施在绝大多数城市的规划建设中都被忽视,这导致特别是在经济相对发达的城市,社区养老的基础设施严重不足。试点明确要求各地将"保障养老服务设施供给"作为一项重要任务,鼓励试点地区积极探索。

试点要求各地将社区养老服务设施建设纳入城市建设的总体规划、通过编制养老服务设施专项规划,并将各类养老服务设施的规划布点等内容纳入国土空间总体规划和详细规划。同时切实落实新建城区和住宅区配套养老服务设施"四同步"(同步规划、同步建设、同步验收、同步交付)②的政策,以及将城市现有的一些闲置资产优先用于养老服务,保障社区养老服务设施供给。

---

① 杜鹏:《科学认识人口老龄化国家战略》,《经济日报》2021年3月26日。
② 《住房城乡建设部等部门关于加强养老服务设施规划建设工作的通知》(建标〔2014〕23号)。

第三部分 试点总结篇

北京作为全国地价最高的超大城市之一，特别是城市核心区社区居家养老服务设施的需求更为迫切、建设的任务也更为艰巨。在保障社区养老服务设施供给方面，北京的主要经验是科学规划、切实落地。2014年起，北京市相继出台了《北京市养老照料中心建设三年行动计划（2014—2016年）》《北京市街道（乡镇）养老照料中心建设资助和运营管理办法》等指导政策，推动在居民楼和平房院落密集的城区建设具有居家支持功能、辐射全社区的养老照料中心。在2015年《北京市居家养老服务条例》的指导下，2016年北京市出台了《关于开展社区养老服务驿站建设的意见》，并在2017年发布了《北京市社区养老服务驿站建设规划（2016—2020年）》，提出到2020年全市建设1000家社区养老驿站的规划目标。在该规划的指导下，各试点区充分挖掘辖区内的闲置资产，将社区养老服务设施的建设任务落实到各街道，并鼓励社会力量充分挖掘区内可转化为养老服务设施的闲置资产，通过政府提供建设补贴、租赁补贴等，增加辖区内的社区养老服务设施。据北京市民政局提供的数据，截至2020年底，北京市共建成运营的城市社区养老驿站和农村幸福晚年驿站共1173家，街道照料中心260个，覆盖了全市2/3以上的街乡镇，初步建成独具北京特色的"三边四级"的养老服务体系框架。

2021年9月，北京市民政局、北京市规划和自然资源委联合发布《北京市养老服务专项规划（2021—2035年）》，明确了各区、各街道乡镇各类养老服务设施的空间布局、功能结构、数量规模，提出到2025年，全市养老床位总数达到15.3万张，千人常住人口养老床位数达到7张，建成并运营街乡镇养老照料中心280个，社区养老服务驿站1200个。到2035年，全市养老床位总数达到21.6万张，千人养老床位数达到9.5张，建成并运营街乡镇养老照料中心380个，社区养老服务驿站总量不少于1600个。实现养老服务设施均衡布局，街乡镇养老照料中心和社区养老服务驿站全覆盖，失能失智老年人90%以上可获得优质高效的长期照护服务，老年人可享受便捷可及、品质较高的养老服务。全面建成全面覆盖、城乡统筹、独具北京特色的"三边四级"精准居家社区养老服务体系。

第十一章 居家和社区养老服务试点：进展、经验与展望

各试点城市将落实和贯彻执行"四同步"作为抓手，联合当地住建等部门制定本地的具体执行方案，如山东省青岛市在《青岛市人民政府关于深化养老服务改革全面提升养老服务水平的实施意见》中将新建住宅小区配建养老服务设施用房规划、建设和移交管理作为本市的8个配套举措，予以细化。2020年初，青岛市政府办公厅印发《青岛市居家社区养老服务建设行动计划（2020—2021年）》，采取"梯次推进，压茬进行"的方式，规划到2021年底，实现全市每个街道（镇）至少建成一处镇街级居家社区养老服务中心，每个社区都建成一处居家社区养老服务站，建设90处街道级居家社区养老服务中心。

（三）延伸辐射，夯实居家养老

纵观全球，失能失智老人的长期照护是社会化养老服务的刚需，在中国由于多方面的原因，超过9成失能失智老人都是在家庭主要依靠家庭成员照料护理。如何为这些有现实养老服务需求的家庭提供持续且有品质的专业服务支持，切实减轻家庭养老护理方面的压力和负担，夯实居家养老服务这个基础，无疑是居家和社区养老服务改革的关切所在。在试点的重点工作中，提出了鼓励有服务能力的养老机构拓展服务范围、充分利用机构的专业服务设施及服务人员等资源，将专业化的养老服务辐射社区和居家，提升居家生活的失能失智老人及其家庭的生活品质。

作为第一批试点的南京鼓楼区创新推出"家庭养老床位"，将社会化机构养老服务与传统家庭养老通过"床位"巧妙连接起来，展现了机构辐射居家、"机构社区居家融合发展"的现实可行性。试点经验在南京市及江苏省内快速推开，很快获得民政部、财政部试点工作组的认可，并将其作为优秀案例向全国其他试点地区推广。2019年，北京、上海、浙江、山东、广东、重庆、四川等地也相继开始家庭养老床位试点。截至目前，全国已有十多个省份发布了家庭养老床位建设的管理办法或实施细则，试点范围也不断扩大。2021年初，民政部高晓兵副部长在国务院新闻办公室发布会上对家庭养老床位作出了一个界定，她指出"所谓的'家庭养老床位'是指以养老机构为依托，以社区养

老服务中心为支点,把养老机构专业化的养老服务延伸到家庭,对有失能老人的家庭进行适老化改造、专业护理、远程监测等养老服务"①,体现了"居家社区机构养老相协调"的创新举措。2021 年 6 月,民政部、国家发改委联合发布的《"十四五"民政事业发展规划》明确将健全建设、运营、管理政策,发展"家庭养老床位"作为"十四五"时期"优化居家社区机构养老服务网络"的重要举措。

(四) 加强整合,丰富服务供给

通过对现有社区养老服务设施的资源整合,在不新增设施的基础上,补充和增加社区居家养老服务的功能和服务。其中有两项重要的创新举措,一是整合现有社区公共服务设施,如上海等最先探索的"三站合一"(社区养老服务站、社区卫生服务站、社区居民服务站)、在 2016 年进一步推出了整合度更高的"街道综合为老服务中心"。这些为老服务中心通过整合社区内各类为老服务的组织机构及相关设施,并依托信息化管理平台,统筹为老服务资源、提供多样化服务、方便群众办事的为老服务综合体(街道),目前上海已建成 320 个此类中心②。北京也在近年来将构建"区域性养老服务综合体"作为重点,加大对各类养老服务政策、服务组织机构、服务人才资源整合的力度。四川省在 2020 年发布的《关于推进四川养老服务发展的实施意见》中,将建立"社区养老综合体"作为重点工作在全省范围内大力推进,提出到 2022 年,力争全省所有街道和有条件的乡镇至少建有 1 个社区养老服务综合体;社区养老服务综合体主要为辖区老年人就近提供日托、全托、助餐、助浴、基本医疗护理、康复护理等专业养老服务和养老福利政策咨询、养老服务资源推介等便民服务,基本满足辖区内老年人常见的养老服务需求。与单纯的养老机构相比,社区养老服务综合体具备更强公益性,运营机构将免费开展讲座、文体活动、精神

---

① 《国务院新闻办就民政事业改革发展情况举行发布会》,中国政府网,http://www.gov.cn/xinwen/2021-02/24/content_5588702.htm。

② 上海市老龄科学研究中心:《2020 年上海市老年人口和老龄事业监测统计信息》,http://www.shweilao.cn/cms/cmsDetail? uuid=c1a0ea8f-00e2-4881-9aa3-adb4b1161cce。

慰藉等服务,为辖区内其他中小型养老机构、日间照料中心提供专业技术支持和运营服务标准,极大提升全社区养老服务建设水平。

广东省则积极推广广州市"颐康中心"试点经验,提出在全省范围内推动每个街镇建设至少1个具备全托、日托、上门服务、对下指导、统筹调配资源等功能的街镇综合养老服务中心。街镇综合养老服务中心(颐康中心)将根据辖区老年人多元化、个性化的服务需求,提供全托(含短期照料)、日托、上门服务,为有需要的老年人重点是失能(失智)老年人提供覆盖全生命周期的一站式和到户式综合养老服务,包括康复护理、生活照料、助餐配餐、医疗保健、日间托管、临时托养(喘息服务)、精神慰藉、安宁疗护、辅具租赁、家居改造、文化娱乐、紧急援助等服务内容。同时,还计划推进街镇综合养老服务中心在村居设立服务站点(颐康服务站),将服务延伸至社区和家庭。

各地在区域性养老服务综合体发展方面的探索,都是基于老年人的服务需求这个中心,尽可能将不同政府部门、不同组织机构的养老服务资源统筹整合在一个物理空间,一方面节约了设施建设的投入;另一方面也提升设施的使用效率,更重要的是可以更好为老年人提供更加完整和体系化的服务支持,满足其多样化的养老服务需求,这是各地在社区居家养老服务实践探索中逐步形成的共识,这一思路也与WHO等国际社会大力倡导的"社区整合照料模式"[①]高度契合。

推进区域养老服务中心建设也被写入了刚发布的《"十四五"民政事业发展规划》,提出"十四五"时期要"在全国县(市、区、旗)、乡镇(街道)范围推动区域养老服务中心建设,发展具备全日托养、日间照料、上门服务、区域协调指导等综合功能的区域养老服务机构。根据人口分布、老龄化水平及发展趋势布局建设层次清晰、功能互补、区域联动的养老服务网络"。

二是整合物业、家政、社区餐饮等服务组织机构的资源,丰富社区养老服务的供给主体,其中"物业+养老"的模式成为本轮试点中的一个创新亮点。党的十八大以来,一些从事居民物业服务的企业利

---

① WHO:《老年人的整合照料指南》,www.who.int/ageing/health-systems/icope。

用自己常驻社区、贴近居民、响应快速等优势，率先开始了"物业＋养老"拓展业务探索，上海长宁、北京朝阳、四川泸州等在试点中大胆探索，引导和支持物业公司积极参与社区居家养老服务。北京朝阳支持国有企业和房地产公司，利用自有物业探索养老服务，培育了首开寸草、金隅爱馨、远洋椿萱茂等养老服务连锁机构；鼓励社区物业探索多样化的养老服务模式，在高碑店地区和劲松街道等开展"物业＋社区""物业＋服务""物业＋平台""物业＋机构"试点，实现由点及面、由易到难、由城到乡、由需求拉动到政策推动，并充分融合了美丽乡村建设等元素的全方位"物业＋养老"创新。四川泸州积极引导多家物业公司开展养老服务，为社区老人提供助餐、文化娱乐等服务，建立服务规范及标准，引导物业＋养老服务健康发展。

2019年《国务院办公厅关于推进养老服务发展的意见》（国办发〔2019〕5号）对"物业服务＋养老服务"的探索给予了认可，要求各级政府支持物业服务企业开展老年供餐、定期巡访等形式多样的养老服务。2020年11月《住房和城乡建设部等部门关于推动物业服务企业发展居家社区养老服务的意见》（建房〔2020〕92号）指出，在2021年6月民政部、发改委将"探索'物业服务＋养老服务'模式"作为优化居家社区机构养老服务网络的重要举措写入了《"十四五"民政事业发展规划》。

对于老年人需求最强的助餐服务，北京、上海等地采取整合链接社区属地的现成的餐饮服务组织等方式，积极扩大服务网络。以上海为例，2019年上海专门发布了《关于提升本市老年助餐服务水平的实施意见》，一方面鼓励现有的有条件供餐的组织机构加入老年助餐的服务供给；另一方面扩展和发展餐饮配送网络，提出到2022年全市助餐服务场所数量实现"倍增"（不少于1600个），助餐服务供给能力实现"倍增"，达到全市65岁以上户籍老年人口的5%的目标。截至2021年9月底，上海市在营的老年助餐服务站已达到1530多个[①]。

---

① 上海市养老服务平台助餐服务点，2021年9月30日，http://www.shweilao.cn/views/mca/searchResults.jsp?name=4&value=4&isIndex=true。

第十一章 居家和社区养老服务试点：进展、经验与展望

（五）多方挖掘，充实人才队伍

服务人员短缺，是困扰中国社区居家养老服务发展的重要瓶颈，也是全球养老服务都面临的共同性难题。从国际经验来看，充实和提升社区居家领域的服务人才队伍，主要有三方面的举措：一是努力增强属地化的各类专业人才队伍建设，使其能更好地满足社区老人发挥辐射和支撑家庭的作用；二是赋能家庭照料者、给予其必要的协助和支持，使其能够更从容地满足老年人养老照护的需求；三是调动和激发各类社会团体中志愿者等非正式照料资源的力量，充实社区居家养老服务的人才队伍。

试点工作提出将中央福彩公益金的支持资金重点用于开展人才队伍建设的试点，鼓励各地探索适合本地资源禀赋的人才队伍建设方案和举措。以北京市海淀区为例，在正式服务人员队伍的建设培育上主要采取了加大培训力度，提升服务能力、建立激励措施，稳定提升服务人员待遇和社会地位等举措。海淀区通过与专业院校和高品质的养老机构合作，对全区养老机构院长、驿站负责人开展业务培训，并举办"场景化"养老服务职业技能竞赛，通过场景化方式，为正规服务人员提供系统性的专业技能培训，提升其辐射居家的服务能力；为了稳定养老服务人才队伍，建立了养老护理人才行业认定、职级晋升、教育培训、岗位补贴、入职补贴、激励评价等制度机制，提升养老护理队伍专业化、职业化水平。并通过开展"最美护理员""孝星"评选，在社会上营造对专业养老护理人员认可、赞誉的社会氛围，提升其社会职业地位和荣誉感。

在非正式照料者支持方面，上海通过与电视台合作录制"空中课堂"，将实用的居住照料护理知识技能推送到千家万户。2014年，上海启动失能老人家庭照料者培训项目，在专业社会组织帮助下，为上海16个区县2万余名失能老人家庭照料者提供护理知识和技能培训。2017年，项目"升级版"——"老吾老"计划应运而生，依托遍布于街镇的综合为老服务中心、长者照护之家、日间服务中心等场地，养老服务机构的专业队伍定期开班授课，采用多种方式为失能老人家

第三部分 试点总结篇

庭照护提供持续性支持服务，缓解此类家庭的照护压力，并形成一定可复制、可推广的工作模式。北京西城、朝阳、海淀等试点地区通过政府购买服务的方式，依托社区养老驿站等作为居家养老服务实训基地，持续性地为家庭照料者提供实操性强的居家照料技能培训；同时海淀等试点区域也充分利用辖区内大学密集、社会志愿者团体较多的优势，充分发挥包括大学生、低龄活力老人等志愿者的力量，积极参与到社区居家养老服务的人员队伍之中。

（六）提高标准，提升服务规范

养老服务标准化、规范化建设是现代养老服务体系健康发展的重要基石，也是从事居家和社区养老服务企业保障其服务质量、赢得老百姓认可、获得市场的必由之路。本轮试点，要求各地一方面要加大对现有养老服务相关标准规范的推广、贯彻，用以提升试点地区养老服务组织机构的服务质量；另一方面，积极鼓励试点地区编制和开发本地区的居家和社区养老服务的地方标准和规范，提高居家和社区养老服务的品质。

客观而言，党的十八大前，中国养老服务行业的标准规范主要局限于养老机构，并且数量也十分有限，社区居家领域的标准规范建设则更是凤毛麟角，全国性的相关标准仅有《社区老年人日间照料中心建设标准》（143—2010）；2013年民政部发布了《老年人能力评估》（MZ/T 039—2013），但并未得到很好推贯，试点工作启动前后，民政部陆续出台了《社区老年人日间照料中心服务基本要求》（GB/T 33168—2016）、《社区老年人日间照料中心设施设备配置》（GB/T 33169—2016）及《老年社会工作服务指南》（MZ/T 064—2016）等规范性国家标准和指南。2017年，随着养老机构服务质量提升专项行动的启动，民政部、国家标准委共同组织制定了《养老服务标准体系建设指南》，加大了对养老服务标准体系建设的力度，确立了养老服务标准体系框架，为各地开展居家和社区养老服务的标准化、规范化建设提供了重要的指导。

上海作为中国居家和社区养老服务起步最早的地区，2009年率先出台了《社区居家养老服务规范》（DB31/T 461—2009）。党的十八大后，各地居家和社区养老服务的标准化建设开始逐步推进，近年来这一领域的地方标准规范开始明显增加。以北京为例，自2018年起，北京市按照养老服务标准规范的体系，陆续发布了10个居家养老服务方面的规范，这对于提升北京市居家养老服务的质量、促进居家养老服务的健康发展具有积极的促进作用。智慧养老作为居家和社区养老服务领域最具前景的发展领域，近年来，相关标准和规范建设进展也较快，相关行业标准陆续发布。服务的标准和规范是养老服务机构开展连锁经营所必须，居家和社区服务领域的企业标准近年来也发展迅速，同时很多试点地区也鼓励行业协会等组织编制居家和社区养老服务的行业规范，上海发布的智慧健康养老一系列规范就是由上海市物联网行业协会主持编制的。

总的来看，由于居家和社区养老服务总体上还处于起步阶段，其服务的标准化、规范化建设也还刚刚起步，这一领域的标准规范建设还有很长的路。

（七）智慧养老，助力提质增效

智慧健康养老产业是指面向居家老人、社区及养老机构的传感网系统与信息平台，并在此基础上提供实时、快捷、高效、低成本的物联化、互联化、智能化的养老服务产业。智慧养老是实现居家和社区养老服务供需精准对接、提高服务效率的重要手段，也是未来居家和社区养老服务的重要发展方向。试点鼓励各地构建市级的养老服务信息中心实现服务信息的高效对接，同时倡导和鼓励养老服务组织积极推广适用于居家的智慧养老产品及服务。

除了较为常见的设立市级的统一养老服务热线电话，以此实现社区居家养老服务需求和供给精准匹配对接外，随着互联网信息技术的快速普及和发展，各试点地区纷纷将建立市级层面的养老信息平台作为重点工作任务。南京、上海、珠海等试点地区通过开发市级的统一智慧养老信息平台，整合全辖区的居家、社区、机构等养老服务组织的信息，老人及家属可以方便地通过统一的服务热线、互联网门户网站及微信公众号等多种渠道，获取养老服务的相关信息资讯、寻求服务帮助。北京、上海、南京等地的老年能力评估、长期照护保险申请等个人服务均实现了线上自主申请；特别是自新冠肺炎疫情暴发后，网络助医、助餐服务的线上派送也得到极大普及，让老人"动动指尖"即可享受更多综合性的养老服务。

试点过程中，2017年2月工信部会同民政部、卫计委共同推动《智慧健康养老产业发展行动计划（2017—2020年）》，提出"到2020年，基本形成覆盖全生命周期的智慧健康养老产业体系，创建100个以上智慧健康养老应用示范基地，培育100家以上具有示范引领作用的行业领军企业，打造一批智慧健康养老服务品牌"。同年7月，3部委联合发布了《关于开展智慧健康养老应用试点示范的通知》，广泛发动城镇、企业、社会组织等主体参与到智慧康养的整体解决方案、产品服务供给的工作，开展四批智慧健康养老应用试点示范评选工作，共评选出167家示范企业、297个示范街道（乡镇）、69个示范基地，有效推动了智慧健康养老产业发展及试点示范的建设。工信部、卫健委、民政部等相继编制了两批《智慧健康养老产品及服务推广目录》，优选出可穿戴健康管理类设备、智能养老监护设备等五大类118种产品，以及居家健康养老、养老机构信息化等六大类120项服务。为养老院、社区养老服务中心、居家养老等相关部门、机构和企业采购选型提供参考依据。一批适合社区居家场景的智能养老设施设备，如智能监测床垫、对接红外生存感应器、智能手环、智能水表、煤气报警装置等被不少试点地区应用到现实的居家和社区养老服务场景中，效果喜人。

新冠肺炎疫情使得智慧康养产品和服务需求激增，远程医疗、互联网适老化等成为智慧康养的新热点，而消弭老年人的数字鸿沟成为智慧康养发展的优先议题，2021年2月《工业和信息化部关于切实解决老年人运用智能技术困难便利老年人使用智能化产品和服务的通知》（工信部信管函〔2021〕18号）提出了扩大适老化智能终端产品供给，切实保障老年人安全使用智能化产品和服务四大工作任务。在未来的居家和社区养老服务体系建设中，智慧康养被寄予厚望，也是实现整个服务体系整合、协调的重要保障。

四 对居家和社区养老服务试点的思考与展望

"十四五"是中国实施积极应对人口老龄化战略的关键"窗口期",也是中国养老服务体系建设的重要机遇期。毫无疑问,"十三五"时期居家和社区养老服务的广泛试点,极大地推动了居家和社区养老服务在试点地区的实践探索步伐,促进了居家和社区养老服务制度、规范的发展,带动了试点地区养老服务资源下沉社区、延伸进入居家,并通过试点收获了一些可复制、推广的经验和模式,为"十四五"构建"居家社区机构相协调、医养康养相结合的养老服务体系"奠定了基础。

试点工作中也暴露出一些居家和社区养老服务发展的共性问题。在试点工作中,绝大部分政府都采取了以购买服务的方式来启动社区居家养老服务,但不少试点城市都将这些购买服务主要限于政府兜底保障的"三无""五保"等困难老人,普通老年人和家庭对政府推动的这些工作完全无感,这一方面是兜底保障群体的政策过度叠加而带来的资源浪费;另一方面则是服务对象过度狭化而使普通老百姓无缘享受这些基本公共服务。导致这一现象的原因,有政府懒政的因素影响,也与这些地方缺乏对老年人的科学评估、难以合理分类实施精准服务供给的能力有关,更深层次的原因则是目前我们尚未构建起可用于指导居家和社区养老服务发展的基本理论,在实践中只能通过试错的方式来推动开展工作。而对各地发展经验的及时梳理和研究分析,则有助于我们形成相对更科学合理的指导思想和中国本土的理论。

在试点工作中,还存在着走上重蹈星光计划覆辙的风险,即重设施轻运营服务,特别是在居家和社区养老服务发展的相关配套资源方面不足的中西部地区,无法像北京、上海等大城市可以在一定程度上依靠政府购买服务来维系运营,而必须依靠养老服务组织和机构务实创新、充分整合各方资源,面向市场提供具有持续发展能力的居家和社区养老服务和产品,所以养老服务组织和机构的运营服务能力更为重要，地方政府应该在人才能力培养方面重点投入，赋能相关负责人员，协助其更好地开展运营服务。

此外还有诸多颇具争议的问题，最常被关注的如政府的角色与责任边界问题，即政府购买社会服务递送入户是否逾越了公私领域的界限，是否会冲击家庭养老的文化传统，加剧家庭养老功能的衰减？换句话说就是政府购买居家养老社会服务是在夯实居家养老服务基础，还是在冲击居家养老的基石、助长家庭成员推卸养老责任？对此，笔者认为应该理性判断，切实支持和扶助家庭养老，是积极应对人口老龄化的必然选择。家庭养老是中国养老服务的最大基本面，这是中国的历史文化传统和现实国情共同决定的客观现实。中国长达数千年的家庭养老文化和传统，家庭成员对于赡养父母具有强烈的文化认同，同时老年人对熟悉家庭生活场景中自主居住生活的执念，使得居家养老成为绝大多数老人的首选；从全球的视角来看，从20世纪50年代"去机构化"以及70年代逐步兴起的"在地老化"（Ageing in Place），各国养老服务发展的政策和制度取向中支持和扶助"居家养老"的色彩也越来越浓。瑞典、德国、日本等国家均制定了明确的支持和协助"居家养老"的政策，一方面开发出丰富的居家养老服务项目；另一方面是从政策导向上对居家养老服务给予倾斜，如瑞典采取对居家养老的家庭给予直接补贴，日本则是在长期照护保险中对居家养老服务的项目设定了更高比例的保险支付比例。家庭养老床位的兴起，正是对支持和扶助家庭养老、满足老人原居养老需求的积极回应。

试点工作仅仅是拉开了中国居家和社区养老服务发展的序幕，目前各地的试点和探索还属于摸着石头过河的初级阶段，社区居家养老服务的一些重要的问题在本轮试点中还未触及。其中包括一些重大原则等目前也还不明晰，如基本养老服务清单确定原则、服务对象的评定标准，以及相应的服务资金的筹集及支付、服务提供组织机构的资质、服务质量的监管与改善等，解决上述问题是一个长期而复杂的系统工程。

"推动高质量发展"是"十四五"中国经济社会发展的主题，也是实现构建居家社区机构相协调，医养康养相结合的养老服务体系所应遵循的原则。"十四五"养老服务体系的发展，应紧扣老年人的服务需求大胆进行制度、技术、服务的整合与创新，进一步消除部门的行政区隔、提高治理能力和水平、切实降低政策在行政体系内逐级下传时的信息衰减与走样风险，努力提升政策的贯彻执行度，以确保更多的老人能公平享有更高质量的养老服务。

第十二章 长期护理保险制度试点：
进展、问题与建议[*]

建立社会化的长期护理保险制度，是应对人口老龄化的需要，也是发展完善中国养老保障体系的需要。中国人口老龄化的挑战是多方面的，其中之一是规模巨大且不断上升的老年长期护理社会化服务需求。在人口老龄化背景下，高龄老人的比例不断提高，高龄老年人的慢性病患病期和伤残期较长，因此从总体上看，失能老人数量将不断攀升。在老年人口之中，空巢老人、独居老人的数量不断增长，这类老年人出现长期失能时，更需要长期护理服务。过去，为失能老人提供长期护理是家庭养老功能的一部分。近年来，随着家庭规模的日益小型化，家庭养老的功能大大弱化，长期照护失能半失能老人已经成为年轻家庭成员的沉重负担。失能老人长期护理费用昂贵，而且是持续性的，大多数家庭难以承受市场化的长期护理服务。现行的社会保障制度安排没有长期护理社会保险，老年人口需要个人和家庭来应对长期失能的风险。当前，绝大多数老年人的养老金收入通常不能支撑市场化的老年长期护理。而老年护理与医疗保健有很大区别，不能指望现有的社会化医疗保险来提供老年长期护理服务。解决失能老人的长期护理问题，降低的长期护理风险和压力，需要引入长期护理保险制度，使之成为社会保障体系的一部分。

---

[*] 本章作者为王桥。作者简介：王桥，中国社会科学院人口与劳动经济研究所研究员，中国社会科学院应对人口老龄化研究中心副秘书长。

第十二章 长期护理保险制度试点：进展、问题与建议

2016年3月，十二届全国人大四次会议通过的《中华人民共和国国民经济和社会发展第十三个五年规划纲要》提出"探索建立长期护理保险制度，开展长期护理保险试点"。同年7月，《人力资源社会保障部办公厅关于开展长期护理保险制度试点的指导意见》（人社厅发〔2016〕80号）（以下简称人社部《指导意见》），确定了15个试点城市，长期护理保险试点工作正式展开。2020年9月，《国家医保局 财政部关于扩大长期护理保险制度试点的指导意见》（医保发〔2020〕37号）（以下简称国家医保局《指导意见》），在15个试点城市基础上扩大试点范围，试点政策等方面也有一些调整和变化。本章考察了两轮试点工作的情况，梳理试点经验和问题，围绕着长期护理保险制度试点工作进行深入思考，提出对策建议。

一　长期护理保险第一轮试点情况分析

2016年7月，长期护理保险第一轮试点工作正式启动。第一轮试点以人社部《指导意见》发布为标志，在15个国家级试点城市展开。这是建立长期护理保险制度的初步尝试，取得了一定成效。

（一）人社部《指导意见》的政策要点

人社部《指导意见》的主要内容包括开展长期护理保险制度试点的指导思想和原则、目标和任务、基本政策、管理服务、配套措施、组织实施六个部分。其中，基本政策涉及长期护理保险制度的保障范围、参保对象、资金筹集方式、待遇支付办法四大内容，这些都是试行的长期护理保险制度的要件。

第一，关于保障范围，人社部《指导意见》规定，长期护理保险制度以长期失能的参保人为保障对象，重度失能人员是保障重点。根据这一规定，试点地区要首先考虑满足已经参保的重度失能人员的保障需求，重度失能之外的长期失能人员可以暂不纳入长期护理保险制度的保障范围。

第二，关于参保对象，人社部《指导意见》规定，在试点阶段，长期护理保险制度参保对象主要是职工基本医疗保险（职工医保）参保人群。这意味着，人社部没有要求把居民基本医疗保险（居民医保）参保人群作为长期护理保险制度试点的主要覆盖对象。由于居民医保参保人群的规模非常可观，一些试点地区的方案覆盖面可能是有限的。

第三，关于试点阶段的资金筹集，人社部《指导意见》确定了"优化职工医保统账结构、划转职工医保统筹资金结余、调剂职工医保费率"三个途径，同时要求探索互助共济、责任共担的多渠道筹资机制。由于上述筹资三个途径，试行的长期护理保险与现行的职工医保体系关联较为紧密；但是，人社部《指导意见》没有谈及长期护理保险是依附职工医保还是单独社保这样一个重要问题。人社部要求试点地区从实际出发，合理确定筹资标准。

第四，关于待遇支付，人社部《指导意见》明确规定，按比例支付护理服务所发生的费用。这就是说，试点阶段长期护理保险给付的主要方式是现金补偿，暂不考虑以提供服务的方式或其他方式提供长期护理保险待遇。要求把支付水平"控制在70%左右"，但具体的待遇条件和支付比例由试点地区自行确定。

上述基本政策要点都是框架性的，这为试点地区方案制定提供了比较宽松的选择空间。

（二）15个城市试点方案比较

人社部《指导意见》确定的15个长期护理保险制度试点城市来自全国的不同地区。其中，广州、上海、宁波、苏州、南通、青岛6市属于东部地区，上饶、荆门、安庆、承德4市属于中部地区，重庆、成都、石河子属于西部地区，长春和齐齐哈尔属于东北地区。在上述15个城市中，青岛、长春和南通是长期护理保险制度探索的先行城市，2016年以前开始试行医疗护理保险制度和基本照护保险制度。人社部同时指定吉林和山东两省作为国家试点的重要联系省份，

第十二章　长期护理保险制度试点：进展、问题与建议

两省都有各自的长期护理保险制度省级试点城市①。

人社部《指导意见》发布之后，各个试点城市陆续出台本地长期护理保险制度试点的政策文件。表12-1报告了15个试点城市的政策文件名称和出台时间。2016年以前，青岛、长春、南通三市就出台了长期失能人员护理的试行政策文件。2016年7月以后，青岛以人社部《指导意见》为政策依据出台新文件，不再使用"长期医疗护理保险"这一术语；长春没有出台新的以人社部《指导意见》为依据的新文件；南通出台了新文件，但延续了过去的"基本照护保险"称谓。本章主要关注15个试点城市的现阶段可比经验，不过多讨论青岛2012方案、长春方案和南通2015、2018方案的特殊性。

表12-1　　　　　15试点城市长期护理保险政策文件

城市	文件	出台时间
青岛	《关于建立长期医疗护理保险制度的意见（试行）》	2012年6月
	《青岛市长期护理保险暂行办法》	2018年3月
长春	《关于建立失能人员医疗照护保险制度的意见》	2015年2月
南通	《关于建立基本照护保险制度的意见（试行）》	2015年2月
	《关于建立全市统一基本照护保险制度的意见》	2018年12月
承德	《关于建立城镇职工长期护理保险制度的实施意见（试行）》	2016年11月
荆门	《荆门市长期护理保险办法（试行）》	2016年11月
上饶	《关于开展长期护理保险试点工作实施方案》	2016年12月
	《全面开展长期护理保险制度试点实施方案》	2019年7月

---

① 吉林省松原市于2016年6月启动长期医疗照护保险试点，参见《松原市人民政府关于松原市开展长期医疗照护保险试点工作的意见》（松政发〔2016〕28号）。吉林省吉林市于2016年11月启动长期护理保险制度试点，参见《吉林市人民政府办公厅关于开展长期护理保险制度试点的实施意见（试行）》（吉市政办发〔2016〕31号）。山东省早在2014年，就确定在东营、潍坊、日照、聊城4市开展职工长期护理保险试点，参见《山东省人民政府办公厅关于开展职工长期护理保险试点工作的指导意见》（鲁政办字〔2014〕85号）。上述三个地方文件均可在北大法宝网（https://www.pkulaw.com/）查阅全文。

第三部分 试点总结篇

续表

城市	文件	出台时间
安庆	《关于安庆市城镇职工长期护理保险试点的实施意见》	2017年1月
成都	《成都市长期照护保险制度试点方案》	2017年2月
成都	《关于深化长期照护保险制度试点的实施意见》	2020年5月
石河子	《关于建立长期护理保险制度的意见（试行）》	2017年3月
苏州	《关于开展长期护理保险试点的实施意见》	2017年6月
苏州	《关于开展长期护理试点第二阶段工作的实施意见》	2020年1月
齐齐哈尔	《齐齐哈尔市长期护理保险实施方案（试行）》	2017年6月
广州	《广州市长期护理保险试行办法》	2017年7月
广州	《广州市长期护理保险试行办法》（2019修订）	2019年7月
宁波	《宁波市长期护理保险制度试点方案》	2017年10月
重庆	《重庆市长期护理保险制度试点意见》	2017年12月
上海	《上海市长期护理保险试点办法》	2017年12月

资料来源：北大法宝法律数据库（https://www.pkulaw.com）；南通市人社局官网（http://www.nantong.gov.cn）；承德市政府网（http://www.chengde.gov.cn）；铅山县政府网（http://www.jxyanshan.gov.cn）；上饶市政府网（http://www.zgsr.gov.cn）；石河子市政府网（http://www.shz.gov.cn）。

2016年7月到2020年8月是人社部《指导意见》政策框架下的长期护理制度试点第一轮。在此期间，上饶、成都、苏州和广州先后两次出台了试点政策文件，试点方案有一些微调。

1. 15个试点城市的保障范围和失能评估

表12-2报告了15个城市的保障范围和失能等级评估方法。南通、承德、荆门、上饶、安庆、成都、石河子、齐齐哈尔、宁波、重庆这10个试点城市都把长期护理保险的保障范围限定为重度失能人员。长春要求保障对象是"重度失能等级标准的长期失能人员"，包括癌症患者。苏州实施办法将中度失能人员纳入保障范围。青岛和广州将保障范围向失智人员扩展，前者保障重度失智人员，后者保障

"中重度痴呆人员"。上海将保障对象界定为"失能等级2—6级人员",这应该超出通常所说的重度失能人员范围。总体上说,第一轮长期护理保险试点的保障范围以重度失能人员为主。一些试点城市方案提出,将在未来考虑把中度失能人员纳入保障范围。

表12-2 15个试点城市长期护理保险保障范围和失能评估方法

城市	政策文件规定	失能评估方法
青岛	完全失能人员和重度失智人员	多指标评估
长春	重度失能等级标准的长期失能人员	多个评定标准
南通	重度失能人员	巴氏量表法
承德	重度失能人员	巴氏量表法
荆门	重度失能人员	巴氏量表法
上饶	重度失能人员	多指标评估
安庆	重度失能人员	巴氏量表法
成都	重度失能人员	多指标评估
石河子	重度失能人员	巴氏量表法
苏州	重度、中度失能人员	多指标评估
齐齐哈尔	重度失能人员	巴氏量表法
广州	重度失能、中重度痴呆人员	多个评定标准
宁波	重度失能人员	多指标评估
重庆	重度失能人员	巴氏量表法
上海	失能等级2—6级人员	多指标评估

资料来源:根据各地文件整理。

表12-2显示,多数试点城市使用单一的巴氏量表(《日常生活活动能力评定量表》)来测定失能程度,进而识别享受保障待遇的重度失能人员。青岛、成都、苏州、广州、宁波和上海使用多指标评估

方法，但实施方法各有不同特色。长春同时使用了多个评估标准，包括医疗照护标准，这与其有特色的"医疗护理"方案有关。

2. 15 试点城市的参保范围

表 12-3 报告了 15 个试点城市试行方案的参保范围（覆盖对象）和筹资渠道。试点城市的参保范围可以划分为三种类型。第一类，按照人社部《指导意见》的基本要求，以职工医保参保人员为覆盖对象，即"职工单群体覆盖型"（广州、宁波、成都、重庆、承德、安庆、齐齐哈尔）。第二类，以职工医保和居民医保参保人员为覆盖对象，并对应设置了不同的筹资机制，这是"职工居民分别覆盖型"（上海、苏州、青岛、上饶、石河子）。以上海为例，筹资规定是：对职工医保参保人员，按照用人单位缴纳职工医保缴费基数1%的比例，从职工医保统筹基金中调剂资金；对纳入保险范围的居民医保参保人员，按照略低的人均筹资水平，从居民医保统筹基金中调剂资金。第三类，职工医保和居民医保参保人员为覆盖对象，但筹资机制是统一的，即"职工居民统一覆盖型"。南通和荆门就是这种类型。15个城市中，长春方案比较特殊：在职工医保参保人员之外，只覆盖了城镇居民医保参保人员（当时城乡居民医保尚未整合）。

表 12-3 15 个城市试行方案的参保范围和筹资渠道

城市	参保范围	筹资渠道			
		基金划转	财政补助	个人缴费	单位缴费
上海	职工医保参保人	√			
	（≥60 岁）居民医保参保人	√			
苏州	职工医保参保人	√			
	居民医保参保人	√			
广州	职工医保参保人	√			
宁波	（试点区域）职工医保参保人	√			

续表

城市	参保范围	筹资渠道			
		基金划转	财政补助	个人缴费	单位缴费
成都	职工医保参保人	√	√	√	
	（成年人）居民医保参保人	√	√	√	
青岛	职工医保参保人	√	√	√	
	居民医保参保人	√			
南通	职工、居民医保参保人（统一筹资）	√	√	√	
重庆	职工医保参保人	√		√	
荆门	职工、居民医保参保人（统一筹资）	√	√	√	
承德	职工医保参保人	√	√	√	
安庆	职工医保参保人	√			
上饶	职工医保参保人	√	√	√	√
	居民医保参保人	√	√	√	
长春	职工医保参保人	√		√	
	城镇居民医保参保人	√	√		
齐齐哈尔	职工医保参保人	√		√	
石河子	职工医保参保人	√	√		
	居民医保参保人	√	√	√	

注：成都、青岛、长春、承德的个人缴费以职工医保个人账户划转的方式进行；宁波市长期护理保险试点区域为海曙区、江北区和鄞州区（含高新区、东钱湖旅游度假区）。

资料来源：根据各地文件整理。

在15个试点城市中，9个城市都突破了职工基本医保参保人员这一局限，试点方案面向职工医保参保人和居民医保参保人两种人群。值得关注的是：第一，南通和荆门实行两种人群"筹资统一、待遇均等"，其试点方案更具创新性，公平性更高；第二，虽然上海、苏州对于职工医保参保人和居民医保参保人采用不同渠道筹资，但两种人群的保障待遇水平是一致的。因此，如果不考虑筹资渠道，上海、苏州方案与南通、荆门方案没有差别。

3. 15个试点城市的筹资渠道

从筹资渠道维度上看，上海、苏州、广州和宁波的长期护理保险筹资方式为"基金划转"单一渠道，而其他11个试点城市都属于多渠道筹资（见表12-3）。上海、苏州、广州和宁波经济实力强劲、财政盈余丰厚，个人缴费能力也很强，有发展多渠道筹资的巨大潜力，本不需要依靠划转医保基金来推进长护保险试点。这4个城市实行单一渠道筹资，医保基金结余多、当前政策允许可能是两个主要原因。

上海、苏州、广州和宁波之外的试点城市多数没有明确的医保基金划拨比例。南通、荆门和上饶有确定的量化筹资比例，其中医保基金划转资金的份额不是很高。南通方案基金划转的比例仅为30%[①]；荆门方案为25%[②]；上饶最高，接近40%[③]。

基金划转之外的渠道筹资为财政补助、个人缴费和单位缴费。多渠道筹资城市的第一选择是个人缴费。在11个多渠道筹资城市的试行方案中都有个人缴费的规定，其中有的覆盖了职工医保和居民医保参保人员，但只要求其中一个群体缴费。需要注意的是，成都、青岛、长春、承德方案中的"个人缴费"是从职工医保个人账户划转，而不是另行设立缴费项目。财政补助也是一个重要的筹资渠道，但可能是不确定的。例如长春市规定，医疗照护保险资金出现超支时才考虑财政分担。单位缴费只有上饶（每人每年30元），在筹资标准中占比不高。因此，对于15个试点城市来说，"单位缴费"几乎可以忽略不计。

---

① 南通方案规定，长护保险基金的收入来自基金划转、财政补贴和个人缴费，分别为每人每年30元、40元和30元。

② 荆门方案直接规定，基金划转、财政补贴和个人缴费的筹资比例分别为25%、37.5%和37.5%。

③ 上饶方案规定，长护保险基金的收入来自基金划转、单位缴费/财政补贴和个人缴费，分别为每人每年35元、5元和50元，合计90元。

第十二章 长期护理保险制度试点：进展、问题与建议

从总体上看，15个试点城市的多渠道筹资刚刚起步。从形式上看，15个城市试点方案存在着对医保基金依赖性，但上海、苏州、广州、宁波和其他11城市有各自不同的背景，后者在医保基金划拨分量上明显不如前4个城市。个人独立缴费和单位缴费尚未成为主要筹资渠道。

4. 15个试点城市的待遇条件和支付比例

与其他基本政策相比较，人社部《指导意见》长期护理保险待遇支付和相关内容的规定最为宽松，只提出"70%左右"的基金支付水平总体控制指标，待遇条件和支付比例的选择完全交由试点城市。因此在这两方面，15个试点城市方案表现出很高的多样性。

15个试点城市方案从待遇支付形式上看，可以分为三种类型①。第一种，补偿支付，即对于符合规定的护理费用，保险基金按照一定比例报销。长春、南通、荆门、上海、成都、广州、齐齐哈尔采用单一的补偿支付，但补偿标准各异。第二种，定额支付，即对于长护保险支付服务项目的费用，按照标准定额支付。苏州、重庆、宁波采用单一的定额支付办法，但具体办法有所不同。第三种，采用上述两种支付方式。青岛、承德、上饶、安庆、石河子使用混合的支付方式，但这5个城市方案的差异较大。

由于存在定额支付，一些试点城市的保障水平测算有一定困难。有研究认为，多数试点城市基本上达到了人社部《指导意见》提出的70%的标准；但是，青岛、长春、上海的部分报销比例高达90%，部分城市的某些项目报销比例较低②。有学者估计，总体上看，报销比例为50%—90%③。

与待遇条件和支付相关的问题是长期护理保险的服务形式。15

---

① 肖瑛琦、蒋晓莲：《中国长期护理保险制度试点分析与思考——基于首批试点城市的比较》，《中国老年学杂志》2020年第2期。
② 杨菊华等：《中国长期照护保险制度的地区比较与思考》，《中国卫生政策研究》2018年第4期。
③ 肖瑛琦、蒋晓莲：《中国长期护理保险制度试点分析与思考——基于首批试点城市的比较》，《中国老年学杂志》2020年第2期。

试点城市以居家照护和机构照护为主①。一些试点城市试行更多的服务形式。例如，为满足不同护理需求，青岛在原有专护、院护、家护的基础上，增设了巡护服务模式（含社区巡护和村卫生室巡护）；成都共有三种服务方式，包括在专门机构接受照料、机构护理人员入户照料和居家照料（长期护理保险基金向亲属、邻居等具有护理能力的个体购买服务）②。还有一些试点城市推出社区日间照料、短期临时看护服务等新型服务。

（三）长期护理保险第一轮试点工作的成效与不足

1. 第一轮试点工作的主要成效

总体上看，以15个城市为主体的第一轮试点工作开始取得成效。2019年底，试点地区有8854万人参保，42.6万人（约0.48%）享受待遇③。根据国家医保局发布《2020年全国医疗保障事业发展统计公报》，2020年，长期护理保险参保人数10835.3万人，享受待遇人数83.5万人。基于这组数字计算，参保人数达到2020年全国人口（七普数据）的7.7%，享受待遇人员比例为参保人员总数的0.77%。试点工作在全国稳步推进，长期护理保险制度建设取得一个良好开端。

一些关于长护险政策方面的研究对长期护理保险第一轮试点工作成效进行了归纳总结④。概括地说，试点工作主要取得三个方面的成效。第一，长期护理保险实施在一定程度上减轻家庭和个人的长期护理负担。这主要表现在，重度失能参保人员的个人护理费用负担明显下降。第二，长期护理保险有助于减轻"社会性住院"问题。长护

---

① 杨菊华等：《中国长期照护保险制度的地区比较与思考》，《中国卫生政策研究》2018年第4期。
② 王桥：《老年护理理论与中国服务体系构建》，中国社会科学出版社2020年版。
③ 张盈华：《长护险扩大试点向左走，还是向右走？》，《中国社会保障》2020年第4期。
④ 杨菊华等：《中国长期照护保险制度的地区比较与思考》，《中国卫生政策研究》2018年第4期；关博、朱小玉：《中国长期护理保险制度：试点评估与全面建制》，《宏观经济研究》2019年第10期；肖瑛琦、蒋晓莲：《中国长期护理保险制度试点分析与思考——基于首批试点城市的比较》，《中国老年学杂志》2020年第2期。

第十二章 长期护理保险制度试点：进展、问题与建议

资金支付引导失能参保人员走向护理机构和护理病区，促进医疗资源合理配置。第三，长期护理保险提供多种服务形式，为养老服务业的发展提供了有力支持，也有利于扩大社会就业。

青岛、长春和成都的地方经验较好地演示了长期护理试点服务减轻家庭个人负担和促进养老服务业发展的成效[①]。青岛于2012年7月颁布《关于建立长期医疗护理保险制度的意见（试行）》，这是中国在长期护理保险制度相关方面出台的首个政策性文件，青岛因此成为中国长期护理保险制度的"开拓者"。截至2019年，青岛长期护理保险试点落地运行累计支出近17亿元，惠及6万多名失能失智人员，平均年龄82岁。长春市失能人员入住养老机构全年平均费用在4万元，经过长期护理保险补偿，参保职工只需承担3600元左右，参保居民只需承担7200元左右，就能享受全年照护服务。这在很大程度上分担了失能人员及其家庭高昂的长期护理服务支出。随着长期护理保险制度的深入实施，试点地区的养老服务机构、护理服务机构、医养结合机构如雨后春笋蓬勃发展起来。青岛市越来越多的社会力量投资养老护理机构，社区嵌入式微型连锁机构和民营护理机构目前已达700余家。长期护理保险制度延伸了产业链条，拓宽了就业渠道，从供给端扩大了就业空间。截至2020年6月，成都新增经办、照护、回访等就业岗位近2万个，6300余名低收入人员通过培训参与提供照护服务，极大地促进了照护服务新业态规范有序健康可持续发展。特别是在突发新冠肺炎疫情下，缓解了就业岗位供给不足问题。

2. 第一轮试点工作的不足和问题

第一，试行的长期护理保险与基本医疗保险的关系尚未理清。15个试点城市的长期护理保险基金部分或全部来自基本医疗保险基金。长期护理保险在一定程度上依托基本医疗保险的制度框架和基金结余，这有利于减少制度创新成本，有助于这项工作的起步。但是，长期护理保险

---

① 王桥：《老年护理理论与中国服务体系构建》，中国社会科学出版社2020年版。

第三部分 试点总结篇

资金不独立、长期护理和医疗护理关系不清等问题已经开始显露①。

第二，试点地区的制度受益面过窄。与建立并先行实践长期护理保险制度的国家相比，试点较早的青岛、长春和南通的受益人数比重明显偏低②。15 个试点城市的大部分将受益对象限定为重度失能人员，失智和中度失能人员不能成为保障对象。另一个原因是，只有部分试点城市覆盖了居民医保参保人群。

第三，试点城市之间的筹资标准和待遇水平相差悬殊。无论是从筹资总水平还是从按比例缴费标准或定额标准来看，不同城市之间的差别都很大，这决定了支付水平和待遇范围的差距③。

第四，试点城市方案过于本地化，缺乏更高层次的试点统筹和经验升华。不只是筹资标准和待遇水平，从总体上看，第一轮试点工作面临着明显的多部门管理"碎片化"问题。15 个城市试点"一市一策"，在保险对象、失能评估、保险标准、给付水平、给付方式等方面，均出现较大差异。

除了上述不足和问题，第一轮试点实践显示，专业人才匮乏是长期护理保险发展的重大障碍。目前，中国失能老人长期护理的人才队伍主要是由失业人员和外来务工人员组成，这些人员往往年龄偏大，学历较低，大部分人未接受过专业的培训。2016 年全国老龄办发布《第四次中国城乡老年人生活状况抽样调查成果》显示，中国失能、半失能老人 4000 余万人，占老年人 18.3%。其中，完全失能的老年人 1000 万人左右，按照国际标准每 3 名完全失能老人配备一名护理员推算，至少需要 330 多万护理人员。《2018 中国民政统计年鉴》显示，全国养老机构护理人员数量不足 100 万人。其中，经过专业训练、持证上岗的护理人员只有 4.41 万人。护理人才缺口极大，老年

---

① 杨菊华等：《中国长期照护保险制度的地区比较与思考》，《中国卫生政策研究》2018 年第 4 期。
② 张盈华：《中国长期护理保险制度的可持续评价与趋势分析》，《人口学刊》2020 年第 2 期。
③ 关博、朱小玉：《中国长期护理保险制度：试点评估与全面建制》，《宏观经济研究》2019 年第 10 期。

服务专业型人才、特别是对失能和失智老人的护理人才更是稀缺。

二 长期护理保险第二轮试点情况分析

长期护理保险制度的第二轮试点工作,自国家医保局《指导意见》发布启动,到现在已经一年时间。由于目前评估第二轮试点工作实际成效还为时过早,下文将重点考察、分析政策和方案制订情况。

(一)国家医保局《指导意见》的基本政策要点

国家医保局《指导意见》的基本政策条款包括"参保对象和保障范围""资金筹集"和"待遇支付"三部分。关于第二轮试点的参保对象和保障范围,国家医保局《指导意见》规定,要从职工医保参保人员起步,重点解决重度失能人员的基本护理保障需求。这基本上延续了人社部《指导意见》关于"参保范围"和"保障范围"的政策要点。

关于制度建构和资金筹集,国家医保局《指导意见》给出一些新的亮点。第一,在"基本原则"条款下,提出"着眼于建立独立险种,独立设计、独立推进"。而在人社部《指导意见》的"基本原则"中并无这样的内容。第二,国家医保局《指导意见》的"资金筹集"条款开头就提出探索建立互助共济、责任共担的多渠道筹资机制,不再提及"优化职工医保统账结构、划转职工医保统筹资金结余、调剂职工医保费率",而这三个筹资途径正是人社部《指导意见》的"资金筹集"条款所强调的。第三,国家医保局《指导意见》提出,"筹资以单位和个人缴费为主",这是吸收了15个城市试点经验的新的提法。总之,国家医保局《指导意见》从基本原则到筹资政策,都贯穿着不依赖职工医保基金的多渠道筹资机制的考量,建立独立于职工医保的长期照护保险的大政方针已经初步明确。

关于待遇支付,国家医保局《指导意见》与人社部《指导意见》在内容上一致性较大。但是,国家医保局《指导意见》有一个新的提法,即"鼓励使用居家和社区护理服务"。这标志着,在总结第一轮试点经验的基础上，长期护理保险试点的服务形式开始向居家护理和社区护理倾斜。

（二）第二轮试点城市的方案比较

国家医保局《指导意见》确定了 14 个新的试点城市。这些试点城市包括北京市石景山区、天津、晋城、呼和浩特、盘锦、福州、开封、湘潭、南宁、黔西南州、昆明、汉中、甘南州和乌鲁木齐。至此，长期护理保险的国家级试点城市由 15 个扩大到 29 个，全国大部分省份都有了试点城市。这 29 个试点城市包括 4 个直辖市、2 个计划单列市（青岛和宁波）、8 个省会城市、13 个地级市和 2 个自治州。国家医保局《指导意见》要求吉林和山东作为重点联系省份继续开展试点，同时规定未开展试点的省份可增加一个试点城市。[①] 总体上看第二轮试点，无论试点城市数量还是试点覆盖广度都明显增加了，因此新一轮长期护理保险试点工作更具全国性。

在长期护理保险第二轮试点的 14 个新增试点城市中，已有 13 个（缺甘肃省甘南州）公布了以国家医保局《指导意见》为政策依据或依据之一的试点方案（见表 12-4）。由于新增试点城市方案的出台时间多在 2020 年底前后，对于绝大部分新增试点城市而言，2021 年是试点的第一年；试点初步成效和问题最快要到 2021 年底从试点城市总结上来，这方面的学术政策研究可能会更滞后一些。

国家医保局《指导意见》颁布之后，第一轮的 15 个试点城市几乎都没有出台以该《指导意见》为依据的新的政策文件。广州是一个例外，出台了新的实行办法，但实质性更改不多。不过，一些省份在第二轮试点阶段出台了依据国家医保局《指导意见》的政策文件，这有可能对本省的第一轮试点城市产生影响。例如，吉林省医保局等部门于 2021 年 3 月出台《吉林省深入推进长期护理保险制度试点工作实施方案》，规定长春市等城市"按照本实施方案要求调整完善相

---

① 按照国家医保局《指导意见》给出的试点城市名单，海南、西藏、宁夏和青海 4 个省（自治区）没有试点城市。

关政策",这将推动原方案侧重医疗护理的长春向长期护理保险政策框架靠拢。

表12-4 13个第二轮新增试点城市长期护理保险政策文件

城市	文件	出台时间
北京	《北京市长期护理保险制度扩大试点方案》	2020年10月
汉中	《汉中市长期护理保险实施办法》	2020年11月
黔西南州	《黔西南州长期护理保险制度试点实施方案》	2020年11月
晋城	《关于建立长期护理保险制度的实施意见》	2020年11月
湘潭	《湘潭市长期护理保险制度试点实施方案》	2020年12月
天津	《天津市长期护理保险制度试点实施方案》	2020年12月
盘锦	《盘锦市开始全国长期护理保险试点工作实施方案》	2020年12月
福州	《关于开展长期护理保险制度试点实施方案》	2020年12月
呼和浩特	《呼和浩特市长期护理保险制度试点实施方案》	2020年12月
南宁	《关于南宁市长期护理保险制度试点的实施方案》	2021年1月
昆明	《关于全面开展长期护理保险制度试点工作方案》	2021年1月
乌鲁木齐	《乌鲁木齐市长期护理保险办法》（征求意见稿）	2021年5月
开封	《开封市长期护理保险制度试行办法》	2021年7月

资料来源：北大法宝法律数据库（https：//www.pkulaw.com）；黔西南州政府网（http：//www.qxn.gov.cn）；晋城市政府网（http：//www.jcgov.cn）；湘潭市政府网（http：//www.xiangtan.gov.cn）；盘锦市政府网（http：//www.panjin.gov.cn）；呼和浩特市政府网（http：//www.huhhot.gov.cn）；南宁市政府网（http：//wmww.nanning.gov.cn）；昆明市医保局官网（http：//ybj.km.gov.cn）；乌鲁木齐市政府网（http：//www.wlmq.gov.cn）；开封市政府网（http：//www.kaifeng.gov.cn）。

根据表12-4列出的13个新增试点城市试点方案，可以得知这些城市的参保对象（覆盖范围）、保障范围和筹资渠道。表12-5梳理了13个新增试点城市的主要信息，其主要特点有以下几点。

表 12－5　　　　13 个新增试点城市的参保范围和筹资渠道

城市	参保对象	保障范围	筹资渠道			
			基金划转	财政补助	个人缴费	单位缴费
北京	职工医保参保人	重度失能人员			√（扣缴）	√（划转）
	居民医保参保人	重度失能人员		√	√	
汉中	职工医保参保人	重度失能人员		√	√（扣缴）	√（划转）
黔西南	职工医保参保人	（未明确）		√	√（扣缴）	√（划转）
晋城	职工医保参保人	重度失能人员		√（退休者）	√（扣缴）	√（划转）
湘潭	职工医保参保人	重度失能人员			√（扣缴）	√（划转）
天津	职工医保参保人	重度失能人员			√（扣缴）	√（划转）
盘锦	职工医保参保人	重度失能人员		特定对象	√（扣缴）	√（划转）
福州	职工医保参保人	（未明确）			√（扣缴）	√（划转）
呼和浩特	职工医保参保人	重度中度失能人员		√	√（扣缴）	√（划转）
	居民医保参保人	重度中度失能人员	√	√	√	
南宁	职工医保参保人	重度失能人员			√（扣缴）	√
昆明	职工医保参保人	重度失能人员		√（退休者）	√（扣缴）	√（划转）
乌鲁木齐	职工医保参保人	重度中度失能人员			√	√（划转）
	居民医保参保人	重度失能人员		√	√	
开封	职工医保参保人	重度失能人员			√（扣缴）	√（划转）

资料来源：根据各地文件整理。

一是保障对象以重度失能人员为主。在第二轮 13 个新增试点城市中，10 个城市长期护理保险保障范围局限于参保的重度失能人员。三个例外的试点城市是黔西南、福州和乌鲁木齐：黔西南和福州的试行方案中，都没有明确保障范围是否包括中度失能人员；乌鲁木齐试行方案把参加职工医保的中度失能人员纳入保障范围，同时规定参加居民医保的中度失能人员将"根据长护险制度运行情况适时纳入"。第二轮试点中，以重度失能人员为保障范围的城市占多数，这一格局与第一轮试点的情况是类似的。

二是覆盖对象以职工医保参保人为主。第二轮新增试点城市的参保范围以职工医保参保人为主。北京、呼和浩特、乌鲁木齐三市同时覆盖职工医保参保人和居民医保参保人，其余10个城市都只覆盖职工医保参保人。而在第一轮试点工作中，试点方案面向职工医保参保人和居民医保参保人两个人群的城市达到9个，其数量比例明显大于第二轮试点。覆盖职工医保参保人和居民医保参保人两类人群的北京、呼和浩特和乌鲁木齐都是通过不同渠道分别筹资的。北京对两类人群试行无差异的筹资标准、定额保障水平和基金支付控制比例。这是与第一轮试点城市上海、苏州相似的"筹资有异、待遇均等"制度模式①。呼和浩特职工医保参保人和居民医保参保人的长期护理保险支付项目有所差异，后者的定额待遇支付水平略低。乌鲁木齐为两类人群设置了相同的护理项目，但职工医保参保人的基金补偿比例相对较高。如此看来，在第二轮试点中，没有像南通、荆门那样的试行两个人群"筹资统一、待遇均等"的城市方案。

三是筹资渠道依然存在对医保基金的依赖性。与第一轮试点城市筹资渠道（见表12-3）相比，第二轮试点城市在筹资渠道方面有如下变化。第一，直接从职工医保基金或居民医保基金划拨资金的城市大幅度减少。在第一轮15个试点城市中，上海、苏州、广州和宁波的长期护理保险以"基金划转"单一筹资渠道，而其他11个试点城市以医保基金划转为筹资渠道之一。而在第二轮试点城市中，只有呼和浩特市的居民筹资中有基金划转，但这只是三个筹资渠道之一（基金划转之外还有财政补贴和个人缴费）。第二，13个新增试点城市对

---

① 但是，北京的居民医保参保人要为长护险缴费，这是个人缴费负担；而上海和苏州的居民医保参保人没有个人缴费。

职工医保参保人都试行个人缴费和单位缴费。从形式上看，这与职工个人缴费城市较多，但几乎没有单位缴费的第一轮试点情况差别很大。实际上，13 新增试点城市现阶段主要是分别从职工医保基金划转和个人账户扣缴，不是单独设立的缴费。例外的城市是，南宁方案包括独立的单位缴费，乌鲁木齐方案包括独立的职工个人缴费。这就是说，尽管表面上看，第二轮试点的筹资渠道已经脱离了医保基金，走向多渠道筹资，但新增试点城市在很大程度上保留着对医保基金的依赖性。

总体而言，相对于第一轮 15 个试点城市，13 个新增试点城市在保障范围和参保对象上似乎更保守一些。在筹资渠道方面，新增试点城市有一些变化，"单位缴费"成为筹资主渠道之一；但是，实际上还在很大程度上依托职工医保基金。如此看来，虽然国家医保局《指导意见》旗帜鲜明地提出探索建立独立长期护理保险的长期目标，这一新的战略构思目前尚未在新增试点城市方案中得到明确的具体体现。

三 对长期护理保险制度试点的总结、思考与建议

（一）长期护理保险制度试点运行的总体回顾

长期护理保险制度试点工作已经走过 5 年的历程，包括人社部《指导意见》框架下历时四年的第一轮试点和已经启动一年时间的国家医保局《指导意见》框架下的第二轮试点。在这两轮试点中，虽然中央政府主管部门制定了基本精神，但这是指导性的，地方试验摸索的空间很大。从试点城市的实施方案来看，在保障范围、参保对象、筹资渠道等方面，地方试点遵从了中央政府主管部门的基本要求，但是，试点城市在待遇支付方式、支付标准、失能评估等方面办法各异。总体上看，试点覆盖的城市和受益人口已经初具规模。各地在试点过程中积累了丰富的、多样化的经验，为深化试点工作提供了一个良好的基础。

从人社部《指导意见》到国家医保局《指导意见》，有一个事关

制度设计和筹资方式的重大变化,这就是明确了建立独立的长期护理保险的目标,试点阶段资金筹资不再过多地依赖现有的职工医保体系。在2016年前后,是否建立独立、全新的长期护理保险是有争议的。人社部《指导意见》把依托医保的筹资方式定位为试点阶段的模式选择,但学术界更趋向于尽快向前走。一种有代表性的观点是,试点资金依赖医保基金划拨弱化了长期护理保险筹资独立性,因此只可以作为筹资的过渡形式①。依托医保模式在很大程度上建立在医保基金结余的基础上,但是医保基金面临着巨大且不断增长的支付压力②,因此依赖医保基金划转的筹资方式不可长期持续。一些学者明确提出,为了确保长护保险和医疗保险这两项制度的健康、可持续发展,应当尽快建构独立的长护保险③。国家医保局《指导意见》带来的这一转变,与学术政策研究的主流观点是一致的。由于国家医保局《指导意见》这一新内容对第二轮新增试点城市的方案设计的影响还不大,因此,第一轮试点的长期护理保险对基本医疗保险基金的依赖性问题尚未消除。

从新增试点城市实施方案来看,依然存在着受益面过窄、长期护理保险待遇差异大、试点工作碎片化等不足和问题。这些不足和问题是第一轮试点阶段就存在的,与长期护理保险的发展阶段有关,不能指望第二轮试点解决这些问题。但是,这些不足和问题可以引发深度思考,寻找推进长期护理保险制度建设新思路。

(二)深层思考:长期护理保险制度发展的取向问题与国际经验

长期护理保险试点运行中显露的受益面窄是一个表层的问题。目前受益面不大,主要原因包括以重度失能人员为保障重点、没有包括失智人员、一些试点城市方案局限于职工医保参保人等。这是长期护

---

① 海龙、尹海燕:《我国长期护理保险筹资机制研究》,《湖南社会科学》2020年第1期。
② 文太林、张晓亮:《长期护理保险财政补贴研究——基于15个试点城市的比较分析》,《地方财政研究》2019年第1期。
③ 许宏等:《独立险种:我国长期护理保险宜采用的模式》,《中国卫生资源》2019年第1期。

第三部分　试点总结篇

理保险起步阶段不可避免的，将随着制度建设步伐的加大而得以缓解。而筹资依赖职工医保、保障待遇差距大这类问题是更多地涉及制度和政策深层因素。

对于长期护理保险制度建设来说，明确了独立社会保险的制度建设取向，随之而来的关键问题是两制还是一制：是为职工和居民单独建立长期护理保险，还是建立统一、不分参保对象的长期护理保险制度？中国的基本医疗保险体系由职工基本医疗保险和居民基本医疗保险构成，这两个保险制度不仅参保对象不同，筹资方式等方面也有很大差异。在这一既定的制度框架下推进长护保险建设（覆盖对象设定为职工医保参保人和居民医保参保人），延续职工医保和居民医保的架构，走两制分设之路，似乎是一个必然选择。大部分学者也近乎默认了两制分设的取向[1]。少数学者看得更远一些，建议"两步走"，首先分别建制，然后循序整合，最终实现职工长护保险和居民长护保险的两制统一[2]。而在第一轮长期护理保险试点中，与两制分设模式不同的统一社保模式已经开始展露雏形，这就是筹资有异、待遇均等的上海、苏州方案和筹资统一、待遇均等的南通、荆门方案。这些城市方案的意义和价值在于，不仅提供了以个人缴费和财政补贴为主的筹资案例，还为长期护理保险的探索和建设提出了新思路，即建立不分职工医保参保人和居民医保参保人的统一的长护保险制度，让新制度以身份一致、待遇均等的方式覆盖、惠及全社会。

职居分设还是统一保险是一个中国长期护理保险建设的特有议题，借鉴长期护理保险国际经验的一些研究有助于拓展这一议题的研讨。在国外长期护理保险研究中，国内学者对德国和日本的考察最多，也较为深入。但是，这类研究大都是把两国的长期护理保险作为一种类型看待的。少数学者注意到两国长期护理保险的差异，指出不

---

[1]　一个常见的说法是，当长期护理保险"制度全面推广时，可分别参照城镇职工医疗保险和城乡居民医疗保险的办法筹资"。参见海龙、尹海燕《我国长期护理保险筹资机制研究》，《湖南社会科学》2020年第1期。

[2]　关博、朱小玉：《中国长期护理保险制度：试点评估与全面建制》，《宏观经济研究》2019年第10期。

同于德国的企业、个人缴费保险,日本的介护保险是一种新的"保险福利型"模式,财源来自保险费和税收。两国保险费的来源也不同:德国企业和个人都要缴费,而日本是由税金支付50%(国家25%、省道府县12.5%、市町村12.5%)和个人缴费50%(40岁及以上至64岁人群占27%、65岁及以上老年人占23%)组成。在筹资方式上,德国的长期护理保险类似于中国的职工基本医疗保险,而日本的介护保险与中国的城乡居民医疗保险非常接近。从国际比较意义上,粗略地说,中国的长期护理保险如果实行职居分设,就是"德国模式+日本模式",分别覆盖两类人群;如果实行统一保险,那就是日本模式全覆盖。

对于中国长期护理保险制度建设而言,日本经验的启示是,摒弃"单位缴费",实行"个人缴费+财政补贴"是一个可以考虑的筹资模式选择。在中国,如果选择统一的长期护理保险,必然是就低不就高,以居民医疗保险的覆盖对象和筹资方式为基础来构建制度框架。城乡居民医疗保险制度的成功经验和管理体系为单一长期护理保险建设提供了中国独到的有利条件。长期护理保险制度建设可以考虑跳出目前基本医疗保险的"职居分设"框架,走出一条全覆盖社会的新路。

(三)进一步深化长期护理保险制度试点的对策建议

第一,强化顶层设计,加强对试点城市的直接指导。人社部《指导意见》和国家医保局《指导意见》都是框架性的,长期护理保险制度试点的具体政策主要由试点城市制定。这一方面推动了多样化的试点工作,一方面试点工作缺乏高层次统筹,导致方案设计的地区碎片化问题比较严重。在目前"一地一策"的试点工作模式下,试点经验难以得到科学性的总结和评估,难以实现经验综合和思路升华。建议中央政府主管部门加强对试点工作的统一领导和研究,提高基本政策的操作性、规范性和严肃性。

第二,在试点工作中形成和突出重点,加快试点经验的总结、评估和积累。目前试点城市已经扩大到29个,需要分类筛选和评价出重点城市。中央政府主管部门可以考虑分别确定长期护理保险的职工、居民制度分设试点城市和统一制度的重点试点城市，不同筹资模式的重点试点城市，其他类型的重点试点城市，等等，展开跟踪式观察和深度比较。在省级层面，要考虑确定长期护理保险制度省级统筹的试点省份，在提高统筹层次方面探索和拓展思路。

第三，加强长期护理保险的基础性研究，为试点工作深化夯实理论基础。中央政府主管部门可以考虑选定一些有关中国长期护理保险发展的重大课题，在第二轮试点期间展开科研攻关，形成一批高水平研究成果。在现阶段，长期护理保险制度建设的独立模式选择、公平性、可持续性、国际经验深度借鉴等应该成为优先研究的重点课题。